U0904170
财新丛书
Caixin book
series

财新丛书
Caixin book series

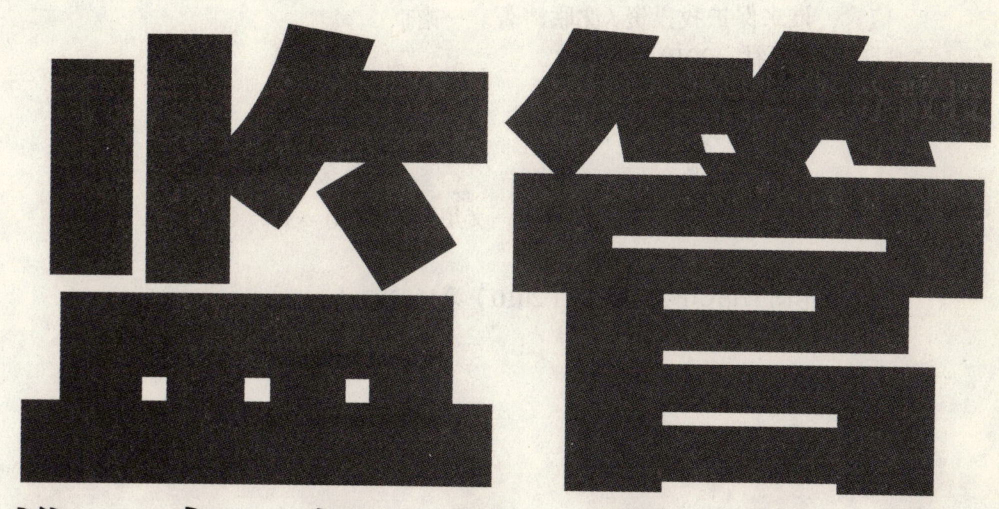

监管

谁来保护我投资

REGULATION

沈联涛/著

杨哲宇/编选

程九雁、叶伟强/等译

图书在版编目（CIP）数据

监管：谁来保护我投资 / 沈联涛著. —南京：
江文艺出版社，2010.7
（财新丛书）
ISBN 978-7-5399-3887-5

Ⅰ.①监… Ⅱ.沈… Ⅲ.①经济学—文集 Ⅳ.①F0-53

中国版本图书馆CIP数据核字（2010）第128287号

上架建议：大众经济学

监管：谁来保护我投资

著　　者：沈联涛
责任编辑：刘　霁
特约编辑：于向勇
封面设计：合和工作室
出版发行：凤凰出版传媒集团
江苏文艺出版社　http://www.jswenyi.com
集团网址：凤凰出版传媒网　http://www.ppm.cn
印　　刷：北京鹏润伟业印刷有限公司
经　　销：新华书店
开　　本：720 × 1040　1/16
字　　数：350千字
印　　张：22
版　　次：2010年7月第1版
印　　次：2010年7月第1次印刷
书　　号：ISBN 978-7-5399-3887-5
定　　价：39.80元

序言

一位监管者的反思和寄语

胡舒立

沈联涛的这本新书，收入了他2006年以来在以前的《财经》和如今的《新世纪》周刊上发表的绝大部分专栏文章。经历了全球金融危机的读者，如果系统地重读这些文章，定会有不同于初次阅读的收获。全书充满了他对监管之道的深刻反思和对投资者的谆谆告诫。

作者的视野极为宽阔：经济大势、全球化、甚至中国古籍都在作者关注之列，但是，书名《监管——谁来保护我投资》紧扣了这些文章的基本立意。

本轮金融危机爆发以来，政商学界人士不断致力于探讨其原因，以期吸取教训，避免未来重蹈覆辙。因限于当时危机暴露的程度或分析者本身的水平，许多结论令人遗憾地流于表面。两年多以后，全球经济已渐渐复苏，我们有机会重新检视危机根由。正如文章所示，我们目前的金融工具和制度架构已经无力应对如此规模的危机，主要的挑战便是全球经济、金融市场已紧紧联系在一起，相互促进，也相互激荡。金融危机的突发性、传播的时效性和普遍性都大大增强。而监管漏洞不断暴露，国际监管协调有待提高；"监管俘获"在各个国家不同程度地存在，以危机后的救助措施表现得尤为明显；如果不及时亡羊补牢，"监管套利"会愈演愈烈。

不同于一般的论者，在这些文章里，作者呈现了独特的视角：历史的比较、宏观经济和微观经济紧密地结合在一起。这一分析方法渗透到字里行间。以书中"回望亚洲金融危机"一辑为例，我承认，自己还从未读到有关那次危机如此全面的描述、清晰的透视。这里，我顺便向读者推荐他的英文专著"From Asian to Global Financial Crisis"，在那里，危机记录更加翔实，分析更加深入，最重要的一点，是他令人信服地揭示了亚洲金融危机和本轮全球金融危机的内在逻辑联系。

作者的人生经历和学术背景表明，他非常适宜采取这样的视角。他出生于马来西亚，留学英伦，长期执掌香港金融监管当局，现在又是中国银监会国际顾问，与国际学界、实业界也交往深厚。他既有理论修养，又有监管经验，其论述自然非书生之见、市场俗见所能比肩。

在作者看来，最重要的问题便是监管，其中，又以金融机构与政府的关系最为核心。过度“去监管化”是危机多重原因中的主要肇事者。当然，现实图景要复杂得多。事实上，过度监管和监管不足是同时并存的，尤其是在亚洲，在中国。作者也含蓄地承认这一点。所以，在我看来，金融业需要的是“更好的监管”，而不是“更多的监管”。美国国会对贝尔斯登、雷曼兄弟破产案的多次听证会表明，连既有的监管规则也远远没有得到认真贯彻。

更广泛地说，无论是美国，还是中国，监管失效都表明，“后危机时代”的金融监管需要的不是“外科手术”，因为金融体系是镶嵌在整个经济制度之中的，而经济制度的问题，又反映了社会的深层次问题。

作者曾说过，“没有两次金融危机是精确相似的，但是，不同的危机总存在共相。我盼望发掘这些共相，以减轻下一轮危机的破坏力。”确实，政府能否成功监管金融业，取决于它能否从过往危机中吸取教训。许多人对此寄予厚望。然而，从迄今的救助措施看，我们只能持审慎的乐观。造成危机的监管者、公司高管基本上没有承担责任，许多人至今了无愧色，有的人甚至重又成为救助政策的制定者和执行者。

相形之下，亚洲的挑战更为严峻。也是作者曾经指出过的，亚洲经济体面对的关键的结构问题，是封闭的、由上而下的治理结构与日新月异、空前复杂的全球市场之间的冲突。这段话真是说到了点子上！

许多读者也许不知，在亚洲金融危机和网络泡沫破裂之后，全球曾展开过一轮1930年代以来最彻底的金融整顿。会计、公司治理、金融监管等均在其中，即便如此，也未能防止本轮金融危机的爆发。有些举措甚至帮了“倒忙”。今天，我们有什么理由相信，人类这次一定会汲取足够教训呢？我们对一系列难题依然未能找到答案，例如，委托——代理问题（Principal-agent problem）、“大得倒不掉”问题（“too big to fail”）。

也正因为这些问题尚无解，我们尊重所有有关这些问题的辛勤的探索，作者的思考就是其中颇值得珍视的一部分。

监管的宗旨是保证金融市场的“公正、公平、公开”，保护投资者权益是题中应有之义。从“寄语投资者”一章，读者不难感受到作者的拳拳之心。市场操盘手所写的“投资秘籍”之类的书多如过江之鲫，但是，监管者对于投资者的忠告却并不多见。应该说，原理是简单的：鸡蛋不能放到一个篮子里、要及时止损、“要认识你自己”……但是，一个监管者基于自己数十年职业生涯，细致地阐述这些道理，想必会给那些有心的投资者新的启发。

包括作者在内的不少经济学家都严词批评了所谓“市场原教旨主义者”。但是，这样的人果真存在吗？就我所知，即便是市场经济最坚定的支持者（如亚当·斯密、哈耶克）也认为，法治，特别是对于产权、合约的保护是市场经济须臾不可或缺的，更不必说现代社会中越来越庞杂的公共产品了。在垄断、外部性和信息不对称成为经济学基本问题后，又有谁主张“市场万能”而政府可以放任呢？

作者在文章中对金融工程的功用也多有批评。他的本意是反对把金融工程搞得无比繁复，进而用来蒙骗普通投资者，对此，我是十分赞同的。但是，应该为危机负责的，不是金融工程本身，而是操纵金融工程的人。金融工程的进展反映了人类对金融现象认识在深化。另外，本轮危机对经济学，特别是宏观经济学与金融学之间的融合会带来怎样的革新也有待观察。

记得作者在那本英文专著的前言中曾说，亚洲金融危机时在位的监管者撰写的有关那次危机的书是很少的。“为子孙后代计，亚洲的故事值得讲述。”是的，要对历史负责，要对投资者负责。现在，请读者跟我一道，以这一尊重的心境，打开这本文集的书页。

目　录 CONTENTS

第一章　寄语投资者

第二章　探寻监管之道

第三章　回望亚洲金融危机

第五章　破解货币之谜

第六章　击水全球化浪潮

第一章
寄语投资者

由市场操盘手草就的“投资宝典”之类的书充斥于书肆。这些书告诉投资者“你要击中靶心”，却没有讲如何“击中靶心”。这也许根本上就是一个不可能的使命。因为投资之道实属“运用之妙，存乎一心。”

这或许听来有些神秘。但是，“一心”并非为所欲为，它是投资者对市场全部经验、知识和直觉的总和，是长期积累，瞬间迸发。

这一辑文章是作者“理性投资”专栏中的“主打”文章，它们是一位有数十年执业经验的监管者的甘苦之言，它们为投资者提供了思考问题的新鲜视角，“理性”是其真魂。阅读它们，庶几有助于延迟、减缓人类已为之付出巨大代价的“非理性繁荣”。

投资终身事

投资策略的第一条就是想清楚你的基本需求。必须学会设定自己的投资策略。有经验的投资者会告诉你，长期来看，保障投资成功的两大战略要素是入市时机和资产配置。

第一条，想清楚你的基本需求

储蓄和投资是贯穿我们一生的大事，奇怪的是，似乎从来没有人专门教我们如何理财。我们对投资的理解往往依靠口口相传，从朋友或我们认为技高一筹的人那里学习投资技巧。随着现在国内越来越多人涌入A股市场，不断有人问我该买哪只股票。大家都想分享中国经济繁荣的果实，这完全可以理解，但问题在于，股民们知道他们在买卖什么吗？他们知道正在承受着怎样的风险吗？

这就是我决定撰写关于投资者教育专栏的原因。一个市场的质量最终取决于投资者或消费者的素质。日本制造的产品之所以品质优良，就是因为日本消费者非常挑剔，不接受质量低劣的产品。同样，美国的资本市场如此强大，也是因为美国的投资者不接受低劣的投资品。美国投资者可以通过集体诉讼来起诉发行人，也可向监管者施压要求采取强有力措施来抵制低劣的投资品。

我是印度证监会（SEBI）投资者教育咨询委员会的成员。印度人有建立全球领先的资本市场的雄心，他们甚至在小学就开设金融基础知识教育的相关课程。他们认为，投资是伴随每个人一生的事情，只有个人层面的精明投资才有助于建立一个健康的资本市场。所以，印度在投资于金融产品之前，首先投资于教育公众。这是一个高瞻远瞩的决策。就我所知，将资本市场放在国家发展战略中如此重要位置的国家，印度是第一个。

为什么说投资是终生的大事呢？在我们幼时，父母要抚养我们；当我们成人、成家之后，就需要开始储蓄，以备不时之需，如疾病、失业、子女教育、赡养双亲等，最终准备自己的养老。人们过去经常以为，投资只是有钱人的游戏，与普通人无关，这实在是一种误解。穷人也知道：必须先投资自身的人力资本，然后才有机会去投资金融产品赚钱，所谓“知识改变命运”。

如何通过投资赚钱？我父亲曾告诉我赚钱的三个境界：最开始是用自己的血汗劳力来赚钱；然后是用钱来赚更多的钱；最高的层次就是利用你的声誉名望来赚钱。作为一个新兴市场，中国正在用自己便宜的劳动力来致富，而今天我们都已体会到品牌和声誉的力量。一件成本 10 美元的纯棉衬衫，贴上国内自己的品牌最多不会卖超过 15 美元，但如果贴上法国或意大利的一线品牌，却可卖到 1000 美元。

靠钱生钱的秘诀又是什么呢？答案平淡无奇——低买高卖，或者是，高买，然后更高地卖。对普通人来说，难点在于，市场总是涨跌，何时应该买卖，又应该买卖什么呢？

金融市场的最大问题是信息不对称，专业人士能够比零售客户更好地理解市场，往往也能赚取更多的回报。但应该信任和选择谁呢？这都需要精心决策。

我不会告诉大家究竟具体该买什么金融产品，但我将激发大家思考，每种金融产品究竟是什么东西，以及你该如何进行投资。

总之，你必须学会设定自己的投资策略。有经验的投资者会告诉你，长期来看，保障投资成功的两大战略要素是入市时机和资产配置。

投资策略的第一条，就是想清楚你的基本需求。如果你刚开始工作，现金流非常有限，工资也许只够支付每月的费用，但不久就得考虑买房子的问题了，这会占据每月费用中的一大部分。对大多数人来说，购房决策可能是他们一生中最成功的投资，因为房地产可以对冲通货膨胀的风险。所以，人们借钱投资购房，支付利息给银行，而不再支付房租。

一旦在日常开支之外开始略有盈余后，我们就有更广泛的投资需求：

将钱存到银行里赚取微薄的利息，或投资到其他形形色色的金融产品上。如何选择存款之外的金融产品，是让大多数人迷惑的事情。

其实，资产配置决策取决于你的年龄阶段和风险偏好。通常，年轻人敢于冒险，老年人更喜欢低风险的产品。事实上，投资选择取决于四个关键因素，即流动性（liquidity）、久期（duration）、风险和收益。

钱不多时，流动性非常重要，因为一旦有不时之需，你立即可以从市场中收回现金。所谓久期，通俗地说，就是你要收回投资需要持有某种产品的时间。资产有久期，债务也有久期。至于风险和收益，则很难在两者中平衡，因为高预期收益往往伴随着高风险。

有些人认为，只要不做决策就可回避风险。实际上，不做决策也是一种决策，一样有风险和机会成本。

在实际投资过程中，许多投资者以身体之、以血验之，最终认识到一个简单的道理：原来通过多元化和分散投资，可以实现较低的风险和不错的收益。

认识你自己

> 投资之前应该先问自己三个问题：你知道自己买的或投资的是什么吗？你知道自己承受的风险是什么吗？你知道自己能承受多大的风险吗？

投资是一个学习的过程。一开始，我们都是新手，逐渐地会变得有经验，直到成为专业的投资者。和所有的初学者一样，我们不可避免会犯错，但是，我们不应该害怕错误，应该在错误中不断学习成长。

投资伊始，我们应该回答自己三个问题：你知道自己买的或投资的是什么吗？你知道自己承受的风险是什么吗？你知道自己能承受多大的风险吗？孙子说："知己知彼，百战不殆。"但是，知己并不容易，特别是知道自己承担的风险和作出好的投资决策的能力。

首先，要知道自己有多少钱可以用来投资。我们必须估计自己的净资产和现金流。只有在现金流允许的情况下，投资才有可行性。如果你每月的现金流只够日常开支和还房贷、车贷，那么我不建议投资高风险的资产，因为在急需现金时你将被迫出售你投资的资产，这是再糟糕不过的事。一般说来，在准备投资时，应该在身边或在银行保留有大约日常三个月开支的现金或存款以应付不时之需。

接下来，我们应该投资什么呢？这取决于你的风险偏好。当你到银行去时，客户经理会向你推荐个人资产管理。在开始投资前，你应该弄清楚他们向你推介的是什么。一些银行会要求你列清自己的资产、收入、开支、年龄和偏好。通过客户评估，他们实际上是想判断你是哪一类型的投资者——保守或者喜欢高风险——进而考虑你的投资组合。你自己也可以到银行的网站上进行自我测试。

谨慎的投资策略是不把所有钱投资于一个高风险产品，而是持有一篮子的不同资产，即“分散风险”。低风险低收益，高风险高收益，却也可能遭受高额损失。投资一篮子资产可以在获得均衡收益时，承担较低风险。这就需要科学的“资产配置”，正确选择不同比例的资产。

资产配置先要考虑风险和收益的均衡。我们并不总是很清楚什么样的资产可以获得较好的收益，因为这取决于投资的时机选择。例如，麦肯锡咨询公司对投资者在 1991 年到 2001 年的投资收益进行研究，发现在美国，投资固定收益产品的平均年收益率是最低的，只有 5%，而在房地产上的收益率是 10.5%，股票收益率是 12.2%。但是，同一时期，日本的情况，却截然相反，固定收益产品的平均年收益率是 1.6%，地产和股票的收益率均为负数，分别是 −2.7% 和 −7.5%。不同国家的投资状况迥然相异。

大多数人开始投资时都是模仿别人。很多人都从书本中学习沃伦·巴菲特的投资策略。不同的人有各自不同的投资风格，你自己喜欢哪一种呢？

我们先来看看全球顶级富人如何进行投资。美林证券 2007 年的财富报告估计，全球大约有 950 万人拥有超过 100 万美元的金融资产，他们的总财富达到 37.2 万亿美元；资产超过 3000 万美元的，有 94970 人，他们的资产规模合计有 13.1 万亿美元。大部分富人来自美国和欧洲，亚洲富人的数量也在迅速上升。

这些顶级富人如何进行投资？尽管每年的比例会略有不同，但大体上，他们的资产配置如下：股票 30%，房地产 20%，债券 20%，现金和银行存款 15%，其余为其他资产。其他资产包括结构性产品、外汇、衍生工具、实物资产、对冲基金、私人股权和风险投资等较高风险的投资。这些产品中有许多在国内还不能随意购买，但透过银行的财富管理或者私人银行渠道，有些产品已经可以投资。

国内最常见的金融产品是银行存款（包括外汇）、债券、房地产和股票。在国内，持有股票比例仍然相对较低，国内 A 股指数去年升幅超过 130%，很多投资者涌向股市，才会出现交易所每天新开数十万账户的情况。（本

文发表于 2007 年 7 月 23 日——编注）

房地产的投资收益率很高，不仅是因为我们需要有自己的住房以安身立命、遮风挡雨，更是因为实际上房地产是银行唯一给你进行投资的产品。我们不能借钱买股票，因为风险太高。尽管缺乏流动性，人们还是愿意投资房地产，因为可以有杠杆率。银行按揭可以高达 80%，自己只需首付 20%。不算出租房屋的收益，如果房价上升 6%，实际上买者已获得 30% 的收益。杠杆率提高了投资的实际收益，但也带来较高风险。

股票和房地产的高投资收益，部分原因是国内的高储蓄率可以有能力购买和投资，也由于股票和房地产的供应量有限，不能满足需求。

最重要的一件事就是记得：价格有涨有跌，没有永远只会上涨的投资。某一只股票或某一种资产今年的上涨并不意味着明年价格依然上扬。我们既要看微观上每一种资产的具体情况，也要看可能影响资产价格的宏观经济状况。

投资：上善若水

> 全球市场就像是一个巨大的碗，资金就像是水龙头里的水；全球储蓄源源不断流入这个碗中，中央银行控制着水龙头；全球的投资者从不同的侧面推动这个碗沿。市场乃至整个经济总是在周期性地波动，投资者资产组合也将随之调整和涨跌

投资成功的重要因素之一，就是要了解宏观经济环境对市场的影响，因为宏观经济环境影响着每一个企业的经营业绩。

金融市场不仅受到供给和需求关系的影响，外部和国内经济状况、政府政策和监管对其影响也是显而易见的。

香港著名的金融市场分析师 Marc Faber 生动地解释了宏观经济、货币与金融市场的关系。

全球市场就像是一个巨大的碗，资金就像是水龙头里的水；全球储蓄源源不断流入这个碗中，中央银行控制着水龙头；全球的投资者从不同的侧面推动这个碗沿。如果这个碗向某一侧倾斜，那么流泻出来的水所到之处，资产价格就会上涨；但在其他没有水流出来的地方仍然是干涸的，资产价格会下跌。如果流到某个地方的水太多，就会出现泡沫。一旦某一天，投资者将碗推向另外一侧，别的市场就开始上涨，原来的泡沫就会因为缺乏流动性而崩溃。

因此，我们既要盯着碗中的水位（流动性），也要关注中央银行和其他投资者的行动。如果碗中的水刚好倾泻到我们所选择的市场，投资决策就是成功的，选错则会亏钱。

不同投资者的偏好是不同的，他们的买卖决策直接影响了水碗的倾斜

方向。为了维持水碗的稳定（也就是金融市场的相对稳定），中央银行的重要职责就是控制水碗的水位。如果中央银行滥发钞票，碗中的水就将全面溢出，全球的通货膨胀就会出现，甚至会引发经济危机。

我们可以看到，宏观经济状况受到市场上不同参与者的影响，也受到各国政府和中央银行的影响。当然，我们也不能够忽略天气、自然灾害等自然因素，以及恐怖主义和战争等风险，这些因素都可能影响整个宏观经济环境。

在评估宏观经济状况时，有些价格需要引起格外地重视。第一个是消费者物价指数，这是包括食品、衣着、医疗保健、交通、租房和其他消耗品等一篮子日常消费品的价格；第二个是利率，这就是货币的价格；第三个是汇率，这就是国内货币的外币价格；第四个是股票市场价格，通常我们使用一种市场指数来衡量；第五个是房地产价格。

由于任何资产都是用货币价格度量的，一国的货币就成为对资产进行估值的基准。一个投资者即使投资国外，他也是使用本币来定价，这样在进行全球市场投资时，汇率指标就尤为重要。同样地，利率指标也非常重要，它反映了持有资产的时间成本。

大多数人习惯按照资产的名义价格来估值，其实正确的方法应该是分析资产的实际价格，即扣除通胀率后的价格。通胀率上升，简单说就是有太多的钱追逐有限的实际资产。

那么，为什么会有这么多的钱呢？政府、银行都会创造新增货币，或者一国居民如果储蓄太多、消费太少，这样也会潜在增加货币供给。货币是投资者的金融资产，同时也是政府或银行的负债。如果政府开支出现赤字，其债务就等于增发钞票。同样，当商业银行发放贷款时，也在创造新货币。最后，当一国出口大于进口时，其货币供给也会增加，因为这会造成经常项目顺差，央行持有外国的负债，如美元和其他外汇储备会相应增加。

通常，如果本国货币增长数量快于实体资产的增长（通常用实际 GDP 来衡量），通货膨胀就会发生。比方说，一年实际 GDP 增长 11%，货币供应增长 15%，就有 4% 的通胀率。当然，关系不会如此稳定不变，比如食品供大于求，消费者物价指数可能就不会上升 4%。

投资者一定不要被名义回报率所迷惑。只有当我们的投资回报率超过通胀率时，才真正实现了资产增值，否则，我们相当于在支付通胀税。如果利息率低于通胀率，我们就应该将资金投到收益率更高的资产上而不是存款。将一部分现金投放到存款之外的资产上以防止通胀带来的损失，是资产配置的基本策略之一。当然，出于维持日常开支和应付不时之需的考虑，我们手头还是应该持有一些现金以保持流动性。

市场乃至整个经济总是在周期性地波动，我们的资产组合也将随之调整和涨跌。这就是我们为何要了解通胀率、利率、货币政策、本国的国际收支平衡表状况和政府政策的原因所在。这些因素中任何一个的变动都不仅会影响我们资产或负债的价值，也将影响我们投资时机的选择。

赚钱的传统策略就是低买高卖，这包括：何时买，何时卖；买什么，卖什么。全球市场目前处于全面买进的原因之一就是，相对于全球经济增长，有过多的流动性。

把握周期

市场周期往往是因为市场参与者的过度乐观或者过度悲观情绪造成的市场超调所致；过度膨胀的价格，最终将回归原位

宏观经济和市场总是在周期性地波动。有些周期很长，有些则很短。最著名的经济周期理论，是俄国经济学家康德拉提出的为期40年至60年的“长波周期”。

这些周期可能与个人的生命周期有关联，也可能与天气的周期性变化有关联，甚至还有经济学家认为，经济周期和太阳黑子的运动有关。

其实，市场周期是因为市场参与者的过度乐观或者过度悲观情绪造成的市场超调。每隔几年，总有新的投资者和供给者进入市场，因而，市场周期理论有其自身的逻辑。市场的周期性变迁也可能由消费者的偏好或者技术变革引起。

香港股市的周期大约为10年。早在1973年，恒生指数达到了历史高点——1700点，随后，股市开始崩溃，次年一直跌到150点。1983年，股指又回升到了1800点。不久，受国际局势影响，10月股指又跌回800点。此后，股市又飞速上扬，除了1989年的短暂停顿，到1997年8月香港回归不久，股指刷新了历史高位——16673点。而到今年7月（指2007年7月，本文发表于2007年8月20日——编注），恒生指数又处在创记录的历史高位——23211点。

但是，上述数据并不能说明商业和市场周期非常有规律，以至于完全能被预测到。在恒生指数达到历史高位之后，往往伴随着大幅下调。

1973年，股市从历史高位用了20个月跌到了历史低点，跌幅达90%；

而1983年，股市从历史高位用了7个月，下跌了40%，至历史低点。在亚洲金融危机爆发的1997年到1998年，12个月内，股市跌了60%。从1998年8月到2000年3月，恒生指数暴涨了139.2%，在随后的36个月内，又暴跌了54%。

股市周期的不确定性往往使得许多投资者上当受骗，损失惨重。在1989年到1990年的经济泡沫（当时日经指数达到了38134的高位）之后，日本经济开始陷入持续的通缩之中，日经指数也一直下跌，到2004年3月，已经跌到7909点，和1982年的股指水平差不多。许多日本投资者直到今天都未能解套。

日本这段暴涨暴跌的历史教训表明，在股市出现泡沫时，股指不断上涨，所有投资者都沉浸在幸福中，但随之而来的泡沫崩溃的代价也相当惨重，而且这一过程还会持续相当长的一段时间。

目前，全球资产价格持续上涨，从本质上说，可以归因于两大因素。

第一个因素是，各个主要经济体的中央银行都实施了相对宽松的货币政策。以美国为例，前美联储主席艾伦·格林斯潘因为担心亚洲金融危机对美国经济的冲击，在1998年开始下调利率，并连续11次下调利率。2001年12月，联邦基金利率达到1.75%这一40年来的历史低位。

这一政策创造了美国股市的繁荣。到2000年1月，道琼斯工业指数达到历史高位——11750点。虽然不能确认美国股市是否处于泡沫阶段，但是大部分美国家庭的资金和养老金投向了股市。这意味着一旦股市崩溃，必然给许多人带来不幸。美联储长期的低利率政策确保了道琼斯指数维持在11000～12000点的水平，但是，住房市场的泡沫逐渐形成，并终于酿成了当前的美国次级抵押贷款市场危机。

作为世界第二大经济体——欧盟的货币政策制定者，欧洲中央银行也一直采取宽松的信贷和货币政策。其成因在于，欧盟国家普遍存在结构性的失业问题，央行不希望执行高利率政策，造成欧元升值，降低本地区贸易竞争力，最终伤害欧元区的各国经济。

同时，日本经济从1991年起就陷入了持续的通缩之中，日本银行为了刺激经济复苏，采取了零利率政策。这种异常低的利率政策，造成了日元套利交易的兴盛。

造成全球流动性过剩的第二个因素是中国和印度的崛起，这使得全球消费品价格持续走低。

这两个大国都有很高的储蓄率和较高的劳动生产率，它们的出口使得全球消费品价格上涨幅度有限，但却同时造成全球流动性过剩，最终拉升了资产价格。

两国对能源和大宗商品的巨额需求，又将这些商品的价格推到了历史高位。股票市场也已经上涨到高位，部分原因是，中东的石油国家从高油价中获得了巨额贸易盈余，它们开始将这些资金投向海外的主要股票市场。外国的养老基金为了获得更高的投资回报，也将目光投向新兴市场。

过度膨胀的价格，最终将回归原位。投资的一条重要原则就是多元化分散投资，特别是将部分资金投放在那些价格波动与本国市场价格不大相关的资产上。于是，投资外国资产就不可避免。

分散投资

如果股票收益更高，为什么要将资金分散投放到股票、债券和银行存款？如果本国股票市场或债券市场极度火暴，为什么还要投资到海外市场？

投资的第一要务就是要分散投资组合，“不要把鸡蛋放在一个篮子里”。以股票和现金两种资产为例，现金资产往往利息有限，但是本金安全；股票则有涨有跌，可能赚得多也可能亏得惨。因此，当你在股票投资上赚了钱，应该将部分盈利落袋为安。有些投资者采用了一种简单的分散投资策略，那就是一旦其股票投资翻倍，就立即将一半纸面财富换成现金，而将另外一半留在股市投机。

现代投资组合理论指出，投资于多种不完全正相关的风险资产，可以降低投资组合的总体风险。国内投资者拿出一部分资产投资海外市场来对冲完全投资于境内的风险是一种方法。发达国家在新兴市场大量投资，就是希望通过分散风险获得较高回报，即便新兴市场的风险仍然较高。

麦肯锡公司的前日本咨询顾问大前研一（Kenichi Ohmae）曾因《无国界的世界》（The Borderless World）一书而闻名，在他看来，未来的全球经济可以分成三个相对独立的区域（美洲、欧洲和亚洲）。基于此，他就采用了一种非常巧妙的投资策略为自己理财。他的收入主要是日元，所以他就拿出三分之一投资到美元资产上，三分之一投资到欧元资产上。这一策略保证了他的资产均匀分布在全世界。显然，这三个区域同时陷入经济危机的可能性不大。这样，他就较好地分散了自己资产组合的风险。

一般家庭则采用产品分散化策略，他们将资产的三分之一投入到房产上，三分之一投入到股票中，最后的三分之一则购买债券和以现金形式存放。房产投资是对冲长期通胀风险的良好工具之一。大部分年轻人家庭最终会发现，一生做出的最好的长期投资决策，就是拥有自己的房产。

一个家庭为什么要将流动资金投放到股票、债券和银行存款呢？道理非常简单，债券和银行存款通常比股票风险低。但如果本国的股票市场或债券市场正极度火暴，为何还要投资海外呢？

对这个问题的回答，可能需要借鉴日本的经验教训。我们可以作一个比较：如果一个日本人将所有资产投资到国内的股票和债券市场，另一个日本人将所有的资产投资到全球股票和债券市场，二者究竟有何不同？或者我们也可假设，第三个日本人持有一半的国内资产、一半的国外资产，看看结果将会发生什么？这里，我使用基金经理们常用的 MSCI Japan Index 和 MSCI Global Index 分别测算日本和全球股票的收益率；而使用 Citi WGBI Indices 来测算日本和全球债券的收益率。

结果是发人深省的。以 1985 年到 2007 年为例，日元兑美元汇率在 22 年里从 1 ∶ 240 升到 1 ∶ 120。从 1985 年到 1990 年，日本经济存在明显的泡沫，股票市场一路高歌猛进。1990 年，日经指数达到 34000 点，而今天该指数也才恢复到 16000 点。许多人可能认为选择日本样本有失偏颇，这也是为什么我要用长达22年的时间跨度来分析，看分散投资的策略是否奏效。

假设第一个日本人持有日本股票和日本债券各半，那么，在这 22 年间，他的累积收益率用日元来算为 195%，而用美元来算为 518%。后者收益率高，是因为日元对美元升值。

如果第二个日本人分散投资到全球市场，股票和债券各占 50%，那么过去 22 年的投资收益率按日元计算是 371%，按照美元计算应该是 889%。这一策略的收益率，差不多是完全本地化投资的日本人收益率的两倍。

如果第三个日本人，将一半资产投资在国内市场，而另一半投资到国外股票和债券市场上，结果又会怎样呢？他的累积收益率按照日元计算是 285%，如果按照美元计算，应该是 708%。显见，收益率还是比第一个日本人要高出很多，但是低于第二个日本人。

我们讨论的是世界第二大经济体的投资者在不同投资策略之下截然不

同的业绩。在过去长达 22 年的时间里，即便是这个强大的经济体，一样经历了从泡沫到紧缩的经济周期。那些固执地认为坚守本国市场的投资者应该明白，他们不可能比一个全球化的投资者做得更好。分散投资是真正有价值的选择，不可以只是由于感情的原因进行投资。

不过，必须谨慎解释这些数据，因为收益率的计算依赖于你的入市和退市时机。如果每个人都有先见之明，那就应该将所有资金投放在日本市场，并在 1990 年日本股市达到高峰的时候退出；然后再将所有资金转移投资到国外资产上。

但必须记住，通常没有人能够总在最高点卖出，而在最低点买进。更不幸的是，一些投资者甚至在最低点卖出，而在最高点买进，最终亏得一塌糊涂。如果你能够明智地进行分散投资，就更有可能在长期获得在较低风险下的较好收益。

发现赢家

考察一家企业是否成功，用《孙子兵法》来说，我们需要关注五个要素——道、天、地、将、法

对一般投资者而言，通常有两种方法可以学习投资：第一种是向行业中的佼佼者学习应该做哪些事；第二种是向行业中的失败者学习不应当做哪些事。第一种方法的目的是复制成功，而第二种方法则是避免被同一块石头绊倒两次。我们往往只注意到第一种方法，却很少有人关注第二种方法。现在，我先介绍第一种投资方法。

举例来说，每个人都知道通用电气公司（GE）是世界上管理最出色的公司之一。GE 曾经有过很多出色的 CEO，他们为企业创造了丰厚的利润，不仅使公司的业绩蒸蒸日上，更使其股东得到了不菲的投资回报。这些 CEO 是如何创造佳绩的呢？最主要的原因是，他们有清晰的目标，追求为股东创造价值，注重以人为本和经营业绩。这些理念看起来简单，执行起来并不容易。事实上，GE 会淘汰掉业绩位于最后 10% 的团队，这与日本企业的终身雇佣制度非常不同。每种管理体制都有其利弊，但至少目前的实践证明，GE 的体制是在持续创造价值，GE 模式正在被许多公司和 CEO 仿效。

成功的企业最重要的一条经验就是“专注”（focus），它们会把精力集中在正在做的事情上。虽然 GE 是一家多元化的集团公司，业务遍布多个行业和多个国家，但它始终将自己的注意力集中在创造利润上。如果一个行业没有利润空间或成长潜力，那么，GE 就不会涉足这个领域。它关注整个生产运作的流程，而不是单个的产品。投资原则其实也是这个道理。要

专注，选择自己的投资风格和笃信的投资哲学，并坚持到底。如果暂时失利了，就应该及时反省、调整和重试，最终你会找到制胜法宝。

进行投资时，第一种方法就是要选择表现最优异的公司。比如，当你想在航空领域投资时，就要选择你认为最好或最有潜力的航空公司。如何知道哪家公司最好？可以到互联网上搜索相关信息或者查找研究报告，通过公司年报，了解公司的经营哲学。第一步，我们可以先看看它们各自的经营目标是什么。有些公司在股东回报率小于 20% 的时候绝不会追加新的投资，而有些公司的目标只是保证每年 10% 的股东回报率。第二步，可以将他们的股票价格、经营业绩与同行业其他公司进行比较。第三步，查看他们的市场占有率和市场地理分布——是否占领最有成长潜力的市场，或者是守着自己原来的地盘？是否已准备好大刀阔斧地扩张，还是以巩固现有市场地位为目标？

全球化时代的竞争是残酷的。过去的几十年中，全球排名前十的公司里，往往只有两三家可以保住自己的位置，剩下的公司很可能在停滞不前中渐渐被市场淘汰。

考察一家企业是否成功，用《孙子兵法》来说，我们需要关注五个要素——道、天、地、将、法。据此，我们就能够知道如何选择获胜的一方。用今天的话说，“天”代表风险因素，即目前的时机和发展趋势是否有利这家公司；“地”代表地理优势；“道”是公司的理念和经营哲学；“将”和“法”则是公司成功的关键，优秀的企业欢迎天才，投资在人力资源和研发上，并有英明的企业领袖以身作则领导企业，此即“将”；他们总是非常关注企业自身的声誉和服务与产品的质量，都有与公司目标哲学相一致的内部流程，此即“法”。

以石油公司为例。首先，可以考察它们各自的地理优势和存储量——产品和市场分别在哪里。然后，再来考察是否有好的公司理念和经营哲学——许多公司正在向多元化发展，业务领域涉及风力、天然气、太阳能和生物能源等新领域，而另一些公司则显示出对环境的关切。接下来，可以考察其领导战略——它们在寻求变化还是专注于巩固现有业务？对于石油公司来说，现在正值一个前所未有的黄金时代，特别是由于有中国和印度日益增加的能源消费，油价已处在高位。随着油价的高涨，各种各样的供油资源也随之而来。在加拿大，开采一桶石油的价格大约30美元。尽管成本很高，但由于时下油价高涨，这样的供油资源仍然会有市场。

当考察完企业的赢利性和成长潜力后，问问自己：想从投资组合中获得些什么？是想获得股利收入，还是想获得更多的成长空间？在亚洲，绝大多数投资者期望得到快速成长；而另外一些保守的投资者则只关心分红，以此来作为养老费用。这些保守投资者会倾向于选择基础设施类的、稳健运行的公司作为投资对象。如果你已发现了符合自己投资哲学的最好公司，那么，接下来需要考察的就是，自己的投资组合是否由这些公司组成。接着，你便可以根据自己设定的基准来监控你的投资组合了。

保持流动性

正是因为随机干扰的因素无法消除，投资者绝不能完全靠运气来决定投资，而需要保持一定的流动性，从而在将来适合自己的投资时机出现时能灵活选择

一只股票的价格取决于供求因素，而供求因素又可能受到宏观和微观因素及一些随机事件的影响。

为什么一些随机性因素也非常重要呢？因为人类现在还不能够精确计算所有影响价格的因素。一些投资者利用动量交易（momentum trading）策略或根据宏观经济状况预测市场方向而获利；另一些投资者则根据股票的基本面价值进行投资，股票被低估时就买进，反之卖出。但是，没有人能精确预测价格究竟将如何波动。

20 世纪 50 年代，芝加哥大学的一些金融学者提出了"有效市场"理论。此后不久，一位名叫波顿·麦基尔的计量经济学家在 1973 年撰写了最畅销的股票投资书籍——《漫步华尔街》。在这本书中，麦基尔详细说明了市场非常有效，任何资产管理经理的投资绩效都不可能长期打败市场自身。

他有一个著名的笑话：让一只被蒙上眼睛的黑猩猩向《华尔街日报》列出的股票投掷飞镖来选择股票组合，它的收益率可能会超过一个由所谓专家管理的资产组合。换句话说，长期来看，只有极少数资产管理经理能够利用积极的资产组合管理技术来战胜被动的市场指数——显然，积极的资产管理经理不愿听到此类言论。尽管每个投资者都希望能够跑赢大市，但实际上，很少有人能真正实现这一目标。

麦基尔的理论导致了上市交易基金（Exchange Traded Funds）的诞生。

这种基金跟踪广泛的市场指数进行投资；投资者实际上是根据整个市场大势获得收益，不再依赖于单一个股的表现。也就是说，投资者购买了整个市场组合。但许多投资者不喜欢这样做，他们更愿意从自己比较熟悉的个股中进行挑选而获得乐趣，而非只关注一个枯燥的指数。在实际操作中，由于上市交易基金使得专业投资者能够在各个不同的市场上配置资产而经常被采用，它不再聚焦于个股，而是在不同资产类型间进行有效市场配置。

麦基尔的理论根基在于市场是有效的。但如果实际的市场并不那么有效，该怎么办？举例来说，一价定律的含义是相同产品的价格最终将趋同，但实际上许多同质产品存在不同的价格。一些人相信市场价格会逐步收敛，但 1998 年长期资本管理公司危机之后，市场价格反而变得更加离散了，这表明市场远非有效。实践中，我们很难知道究竟谁的理论是对的，因为大多数人总是使用不同的理论来解释复杂的现实。

最近，我读到一位从数量交易员转行做教授的塔勒波先生 2004 年出版的《随机致富的傻瓜》一书。一些人将他传达的观点解读为投资成败完全由运气决定，这实在是一种误解。他的真实意图应该是，影响投资成败的因素比我们想象的要更加随机，因为投资者并不完全了解自己及其他投资者的行为。

事实上，我们并不总能很好地理解我们周围的世界，更别说我们投资的公司了。一个投资专家可能花费毕生精力来研究几家公司，但一个业余投资者反而可能由于一些随机因素抓住市场时机。正确的判断确实依赖于经验和实践，但过去的成功经验并不意味着将来也必然适用。

如果整个市场都有问题，该如何处理呢？许多市场在泡沫时期陷入典型的“非理性繁荣”状态，而所有的泡沫市场最终都将出现调整，有些还会调整得更加漫长和惨痛。

20 世纪 70 年代早期，我刚从英国完成学业时，决定把全部储蓄用来购买一只石油股票。当时，我仔细研究了所有市场，最终相信大宗商品（特别是石油）前景应该很好。我从三家最大的石油公司中，选择了最小的一家进行投资，它有很好的石油储备和稳定增长的市场。我的投资时机和资产配置是正确的，石油价格一直在涨；但不久之后，油价开始下跌。当时我并不担心整个石油行业长期的繁荣前景，但我没有意识到，这家石油公司也把大量投资花费在油罐车上，结果当石油行业陷入短暂衰退时，它的油罐车业务损失惨重，最终不得不被另一家大型公司收购了。

早期这次不成功的投资经历使我明白，没有一个投资者能够完全消除随机因素的干扰，这些因素，我们现在不清楚，并且将来也有可能不清楚。但是，你绝不能完全靠运气来决定如何投资，还是要基于自己的理性判断，毕竟这是你自己的积蓄。正是因为随机干扰的存在，投资者需要保持一定的流动性（即现金在手），从而在将来适合自己的投资时机出现时能灵活选择。相反，如果将所有资金都投到某种缺乏流动性的资产或仅仅集中在某一类资产类别（比如股票），那么你就是把所有鸡蛋放在一个篮子里。

分享利润

股东们应当积极地要求公司派发更高的股利，以现金形式来表明公司对股东的承诺

一份股票即为一家公司净资产的一份所有权。可以这样说，公司设立的目的就是为股东赚钱。但事实上，公司股权由许多不同的利益相关者持有——公司所有者、管理者、顾客、竞争对手、合作伙伴、政府，甚至普通公众。

公司的英文单词company来源于拉丁语“campagne”，意思是一同分享面包。从这个词中，我们可以看到公司优缺点的关键所在——委托代理。

当一家公司的所有者和管理者是同一人时，委托代理不是问题。但当所有者不再参与公司日常运行，委托代理便是一个很严肃的问题。公司所有者应当如何避免管理者通过消耗公司财产来谋私利？如何防止管理者为自己制订过于丰厚的报酬、贪污腐败、谋权篡位？如何识别无力经营公司的管理者？

控制委托代理问题有两个基本方法：一是将管理者利益同股东利益联系起来，比如向管理者提供利润红利；二是保证良好的信息披露，使股东对公司经营状况有清晰的了解。

大多数人认为，买股票就是期望价格上升，以此赚取利润；这并没有错。但股票价格不仅会上升，也会下降。因此，我们持有股票的真正动机不仅仅是分享公司美好的前景，还要分享公司当下的利润。

一只股票的价格，笼统来说是由公司现在与未来的收入所决定的。衡量公司股票价值的一个常用数据是公司市盈率——公司股票价格是公司现

有赢利的多少倍？在成熟的股票市场中，公司市盈率一般为15。这意味着在公司赢利不变的前提下，投资者需要15年时间得到与现有价格相当的收入。市盈率的倒数被称为赢利率，成熟市场中赢利率一般为1/15，或6.67%。

你会发现，股票的赢利率倾向于高过政府长期债券收益率。股票的超额收益源于股票价格波动性远大于政府债券价格波动性，投资者必须从额外承担的风险中得到额外回报。

但经济学家们一直被这样的事实困扰——在新兴国家市场中，包括中国市场，额外收益变成了折价。例如，一个市场的平均市盈率为50，这表明赢利率为2%的股票反比收益率为4%的政府债券更吸引投资者。

对此有两个可能的解释。第一，股票投资者认为股票价格下跌的可能性非常小，并且未来由股票价格上涨带来的收益要远远大于股票赢利率。第二个可能解释是，投资者认为通货膨胀可能性比较高，因此政府债券的名义收益率不足以抵消通货膨胀风险（即使政府债券并不存在信用风险）。

股票赢利率同债券收益率之间存在差异，却说明了股票市场同债券市场之间有着紧密联系。如果我们认为债券收益比股票收益高，那么就可以通过卖出股票、买进债券来套利。如果我们认为根据通货膨胀风险调整后的债券收益率不具有吸引力，那么我们便反其道而行之——买入股票而卖出债券。

然而，人们常常会忽略这样一个事实——公司高赢利并不一定会给股东带来高收入。因为，公司并不一定总是支付高股利给股东。

在一家现代公司中，管理层往往持有奖励性的股票期权。因此他们倾向于采取措施抬高股票价格，而不是早早将现金流作为股利派发出去。许多管理者，尤其是在美国的管理者，都愿意用公司现金流来赎回本公司股票以便使股价处于高位。有时，这也许出于税收原因；但更接近现实的原因是，管理层为了提升股票期权价格而试图将股价保持在高位。

最近几年，许多公司都因为一直努力持有现金而导致现金过剩，进而导致了过多投资。他们应当将现金流更多地作为股利分发给股东，这样一来便实现了解决委托代理问题的两个约束。

第一，如果他们将每年的净收入作为股利派发，便将公司的赢利回馈给了各位股东。

第二，如果管理层经营非常得力，其所投资的项目均得到丰厚回报，那么这家公司就没有理由得不到优厚的债权与股权融资。管理者会很自然地想多持有现金，因为他们可以控制这些钱。但事实上，这些钱属于股东，而不是管理者。

这就是我更愿意持有那些赢利丰厚并且定期派发优厚股利公司股票的原因。亚洲国家的公司通常不喜欢分发股利，这导致亚洲市场的股利收益率很低。这样不利于公司实现良好的财务约束。股东们应当积极地要求公司派发更高的股利，以现金形式来表明公司对股东的承诺，而不是仅仅向股东承诺预期中的高价格。事实上，这二者的效果是相同的。高股利也会吸引更多的购买者，进而导致相同的价格上升的效果。

保护资本

学习如何在低迷的市场中面对损失甚至是持续的损失，并不是一件简单的事

我们必须保护自己的资本，此即为“防御性投资”。如果你相信市场将一路下跌，那么“现金为王”，你可以持有保值的银行存款或者流动性强的债券，当市场下跌时，你就可以用更便宜的价格买回股票。但这样做也有代价，一旦市场上扬，你便可能错失良机。这就是为什么我们要持有各种流动性不同的资产的原因。

每一种资产都有它的优点和缺点。股票的优点是往往具有长期成长的潜力；缺点是短期内存在资本损失的高风险，并且无法确保它的成长性。债券则不同，它给予投资者定期收入和相对稳定的回报，但债券价格受通货膨胀影响很大。此外，在正常情况下，债券增长潜力是有限的。现金或者货币市场工具，如存款，其优点是本金有保障，缺点是收益很低。它们最突出的优势在于高流动性，你可以随时将现金转换为较长期的投资。

过去两个月中（指 2007 年 10 月和 11 月，本文发表于 2007 年 12 月——编注），如果你已撤资套现，那么你一定已经赚了一些钱，并且在观望何时重新入市；如果你还没有套现，仍然待在市场里，那么原先的赢利会遭受一些损失；如果你不幸恰在市场处于最高点时购买了股票，那么现在便不得不承受一些亏损。面对这些情况，你应当怎么办呢？

事实上，真正需要解决的问题是——你的投资目标是什么？你要进行长期投资还是仅仅进行短期套利？回答第一个问题时，你需要决定自己是否应该继续证券交易。证券交易是一项专业活动，需要大量的专业知识、

时间以及对市场的高度关注。大多数散户并不擅长证券交易，因为他们没有足够的时间来跟踪市场。他们只在不忙的时候看一下市场走势，当市场受挫时便开始恐慌，常常在该买进的时候卖出，而在该卖出的时候买进。有这样一个笑话：所有长期投资者都是不成功的投机者或者交易商，由于做错了短期的判断而被迫长期持有股票。

如果你意在长期投资，就和大多数年轻的投资人一样，有很长的时间使自己的资产增值，那么你就需要认真审视自己的投资组合，判断是否持有适当的资产。许多投机股质量低劣，只适合在有利好消息时买入，以期其价格在短期内上涨。绩优股则不然，绩优股适合长期持有。因为绩优股所属公司一般都有良好的治理、美好的前景，并且派发丰厚的股利。因此，考虑你的资产配置策略是非常重要的。现实中，没有人有时间管理一个超过 100 只股票而每只股票数量很少的投资组合。一大堆垃圾股组成的投资组合，并不是我们所谓的平衡组合。与其这样，不如将资产做有限配置——购买数只你可以轻松管理的股票、债券，同时持有一些现金。

如果你将精力集中在几只处于不同行业领域和地域的股票当中，你的投资组合可能会更加平衡。多样化投资的本质是购买具有不同风险特征的资产。如果你所持有的资产都具有相同的风险特征，那么事实上你的投资组合并没有被多元化。这就是为什么我总认为把资产投放在同一地域中并没有分散风险，而是在聚合风险。因此，从理论上讲，投资购买境外的资产有利于减少风险，但前提是你必须知道自己买的是什么。

如果你已确定了长期的投资策略并且喜欢你所持有的股票，虽然价格可能已经下跌，下一个困难的决定是你是否愿意以较低价格买入（average down），以及何时买入股票。以较低价格买入的意思是在股票价格较低的时候购买更多的股票。这样一来，投资组合的平均成本会降低，但你的风险敞口将加大。对此，时机选择（timing）是关键。如果你太早买入，而市场持续下跌，较大的风险敞口会带来较大的损失。

不知读者是否注意，我从来没有简单地建议买进或者卖出，而是建议每个人认真问自己：个人的投资目标是什么？投资期限是多久？学习如何在低迷的市场中面对损失甚至是持续的损失，并不是一件简单的事。每个人都因赢利而欣喜，即便那常常只是纸上利润；而当损失发生时，大部分人都不愿意面对。如何处理损失与如何处理赢利同等重要。有些人学到应当及时斩仓以控制自己的风险敞口。另一些人则学到应当及时套现，因为如果市场上扬时你没有套现，一旦市场下跌，盈利就会变成亏损。而对于投资者来说，不可能有永远的牛市，只有一段时间的利好。

事实上，永远不会有一条适用于所有人的完美投资策略。每个人都必须找到适合自己的投资风格与投资方法。通过实践和训练，你会发现自己的特点——冲动、鲁莽、容易恐慌、从容或是非常自律。学习如何投资的过程与学习其他技能的过程完全相同。当市场走跌时，你的投资技巧和判断力才真正得到检验。当然，这会给你带来痛苦，因为毕竟你用自己的钱交了学费。

了解产品

> 明智的投资者应该购买适合自己投资战略的金融产品，而不要仅仅认为某一项产品风险低就去购买它

共同基金为个人投资者提供了一个专业人士代其理财的机会。它帮助个人投资者多元化其所持有的资产，并雇佣专家来从事那些复杂的投资活动。理论上，投资者应当将资产投到许多不同的市场中以分散风险。但事实上，对于个人投资者而言，分散投资的成本过高，只有大的资产管理公司才能提供必要的基础设施和专业知识从事上述活动。

在金融市场多年的工作经验使我认识到，一个市场对于投资者而言，最重要的只有三件事：第一，任何市场或金融产品都必须保护投资者的产权并为其创造价值；第二，交易成本要低，要方便客户；第三，信息高度透明，让投资者理解他们购买的是什么东西。

第一条原则显而易见。人们在金融市场投资或买卖金融产品的目的就是为了赚钱，因此，最基本的要求便是金融市场或者产品要保护投资者的价值。这并不是说投资者无须承担市场风险，毕竟所有的金融产品价格都会有涨有跌。

关于第二条原则，投资共同基金存在以下三种成本。第一是申购成本。当你购买共同基金时，一般会被收取占总投资额2%～3.5%的费用。第二是每年的管理费，一般为总资产额的0.5%～1.5%不等。管理费用包括托管费和各种行政开支，例如关于基金收益情况定期报告的费用。第三是买卖差价，即买入和卖出共同基金时的价格差异。根据基金所持有股票的市场价格，基金经理会提供每份基金的净值，并以此来确定你的买入价和卖

出价。

关于第三条原则，许多人天真地认为，只要购买了基金，自己的风险便会自动降低，因为基金都是由专业人士管理的。但生活不会如此简单。第一，没有人能保证专业的基金经理一定比业余的散户表现更为出色。第二，即便基金经理会有更好的表现，但扣除所有成本之后，他们不一定会带给你更高的利润。第三，基金经理不一定能跑赢大市。第四，即使一只基金过去表现优异，也不能保证其未来基业长青。因此，共同基金的价格如同个股，一样会有涨有跌。

我不是否定共同基金。共同基金对于不同类型的投资者来说是很好的投资产品，但它可能不适合特定的投资者。对于没有时间密切关注市场的散户来说，如果他想投资于某一个特定的行业（而非某一只特定的股票）时，共同基金便是一个相当方便的投资渠道。如果你认真阅读共同基金的报告，你就可以更好地理解你的共同基金为什么表现出色或者逊色。这对于将来你自己投资会大有裨益。你应该将投资的共同基金表现和市场的基准指数进行比较。如果你的基金表现没有胜过基准指数，那么显然你的基金经理没有跑赢大市。

共同基金的另一个投资要点是最好中期或者长期持有它们，而不是为了短期投机的目的，因为买卖基金的成本较高。可以简单估算一下，在投资共同基金的第一年，你需要支付大约4%的费用（申购费用2.5%加上年费1.5%），这意味着共同基金必须保证至少4%的回报来使你收支平衡，而这还是在没有考虑买卖价差的情况下。

同样，知道你的基金经理是谁也很重要——他或她过去的操盘业绩如何？投资方式是什么？有些基金经理的确非常出色，富有经验和战略眼光。另外一些则不然，喜欢不断变换头寸。然而，他们交易次数越多，交易成本也就越高。别忘了，他们是在用你的钱进行交易，成本最终要由你来负担。

过去，各个国家的法规都不允许基金经理从事杠杆交易，这使得基金经理无法对冲风险。如今，这些规定被逐渐放松，共同基金经理的行为同对冲基金经理的行为也日益类似。但共同基金经理使用杠杆的限度仍然为法律监管。监管的原因是，虽然杠杆率越高，资产收益率越高，但相应的风险也会越大。共同基金和对冲基金的差别就是对冲基金可以极高的杠杆率来追求超额的高回报率，但风险也加大了。

有些基金被称为免佣基金（No-load fund），因为它们的申购费用被大幅度降低。近几年，交易所买卖基金（简称ETF，Exchange Traded Fund）也日趋流行，因为它们跟踪市场指数，并且在证券交易所挂牌买卖。这样一来，购买交易所买卖基金的成本同购买普通股票的成本几乎没有区别。但是由于管理费用的缘故，这些基金的分红率可能较低。ETF的优势在于它的交易费用较低，且比传统共同基金有更好的透明度。然而，国内现在还没有很多ETF。在亚洲，最成功的ETF之一就是跟踪香港恒生指数的盈富基金。

简而言之，不要认为共同基金风险一定就比单只股票风险低。明智的投资者应该购买适合自己投资战略的金融产品，而不要仅仅认为某一项产品风险低就去购买它。

慎对房产

为自己居住而购房是生活必需。但是，用大量的按揭投机房产（你自己的住房除外），你将面临经济不景气和利率上升等巨大风险

我一直认为，投资是终生的事业。比如房产就是这样的投资。对于大多数人而言，它是最重要也是必需的一项投资。房屋是你和家人一起度过最多时光的地方。虽然许多人待在工作场所的时间远超过家里，但至少，你要有家可回。

当我刚到香港工作时，我决定在当地购买一套住房。鉴于香港高昂的房地产价格，那是当时我最大的个人投资决定。香港金融管理局总裁任志刚先生给了我最好的投资建议，他说，在香港，如果你没有自己的房产，那么你便是在市场中做空头。他的意思是，自己居住的房屋其实并不是一项投资，而是生活必需的消费品。除非你同时购置两套住房，那么多余的另一套房产才称得上是一项投资。

让我们仔细考虑任先生的建议。你的住房其实是未来通货膨胀风险的对冲。每个人都必须有一个住所。过去，雇主可能会为员工提供住房。但现在，大多数雇主已不再提供这项福利，所以，你不得不选择租房或买房。由于市场并非完全有效，租房价格常常会比买房的实际成本低。然而，情况并非永远如此。通货膨胀和房屋短缺会使租金变得昂贵，这时你会发现自己得不到保护。而对买房者来说，即便房价上涨，你也不太可能立刻卖掉它，因为搬家费时费力——有人说，生活中的第二大压力便来自于搬家，有时这甚至是夫妻分道扬镳的原因。

高昂的房价使购买住房成为一项重大的投资决定。有时，迫于预算约束，你可能不得不降低标准，购买面积稍小的房屋。如果你向一位专家请教购房投资的三条原则，那么答案往往是——位置、位置，还是位置。这是因为，房屋地段是影响房价的重要因素。位于商业中心、方便购物的房子，或者紧邻地铁、交通便利的房子，通常需求旺盛，价格也很高。相反，离市中心越远的地方，房屋价格也越便宜。

如果你已决定了购房的位置，那么，下一步，你需要决定自己的购房预算。国际通行的经验是，你应当购买价格在全家年收入 3 至 5 倍的房产。在许多国家，由于房价飞涨，这一比率已迅速上升。房价对年收入比率的上升是全世界范围内的普遍现象，而不仅仅只在中国发生。根据国际清算银行（BIS）的统计，在过去 10 年中，世界范围内房屋实际价格上涨了 50%至 120%。调查显示，第一，房价的上涨几乎是实际收入涨幅的两倍；第二，房屋价格上涨最快的时间是 2002 年至 2006 年，与股票市场的上扬几乎同步。

全球范围内的房屋价格上涨反映出以下几点事实：人口结构发生变化，越来越多的年轻人逐渐自立，他们到了需要住房的年纪，房屋需求因此而旺盛；过去，名义和实际利率长期处于低水平；住房按揭融资方面的金融创新扩展了贷款的期限，银行间竞争也不断加剧。

住房的供给仍然受制于许多因素，比如不好的城市规划和有限的建筑用地。在供给有限的情况下，除非利率和收入增长放缓，否则，房屋的需求会继续增加，价格也会持续上涨。房产投资看起来是抵御通货膨胀风险的有效措施，但实际上，房屋出租的收入越来越低。你会发现，作为房东，其实你常常在对房客进行补贴。如果把同样数量的钱放入银行，你所得到的利息很可能比租房收入还要高。更糟的是，如果遇到不好的房客，你会常常被打扰。另外，如果你的房屋没有租出去，空置的房子仍有维护和保养成本。如果投资房产仅仅为了获得租金，显然有些得不偿失，因为房屋不是具有流动性的投资。在许多新兴市场，房产其实没有任何流动性可言，买进容易，而卖出很难。如果地段不好，连出租都不那么容易。此外，你会发现，自己还要面对房屋价格上涨所带来的额外税收——资产所得税。

投资于房产的另一条原则是，租金的净收益至少应当超过每期的按揭还款。如果你无法将房屋出租，那么，你便不得不独自面对每月的按揭还款。这样的现金流出会严重影响你的整体流动性。一旦你无力支付按揭，银行对房子的强行拍卖很可能会使你损失一大笔钱。因此，如果在房价高涨时借入一笔抵押贷款，一旦房价下跌，那么你便很可能陷入流动性危机。这就是美国次贷借款人陷入困境的根本原因。由于认为房价会持续走高，而利率会持续停留在低位，他们购买了那些根本无实际偿付能力的住房。不幸的是，美国房价同预期恰恰相反，不断下跌，比最高峰时已下跌近 15%，利率却不降反升（指 2007 年下半年的情形，本文发表于 2008 年 1 月——编注）。

你应当从国外的经验中吸取教训。为自己居住而购房是生活必需，但是，用大量的按揭投机房产（你自己的住房除外），你将面临经济不景气和利率上升等巨大风险。正如老生常谈，经济不景气就是其他人丢掉工作的时候；而通货紧缩就是你不得不卖掉房屋来还银行贷款的时候。在投机前，请深思熟虑。

保持谨慎　细细思量

关于2008年的市场形势，唯一可以确定的是金融市场仍将动荡不安，因此投资者很有必要保持谨慎

新的一年（指2008年——编注）刚刚开始，正是反思去年投资成败、酝酿来年投资策略的好时机。具体而言，就是要评估你自己的投资组合结构和资产配置决策。

对许多投资者来说，2007年是丰收的一年。而且，新兴市场表现要比发达国家市场好得多，摩根士丹利资本国际指数2007年上涨了35.3%。中国市场的业绩尤其引人注目（A股上涨了96.6%，收于5533点）；如果以美元计价，这一涨幅更高达110.3%。

发达国家持续降息，使全球债券市场也表现良好。以美元计价的花旗全球债券指数上涨了12.3%。但一度业绩不凡的对冲基金，2007年受次贷危机的拖累反而业绩平平，对冲基金研究指数（HFRX）仅提升了4.3%。

房地产市场的表现则参差不齐。美国房地产价格全年大约下降了10%，这是美国自1930年以来首次全国性的住房价格下跌。英国房产市场也面临着跌价压力。与此相反，中国2007年主要城市房产价格大约上升了10%。香港的普通住宅零售价格大约上涨了15%，但高级住宅的价格上涨了大约30%，四季度涨幅更高。

另一类值得关注的资产是大宗商品。全球大宗商品指数2007年上升了16.8%，其中食品类商品更大涨37.2%。石油价格涨到近100美元，而黄金价格涨到每盎司836美元，上涨了30.5%。

总体来看，一个显然的事实是：平均而言，2007年投资股票、债券和

房地产的投资者仍然会获得不错的收益。那么，2008 年的前景如何呢？

2007 年下半年，全球金融市场遭遇了更大的波动。据估计，美国与次级抵押贷款有关的损失在 3000 亿～4000 亿美元之间。随着会计师和审计师开始对各个公司有关资产严格按照市值进行估计，更大的损失可能会被披露。

市场出现了泡沫，激励机制也出现了扭曲。美林证券为次贷业务计提了 80 亿美元的损失准备后，其 CEO 黯然离任，但仍然获得了高达 1.6 亿美元的“分手费”。与此形成鲜明对比的是，尽管高盛 2007 年仍维持赢利，但其 CEO 仅获得了 6800 万美元的年终奖金。

从实体经济来看，IMF 估计 2008 年全球经济增长率将从 2007 年的 5.2% 下调到 4.8%。这意味着 2008 年全球经济仍会强劲增长，这将主要归功于东亚、中东、拉美和其他新兴市场，美国、欧盟和日本的经济则会放缓。

全球利率走势也将对市场产生巨大影响。尽管市场普遍预期美联储会进一步降息，但不能排除另外一些因素逼迫其加息的可能。如果油价持续走高，食品价格和耐用消费品价格居高不下，再次加息仍然是有可能的。

我粗略估算了美国的实际利率水平。过去 30 年，美国联邦基金利率基本维持在年利率 2% 左右。2002 年，联邦基金利率的大幅下调使得实际利率逼近零，2003 年到 2005 年实际利率甚至为负。这加剧了美国房地产市场的泡沫。2006 年到 2007 年，当美联储调高利率到 2.35% 之时，房地产泡沫突然崩溃。全球股市、房地产和大宗商品市场的暴涨都与流动性过剩紧密相关，这部分是因为各国政府宽松的货币政策，但也有部分原因是全球范围内过度消费和过度储蓄的不平衡。

投资者该如何解读 2008 年的市场和投资趋势呢？一个简单的方法是考虑“新年效应”（the New Year effect）。在香港市场，新年效应相当明显。当投资者和基金经理在圣诞节和中国春节这段时间开始休假时，通过家庭互访和朋友聚会，许多投资者开始交换信息，讨论投资建议，最终形成一个共识性的投资策略。举例来说，现在香港的房市非常火暴，因为大家预期美联储又要降息了，抵押贷款更便宜。进一步说，如果香港通胀率比美国高，那么香港将面临负的实际利率水平，这也是有利于房地产市场的。

一旦共识性的意见形成，共同的投资行为逐步显现，最终将推动市场向某一方向发展。

许多分析家认为，美国公司的利润将上涨5%左右，意味着即便宏观经济真的陷入衰退，美国股市仍然有上涨空间。问题在于，如果发达经济体将走弱或更加波动，包括中国在内的新兴市场是否能持续增长，免被波及？另外，2008年世界各地恐怖主义的发展情况，各国的大选，都可能对相应新兴市场的投资者情绪产生影响，这些都是不能忽视的不确定因素。

总之，关于2008年的市场形势，唯一可以确定的是金融市场仍将动荡不安，因此投资者很有必要保持谨慎。从2003年3月起，全球股市已经持续上涨了相当长时间，甚至没有稍停下来喘息的机会。金融市场从来没有永远的牛市，也没有永远的熊市。对投资者来说，目前是应该入市还是退出，仍然需要细细思量。

谨防“死猫跳”

利空消息已全部出尽了吗？答案很难是肯定的。全球各大银行的坏账注销额迄今合计虽然已过千亿美元，但可能还需要进一步注销

2008 年 1 月以来，“新年效应”已显现无遗，而不像以往，直到农历新年才到来。在 1 月的前三周，全世界股市蒸发了近 5 万亿美元市值，很多市场更比 2007 年高峰市值下跌了近 20%。从技术角度看，这些市场已进入了熊市。最近的（指 2008 年 1 月 21 日到 25 日——编注）达沃斯“世界经济论坛”上，商界领袖们也士气低沉。在这样的气氛中，投资极富挑战性。

1 月 22 日，美联储将基准利率降低 75 个基点至 3.5%，这是近 25 年最大的调整幅度。1 月 23 日，市场出现强劲反弹，香港恒生指数在 21 日暴跌之后于 23 日当日上涨了 10.7%。早些年间，恒生指数变动 5%都是十分不寻常的情况，但最近，市场波动性已不断加剧，表明风险正在不断上升。

1 月 23 日，纽约保险监管当局与银行开始会晤，商讨向美国债券担保商注资 150 亿美元进行“紧急营救”，后者因担保次级债券正在遭受严重损失。“拯救拯救者”无疑是具有讽刺意味的一幕。因为通常来说，债券担保商是保护债券市场的第二道防线，第一道防线是债券背后抵押资产的质量。

之后，情况进一步恶化，法国最大银行之一的兴业银行 24 日披露，一名“流氓交易员”（rogue trader）使银行蒙受了近 72 亿美元的损失。银行不得不请求紧急注资 80 亿美元以摆脱危机。这是有史以来最严重的一宗衍生品交易损失案件，打破了 1994 年巴林银行交易员尼森在日经指数期货上

14亿美元的损失纪录和1996年住友商社在铜期货上26亿美元的损失纪录。

这些利空消息使市场再次走低。从峰值大跌之后市场短时间内重振雄风的现象，市场行家们称之为“死猫跳”。因为活着的猫可以随时跳起来，但死猫在一次诈尸性质的蹦起之后就再也起不来了。

市场中有两种类型的交易者——以基本面信息为依托的价值交易者（fundamentals trader）和动量交易者（momentum trader）。巴菲特和格林汉姆属于前者，他们在投资之前会充分考虑市场的基本价值；而所有的图表分析专家（追随市场潮流）和散户（从众）则属于后者。

相对而言，动量交易不太关注价值，有时等到酿成大错才会醒悟。这是因为，如果只有你关注价值，而市场中大部分的投资者不关注，那么你很可能会成为失败者。但是，一旦市场行情逆转，动量交易将使最后的投资者出局，即市场所说的“落后者遭殃”。最无知、闭塞的投资者就是最后一个意识到要斩仓的人，也是最终被套牢的人。

动量交易会将市场推至非理性的繁荣，也会给市场带来恐慌，使市值跌到远低于其基本价值的水平。动量交易使市场在繁荣与低迷之间循环。问题在于，流动性过剩与非理性繁荣让每个人都为大把赚钱而快乐不已，很少有人会关注存在的问题，注意他们购买产品的真正价值。而当市场急转直下时，人们又开始过度关注利空消息而忽视利好消息。

正如古语所说，水落才可石出。利空消息已全部出尽了吗？答案很难是肯定的。全球各大银行的坏账注销额迄今合计虽然已过千亿美元，但可能还需要进一步注销。当然，各国央行的减息政策可以降低次贷借款者利息偿付的压力，从而减低实际违约的额度。但这一政策实际效果的大小仍然是个未知数。大部分次贷按揭利率调整将在2008年上半年进行。

接下来的问题便是：美国经济增长是否会减缓？如果美国经济增长放缓，将对中国和其他经济体产生什么影响？尽管有一些人相信，2008年美国经济仍会保持增长，但很多人预测美国经济将陷入衰退，并且相信未来6个月的数据会印证他们的猜测。

索罗斯已把当下的情况称做“60年来最严重的市场危机”。看起来，这个断言郑重其事。

一些读者问我，在这样的环境中，他们应当怎么办。大多数投资者认为，不是“牛市”便是“熊市”。牛市论者很乐观，认为股票价格很便宜，并且会继续上扬。熊市论者是悲观主义者，认为股价将要下跌，可以在稍后股票跌至低价时抄底买入。

但我无法告诉某一个投资者应当怎么做，因为这取决于每个人的具体情况、风险偏好和目前的头寸。只有投资者自己才知道。

我想提醒读者注意，这是一个投资者教育专栏，而非投资建议专栏。后者会告诉你买什么产品或者什么时候去买，而这个专栏的目的，是教你如何理解投资，各自利弊何在。投资之前，认识你买的产品和认识你自己是非常重要的。

金子未必总闪光

盲目相信未来金价将持续上扬而进入黄金市场的投资行为，事实上是高度投机的

2008年1月，黄金期货获准在国内期货市场交易。对于专业投资人士，我没有太多忠告，因为他们是市场专家，并且在价格下跌时有能力承受损失。我只想给散户们一些忠告——黄金与黄金期货交易风险极高，入市需谨慎。

根据世界黄金委员会数据，2006年地上黄金约为15.8万吨，其中用于首饰加工的黄金占总量的52%，约为8.17万吨；中央银行和政府部门持有18%，约为2.85万吨；工业库存1.87万吨，占12%；投资者持有2.58万吨，占16%。

以年度计算，黄金年需求量的五年均值大约为3692吨，其中首饰加工占总需求的69%，工业用生产电子产品的黄金占总需求的12%，投资所需黄金量占19%（所谓投资需求就是指将黄金像股票那样当做投资品持有）。

在供给方面，矿藏开采占总供给量的61%，废料再利用占25%，央行也通过售卖方式供给了约占总量14%的黄金。

由于持有黄金没有利息收入，因此，赢利的唯一可能性，就是金价上涨速度高于同类金融资产的平均收益率。仔细研究上述黄金供求数量，你很容易发现，每年矿藏开采和废料再利用的黄金供给，已大大超出用于首饰加工和工业生产的黄金需求量，盈余部分约占总供给额的5%，达到176吨。这表明，这些额外的供给正在被投资需求所吸收；加上央行售出的黄金量，投资需求每年吸收的黄金总量约为703吨。也就是说，对于正常用

途的黄金，年供给量仍然大于年需求量，但余下的额外供给额却无法满足投资需求，除非加上央行每年提供的527吨黄金。

黄金需求的70%来源于亚洲、印度半岛和中东。最主要的黄金需求国包括印度、意大利、土耳其、美国和中国，约占总需求量的一半。黄金在这些国家有着极不相同的用途。根据2006年矿业生产数据，最大的8个黄金生产国是南非(11%)、美国(10.5%)、澳大利亚(10.2%)、中国(9.7%)、秘鲁(8.2%)、印尼(6.8%)、俄罗斯(6.2%)和加拿大(4.2%)。2005年，每盎司黄金的生产成本约为428美元。通过对18个黄金开采企业的调查可以发现，在当前价格下，黄金开采是一项利润极高的活动。但当金价上扬时，我们不应忽视将由此引致的生产增长和工业用黄金需求的降低。

“黄金虫”（即那些相信黄金是超级投资品，可有效对抗通货膨胀风险的人）认为，黄金供给仍处于短缺状态。之所以会有这样的论调出现，是因为人们相信黄金价格将上涨，所以它就上涨了。这是纯粹的动量交易。1999年黄金价格低迷时，各国中央银行曾同意将黄金售卖限制在每年400吨。如此一来，市场中的黄金供给便达不到投资或者说投机的需求。

2005年的一组数据显示，欧洲中央银行拥有黄金1.44万吨，美洲的央行拥有黄金9200吨，中东各国的央行拥有黄金1300吨，而亚洲各国（包括印度）央行则拥有黄金2600吨，国际货币基金组织与国际清算银行总共拥有约3400吨黄金。工业生产与废料再利用无法满足的额外投资需求为527吨，因此，以上的黄金储备至少可以保证对额外需求50年的供给，这里甚至还未考虑随着金价上涨将导致的产量增加。

黄金市场牛市论者认为，由于中东、印度和中国会持续购入黄金，因此，金价上涨是必然的趋势。但从以上的统计数据不难发现，中东和亚洲仅持有约3900吨黄金。金价上涨只会对大量持有黄金的国家以及黄金生产商们有利，而非那些持有少量黄金的国家。也就是说，对于中东和亚洲各国而言，越是推动金价上涨，反而越是“为他人做嫁衣裳”。

盲目相信未来金价将持续上扬而进入黄金市场的投资行为，事实上是高度投机的。我们知道，黄金生产商或供给方愿意卖出黄金或黄金期货来保证售出价格；将黄金用于首饰加工或工业生产的人们，则愿意购买黄金或者黄金期货来保证买入价格。想要购买黄金或者其衍生品的个人投资者，也可以去投资开采黄金公司的股票。

但将黄金实物或者黄金期货作为一项投资品的人，则完全是在臆测：持有 2.85 万吨黄金的央行与持有 1.87 万吨黄金的工业企业（相当于 12.8 年的黄金需求量），无论价格上涨多少，也不会让自己持有的黄金流入市场。最后，我们不能忘记，金价的额外上涨表明，人们对央行控制货币购买力能力的不信任。但一方面，央行可以售出黄金稳定价格；另一方面，也可通过调整利率来降低黄金的吸引力。

我没有对金价未来的涨跌走势做任何预测。因为政策调整并不必然是对正常供求关系的反映，所以，市场可能会迅速发生变化。这不是一个你可以拿养老金去投资的市场，散户投资者需要清醒地意识到这个市场中的巨大风险。

适者生存

> 投资界与自然界同样遵循达尔文法则：市场是残酷的，如果你的战略出现错误就会遭受惩罚；另一方面，如果你的战略有效而且具有竞争力，那么你就可能“赢家通吃”

春节期间（指2008年春节——编注），我读了一本好书——《财富的起源》（The Origin of Wealth—Evolution，Complexity and the Radical Remaking of Economics）。作者贝哈克（Eric Beinhocker）是麦肯锡高级咨询顾问。他在书中总结了经济学研究最新成果，并得出结论：市场是一个不断演化并进行适应性调整的体系，它和自然界“适者生存”的达尔文法则极为类似。

作者试图阐释这样一个观点：价值与人类的基本需要息息相关。比如，达尔文认为人类进化是由于不同个体相互竞争资源，并复制繁衍自身的过程。而在以前，权力和财富使得许多男人能够吸引众多异性，从而保证优秀的基因得以存续繁衍。从这个意义上说，财富之所以有价值，是因为它有利于实现人类生存的欲望。

正是基于这种洞察，可以看出人类为了生存，往往会按照适应性的模式调整自己的行为。由此引发了一个新兴的经济学理论，即所谓的“复杂性经济学”（Complexity Economics）。这本书很好地阐释了这个理论。

按照书中逻辑，许多新古典经济学理论都经不起推敲。例如，我们用于评估市场收益和风险的各种模型（如马尔科维茨的资本资产定价模型），甚至市场是一个随机漫步过程的假设都可能是错误的。曾做过金融学教授，现在是基金投资主管和风险顾问的阿维纳什·佩尔绍德（Avinash Persaud），最近对传统金融理论有一些独到的评论。在他看来，第一，马尔科维茨的模型通常假设只有一个投资者采用这一模型，而在实际市场交易中，可能许多交易者都采用同一模型，这往往造成所谓的“拥挤性交易”（crowded trades），最终市场波动要比理论预测大得多。第二，利用衍生工具来转移风险的办法，也可能会加剧市场的波动性。因为对冲基金并非风险的吸收者，而是风险的交易者。一旦发现自己手中持有的资产风险过大，如次级抵押债券，他们就会迅速转手逃离，这无疑加大了市场的波动。第三，投资者的行为特征和投资工具都会带来风险，这意味着我们应该同时看投资者的行为和其所使用的投资工具，两者都会造成风险状况的迅速改变。

传统经济学理论认为市场总是有效的，这并不必然真实。复杂性经济学理论则认为，金融市场是由相互竞争的交易策略组成的不断演化的生态系统。市场是一个高水平的处理器，能对市场参与者分散拥有的信息进行有效整合，但是因为相互竞争的不同交易策略和复杂的行为模式，市场仍然可能会剧烈波动。市场中存在复杂的反馈机制，许多专业投资者总是期望那些个人投资者的平均预期发生变化，因为后者的行为会造成市场的波动，在泡沫明显的市场上则会触发急剧的市场调整。

复杂性经济学能更好地解释动量交易，毕竟市场也是路径依赖的。这一理论框架显然更加实际，因为没有一个投资者具有完美的信息、零交易成本和无限的资源。反而大部分投资者只有非常不完美的信息、极高的交易成本和相当有限的资源。如果按照新古典的理论去指导交易，你就需要动用无穷的资源来支持重要的市场决策，这正是 10 年前长期资本管理公司（LTCM）所发生的故事。1998 年俄罗斯债务违约，债券市场偏离了均值 15 个标准差；而长期资本管理公司使用的模型仅仅考虑了 4 个标准差的波动。最终它们崩盘了。同样地，许多华尔街公司仍然对基于有效市场理论的模型顶礼膜拜，结果在次贷危机发生后损失惨重。

复杂性经济学的分析更贴近我们对真实生活的观察。因为市场是由不同策略相互竞争所驱动的，所以你需要了解市场上其他的投资策略和你自己的策略存在多大的差异。

过去许多年，新兴市场和发达市场关联相当微弱。时过境迁，今天商品和服务贸易已经全球化，市场比过去更紧密地相互连接，许多投资者的投资模式也大体相似。这就解释了为什么中国国内市场的价格开始受到国际市场价格的影响，反过来，中国国内价格的波动，也会对国际市场造成一定冲击。市场不仅相互连接，而且相互影响。

随着越来越多的外国投资者加入国内市场，国内的投资者也需要考虑这些国外投资者的想法；同样地，随着本地投资者开始投资海外市场，他们需要认真思考自己的投资战略和海外市场的战略。这正是“适者生存”的过程，所有投资者都要汲取曾经的错误和教训，及时改变投资策略，否则就无法在市场中生存。

市场是残酷的，如果你的战略出现错误就会遭受惩罚。另一方面，如果你的战略有效而且具有竞争力，那么你就可能“赢家通吃”。这正是原始丛林法则的真实再现。

绿色投资

只要运作得当，将资金投入那些具有社会责任感、商业伦理以及关注环境的企业同样利润可观

每个人都越来越关注我们的生存环境，因此，投资者也应当开始考虑“绿色投资”。那么，什么是绿色投资？简单地说，就是将资金投入那些具有社会责任感、商业伦理以及关注环境的企业。

投资这些企业的方式有很多种，比如直接购买企业的股票，或者购买持有该企业股票的绿色基金，甚至可以购买这些企业发行的债券。但是，应该怎样鉴别“绿色企业”呢？显然，仅仅从事与“绿色”有关的行业，并不意味着这是一家“绿色企业”。以高尔夫球俱乐部为例，他们不会告诉你，为了建高尔夫球场他们砍了多少树，或者他们所使用的肥料和杀虫剂污染了多少河流。

绿色投资事实上是一种投资概念或者说哲学。如果你本身就很愿意保护环境，那么，投资于一家同样关注环境的企业，并不是一件坏事。另外，由于现在全球都在关注气候变暖等问题，因此，生产阻止污染和缓解全球变暖产品的公司会有巨大的利润空间。只要运作得当，绿色投资同样利润可观。

绿色投资是一项预期性战略，它关注全球未来发展趋势以及那些顺势而动的公司，并从中选择佼佼者。选择绿色公司与选择非绿色公司一样，都需要良好的投资决策。

当然，股票市场无法甄别公司是否为“绿色”。同样，公司也不会标明自己是否有社会责任感。事实上，有些高利润企业恰恰对环境污染最为严

重。例如，钢铁、煤矿和烟草行业获利甚多，但有些企业仍然没有现代的防治污染措施。

“绿色企业”通常处在种植业、林业、有机食品、可再生能源、城市供水与污水处理、污染防治、废旧材料回收这样的行业，甚至还有传统医药业。一些行业有相当长的投资回收期，比如林业。但是，如果你确信将来会有全球性木材短缺的情况出现，并且木材价格会因此而高涨，那么，将资金投入科学种植与砍伐、可持续发展的木材公司，就不是一个坏主意。

现在，越来越多的人投资风力发电设备制造公司，因为人们正在不断寻求用以发电的低污染能源。由于全球水资源枯竭状况日益加剧，城市供水与污水处理同样是朝阳产业。眼下，世界上许多地方的水资源价格低于实际价值，如果缺水状况继续恶化，那些拥有高效管理水资源技术的公司会因此受益。在中东的有些地方，水价贵过油价。不幸的是，石油价格上涨速度也极为迅猛。因此，投资再生能源(例如太阳能)同样符合时代潮流。

另外，使用混合型燃料的汽车越来越多，许多工业领域也正在寻找环境友好型的替代电池与替代能源，这无疑为燃料电池厂商提供了巨大商机。能源公司的另一发展领域是应用可再生能源的混合发电项目，随着石油和煤炭价格的上涨，能源进入更新换代时期，风力、太阳能以及混合型能源将日益受青睐。

由于人们越来越关注食品和药品的安全问题，因此，使用较少化学添加剂和有害物质的食品生产公司会有巨大市场潜力。而随着人口的老龄化，卫生保健需求日益旺盛，积极参与保健市场的企业也将有良好的发展空间。

现今，企业逐渐在更加专业的领域寻求利润增长机会，比如废旧资源回收——处理被城市居民扔掉的大批垃圾；污染防治——治理污染、净化环境，如净化那些被石油或化学物品污染的河流和土地。还有一些“绿色”公司致力于提高能源使用效率，以及减少资源浪费。在中国，改进家庭污水回收利用效率的产品会成为市场所需，并可能为企业带来美好前景。

以上我列出了所有可供投资的行业，只是想为你提供一种思考投资的方式，并唤起你的环保意识。换句话说，影响世界和自己生活的最好方式，便是做出正确的投资决策。

如果你已选择了正确的行业或“绿色”的行业，那么下一步需要面对的问题，便是如何选择企业。解决这一问题离不开你的详细调研和大量工作。一种方法是选择行业中的佼佼者，即那些在行业中最有发展潜力的企业。我希望中国的行业分析师多作一些比较、研究——同时分析公司自身、竞争对手以及国际同行的业绩，而不是仅仅盯住一家企业。

赚钱没有捷径，努力工作必不可少。与那些仅靠运气的人相比，努力工作，从错误中学习，并且了解自身优点与弱点的人，更容易在投资上取得成就。沃伦·巴菲特的成功不能归结为好运，他有自己独特的投资哲学——价值投资，并始终如一地实践着这一投资理念。虽然他的决定并不是百分之百地正确，但许多年来，他的公司确实为投资者创造了丰厚利润。如果你能够从投资实践和自己的理念出发找出自己的独特投资哲学，你也可能成为未来中国的巴菲特。

注意“宽客”

> “宽客”通过快速数据分析更高质量的市场信息，能够比一般的散户更快进出金融市场。“宽客”逐渐主导市场，统计模型带来巨额利润，但预测全球大势仍是难题

要了解一个市场的波动轨迹，需要探究那些关键市场参与者的行为特征。20 世纪 80 年代末，随着“冷战”的逐步结束，许多物理学家和应用数学家从自己原来的专业领域转向金融市场，他们尝试在投资策略中引入许多创新的数学模型。这群投资专家因为其所用的数量分析模型而被称为“宽客”（quants）。

到了 90 年代早期，随着金融市场和大宗商品市场信息更加容易获取，一些“宽客”开始使用实时模型（real-time models）来模拟不同市场的波动特征。根据某些市场的波动轨迹，这些“宽客”能够从中发现一些有规律的模式，从而得到一些投资股票或者衍生品获利的机会。正是利用市场价格偏离统计“正态”情况下的风险套利机会，许多雇佣“宽客”的基金从各种“异象交易”（anomalies trade）中赚钱日多；而赚钱越多，他们就有更多资本来投资计算机设备和构建更复杂的数学模型。

长期资本管理公司（LTCM）就是这些“宽客”基金的一个经典代表。这家公司拥有两位诺贝尔经济学奖获得者，集中发掘那些价格波动频繁的市场中的投资机会。他们利用数学模型发现任何有利可图的市场异象，然后通过频繁交易，获得巨额利润。为此，他们需要有高杠杆率。不幸的是，因为 1998 年俄罗斯政府债违约，市场的波动性突然达到比模型预测高出几倍的水平，很快长期资本管理公司就损失了大约 40 亿美元，最终毁灭了公

司自身。

一些人以为“宽客”主要集中在对冲基金，这其实是一种误解。私募股权基金、共同基金，甚至一些更加保守的养老金和保险基金，也都开始在投资过程中使用复杂的数量模型。伴随这个过程，金融市场的波动目前很大程度上是由计算机程序交易驱动的。具体而言，纽约市场高达70%的交易，伦敦市场差不多50%的交易，日本和其他亚洲地区大约40%的交易，都是由数量模型驱动的。

“宽客”们使用的基本工具其实相当简单。“宽客”交易策略大体可分成四类。

第一种是进行统计套利。这种策略是通过监测市场异象，然后沿着反方向套利操作。如果一种证券的价格远远低于它的长期均值，那么未来它很可能会返回到均值水平，此时“宽客”们就买入这种证券，从而在证券价格回到均值的过程中获利。但是，价格波动轨迹也可能违背预测，所以“宽客”们还要设置一个止损策略。

第二种是股市中性策略（quantitative equity market neutral）。按照这种策略，“宽客”们同时持有某种证券的空头和多头头寸，最终头寸对冲的结果就是市场中性。

第三种则是多头策略或者空头策略。如果你看好一只股票的上涨势头，那么你就做多；如果你预期这只股票未来会跌，那么你就做空。

第四种是“130/30的多对空”策略（130/30 long-short equity strategy）。以一个1亿美元的资产组合为例，你在某一行业的一组股票上建立1.3亿美元的多头仓位，同时在另外一组股票（处在另外一个行业）上建立0.3亿美元的空头仓位，最终你的净头寸是1亿美元。

“宽客”给我们带来什么启示呢？

首先，他们通过快速的数据分析获取更高质量的市场信息，这使得他们比一般散户要更快进出金融市场。这一点是每一个散户，包括新兴市场的共同基金投资专家一定要理解的。除非你能够建立自己的数量分析模型，并能够随时获得模型所需要的数据和市场信息，否则在交易中，你必然处于劣势地位。作为本地人士，你也许能获得高质量的本地信息，但是，如果所有“宽客”的模型告诉他们卖出，而他们也决定这样做的时候，那么，市场不管有什么样的信息，很可能都会下跌。

其次，很多人往往低估了“宽客”们超乎想象的创造力。举例来说，如果A市场存在外汇管制或限制，那么，“宽客”可能在A市场之外凭空创造出一种替代的证券或者衍生证券以模拟其波动轨迹。可以说，在“宽客”们的金融创新推动之下，没有一个市场能够成为孤岛。

第三，许多“宽客”使用同一类统计模型进行分析，这就使得他们的行为可能促使市场沿着某一个相同方向波动，以致于他们会增大市场波动，而不是相反。传统理论指出，市场总是会回归均值，遵守一价定律。这种理论是存在缺陷的，因为如果所有的投资者都使用同一个模型，并预测价格将会上扬，那么最终价格必然将偏离均衡。一般的市场套利者，都是逆市操作者，他们需要有充足的资源和坚定的信念保证自己在相反方向的投资总是正确的。市场价格很可能会按照套利者预期的那样回归均衡，但是正如凯恩斯所说，长期来看，我们都已经死了。所以，真正的难题还是在于预测大势将走向何方。

控制损失

如果市场正在蒙受损失，而你的损失较小，那么你仍然是胜利者，所以市场走势十分不明朗时，你需要仔细分析自己的资产配置策略

在长期稳定发展之后，通货膨胀现已不期而至。面对这样的状况，投资者应当如何应对？

首先，通货膨胀是什么？通货膨胀是一种货币现象，即太多的货币追逐太少的商品。它往往体现为物价上涨，因此投资者感到自己储蓄的实际购买力正在被侵蚀。

许多人认为，购买黄金或不动产是应对通胀的"安全港"。但正如我在以往所说，黄金市场有其独特性，并不适合散户。黄金没有利息收益，且黄金储备掌握在央行手中，价格可能瞬息变化。如果你在高峰时买入了黄金与不动产，而其价格不断下跌，那么你就不是在对冲通胀，因为你可能因为错误的投资决策导致更惨重的损失。

我们正处于一个非常特殊的投资环境中。市场看上去有高度的流动性，但全球银行却面临流动性紧缩。目前，世界经济似乎正走向"滞胀"——通胀居高不下，GDP 增长却停滞不前。这与香港 1996 年到 1997 年的情形极其相似。由于房地产市场良好的成长性及高通胀率，当时每个人都迫不及待地进入房地产市场。但 1997 年到 1998 年亚洲金融危机爆发时，情形逆转——房地产价格一落千丈，实际利率迅速上升，通胀一夜之间变为通缩。由于资产价格迅速下跌，甚至低于原来的抵押按揭贷款，许多中产阶级投资者一夜间变成负资产持有者。幸运的是，香港现在已恢复元气，但

许多投资者仍在为还贷奔波，另外一些人则已被迫将资产廉价售出。

当你对冲通胀风险时，你应当考虑整个投资组合的策略，而不仅是其中一两项资产。如果市场正在蒙受损失，而你的损失较小，那么你仍然是胜利者。这一基于相对收益的评估理念也可用在通胀风险对冲当中。居民消费价格指数（CPI）表明，货币购买力正在以每年5%左右的速度下降，但你的投资收益取决于另外一组价格，因此你的投资组合价格表现可以与CPI大为不同。

让我简单举例说明。假如通胀率是5%，一年期存款利率是3%，那么你会感觉自己的存款在以每年2%的速度贬值。但如果你决定将存款取出并投入股市，而股价在一年中却下跌了15个百分点，那么哪项投资决策更明智？当然，你会说股票价格也有可能大涨。但同样的道理，更糟的情况——损失15%以上——也有可能发生。因此，如果你已持有股票，并且认为股价下跌不可避免，那么转持现金会让你的损失减少，尽管有时你不得不支付一点小额“税收”——由负实际利率所引致的损失。

一般而言，除通胀风险，在进行投资决策时你还需要考虑以下几点要素：一、投资时机；二、投资产品与投资组合；三、你自身的流动性与杠杆率。

选择何种产品组合非常重要。如果你拥有自己的房产，那么你就已经在对冲通胀风险。房地产对通胀有巨大的对冲效应，因为房地产会吸收你的大部分流动性，有时你甚至不得不为购买房产而负债。如果房地产价格上涨速度快于通胀率，也超过年贷款利率，那么你便是胜者。如果不是这样，那么你就可能面临负资产风险。

同时，你的现金流也要满足偿还按揭贷款的需要。在通胀情况下，如果利用高杠杆率借贷购买房地产，你会有流动性风险的代价，一旦情形逆转，你最终会发现还是“现金为王”。此外，当股票或其他投资品价格开始反弹时，由于流动性不足，你会错过投资机会，付出机会成本。

市场走势十分不明朗时，你需要仔细分析自己的资产配置策略。你应当考虑哪项资产可能赔钱，哪项资产在长期会有更好的表现。不要同时持有过多不同种类的股票或者资产，尤其不应再持有那些你一时兴起买入、现在却在赔钱的资产——优化你的投资组合，关注质量、质量，还是质量！

当市场下行时，与那些杠杆率极高的成长型公司相比，有稳固现金流且支付丰厚股利的公司将会有更好的表现。公用事业与基础设施公司（比如电力或电信企业）的股票具有防御性质，因为不论通胀还是衰退，人们都必须使用这些企业提供的基础服务。杠杆率高的企业在高成长、低通胀的市场中会有不俗表现，但一旦市场逆转，他们受到的损失会同他们曾经拥有的业绩一样巨大。有时，这些企业甚至不得不变卖优质资产来降低杠杆率。

当未来情况多变时，请不要仓促作出决定。仔细考查自己的投资策略及每一项资产的风险与收益，尽量优化自己的资产和债务配置。投资如同生活，在变化中求生存是其题中应有之义。

勿把股市作赌场

赌博和股票投资的主要差异在于是否需要专业性。股票市场中虽有意外因素，但仍需对公司未来业绩、管理层的专业判断

以前看到香港有些人要申请开办赌场的营业执照，我往往开玩笑说：既然香港这个世界上最自由的金融市场足以让任何投机家来赌博，为什么还要专门开办赌场呢？但严格来说，股市和赌场还是有区别的。

在赌场里，其实是在和赌场的庄家赌博，不管哪个赌徒赢了，庄家都要从中抽取一些手续费。从长期来看，赌场老板将总是赢家。最近的一项医学研究表明，人们在赌博时，身体内部会发生奇妙的化学反应，就像吸毒一样，往往容易上瘾。正因如此，各个国家（当然包括中国）都制定法律禁止赌博。香港的赛马和足球博彩活动虽然合法，但被课以重税，这些税收被用于慈善和社会福利活动。香港这种模式背后的哲学是：就像酒精和香烟一样，你不可能完全阻止赌博活动，那么为何不化堵为疏，将这些活动的收益资金引向对社会有益的事情上呢？

在股票市场上，一个投资者必须对某一上市公司的前景作出自己的判断。这个决策过程是极度动态化的，也是非常复杂的，因为许多因素都变化不定。

第一个因素是委托代理。例如，我们需要知道公司的高管是在服务于股东利益，而不是自己的利益，而事实上，我们唯一能看到的，只是这家公司过去的经营记录和高管绩效而已。

第二个因素是信息不对称。散户投资者很难像专家那样，对某只公司股票作出确切判断。即使一家公司确实管理得不错，也仍然有一些随机因

素影响其最终业绩，比如突发的自然灾难和不期而遇的法律诉讼，这些意外因素同样会对该公司的发展前景和财务状况造成深远影响。

我在卸任后曾经买过国外制药行业的一只蓝筹股。这家公司业绩一直不错，有着良好的利润状况，毛利率很高，市盈率不高，并拥有相当多的医药专利。从行业来看，制药行业前景很好，能够抵御经济衰退的冲击，因为世界各地的人们生病时都需要药品，而且世界正在老龄化。但最近这家公司的管理层，决定斥资并购美国一家规模较小的高科技医药企业，这个消息一经宣布，该公司股价应声暴跌。而散户投资者很难看清楚这究竟是一个明智决策，还是愚蠢的决定。我亲历的这个故事表明，即使经过仔细的分析和研究，股市投资的收益状况最终仍然可能超出控制。

换句话说，股市投资成功与否，很大程度上需要你自己作出清晰的判断。这个判断正确与否，不仅依赖于其他投资者的判断，最终也依赖于你所投资公司管理层的诚实与专业能力。有些情况，你的判断可能是对的，但整个市场不这样认为，于是当你在买入的时候，别人却在大量抛售，这种逆势而上的做法，很可能让你在短期遭遇巨亏。

在股票市场上，我们常常不知道有些事情是我们不知道的（unknown unknowns），有人将之归结为运气。事实上，这些因素是随机发生的，我们不了解，也很难去评估测量。

著名经济学家凯恩斯曾经将股票市场投资比做“选美”，非常有道理。在选美比赛中，重要的不是选出你认为最漂亮的，而是猜测大家认为谁是最漂亮的。股票市场同样如此。股票市场之所以和纯粹的赌博不同，是因为一些有经验的投资者，总是能够对市场中其他人关于未来走势的判断，作出较好的预测。

最近我读到沃伦·巴菲特在《财富》杂志上的文章，其中一些观点可与大家共享。巴菲特对今天投资者的建议是：“股票市场投资策略的制定应该考虑两类因素：第一，即使你确实知道宏观经济的趋势，你并不必然知道股票市场的走势；第二，投资者自己挑选股票，很难做得比大盘好，股票应该是值得长期持有的东西。投资者往往会做错两件事情：买了不好的股票，或在错误的时点买卖股票，而事实上却不需要这样做。我经常说，在别人恐惧的时候，你应该变得贪婪；在别人贪婪的时候，你应该感到恐惧。”

如果股票市场上的每一件事情，都是由运气或者随机因素决定的，那么巴菲特就不可能长期获得较好的投资回报。巴菲特这类专业投资者的成功之处在于，他们能够从市场中学习，并执行自己的良好判断。这类投资者很少受到情绪的影响，他们确保自己尽量客观地对目标公司的前景、管理层和可能绩效作出评价。因此，赌博和股票投资的主要差异在于是否需要专业性（professionalism）。

在香港和其他一些市场，不管大盘如何涨跌，一些大的蓝筹股，总是能够年复一年地给其投资者带来不错的回报。如此，投资者在蓝筹股价低迷的时候就会迅速买入，作为对其专业主义的奖赏，结果就是那些蓝筹股的股价确实相当稳定，货真价实，而不像一些网络股那样忽上忽下。总之，成功不是完全靠运气。

投资低价房

拥有自己的住房，是对冲通胀风险的最好办法之一。低价房政策是任何社会都应该优先考虑的事情

目前世界正处于一种极为复杂、前景不明的状况之下。对于那些亲身经历过十多年前亚洲金融危机的人们来说，现在的次贷危机很像是历史的重复。

2007年的全球经济状况同1996年很相似，市场处于泡沫巅峰状态，但每个置身其中的人依然如痴如醉。转眼之间，泡沫破裂，一些银行陷入危机，不得不到处求援。美国和欧洲的资产泡沫开始痛苦地调整，有些小经济体已有严重问题。看上去，这和1997年的状况如出一辙。而上次的危机只有到了1998年，最严重的问题才开始浮出水面——直到香港特区政府介入股市、马来西亚政府实施外汇管制、俄罗斯债务违约、巴西深陷危机，危机才可以说真正见底。历史上，大多数危机都会持续大约两至三年的时间；而目前美国次贷危机会持续多久，仍是未知之数。

现在（本文发表于2008年6月——编注），全世界大部分地区都在遭受滞胀的痛苦，通货膨胀率和商品价格高企，各地的实体经济增长却日益放缓。在此状况下，各国政府能够做些什么以摆脱困境呢？与此同时，金融投资者们也不得不开始考虑对冲通胀、保护自己的财富不受侵蚀这一急迫问题，他们又当如何作为？

我们应该回头看看，究竟是什么因素使得市场的投机程度和杠杆率达到如此之高的水平，又如何能够重返基本面。我曾多次讲过，金融是实体经济的“衍生产品”。金融和实体经济的主要区别是金融市场的杠杆率和复

杂金融工具的不透明性。衍生产品的复杂性愈高，杠杆率愈大，相应的风险就愈大。次贷危机正是衍生产品杠杆率过高的一次危机，最终华尔街的金融危机冲击了实体经济，而不是相反。华尔街以外的普通美国人终究有一天会发现，令他们突然变得一无所有的根源，可能在于那些华尔街银行家的贪婪和投机。所有人都从理想回到现实，估值开始回到正常水平，基本面因素开始凸显重要性。人们开始尝试约束那些将公司推到泡沫水平的分红制度，以及让那些失败的CEO离职时依然能获得巨额“分手费”的制度。

我一向主张价值投资，相信在金融体系强大之前，必须有强大的实体经济作为后盾。我们迟早要回到基本面。如果一个社会将其大部分的养老金都投资到长期政府债券这种资产上，究竟意味着什么呢？简单地说，意味着这一代年轻人的养老金将由下一代人偿还，其安全性依赖于政府的管理能力和财务审慎程度。设想一下，如果明天通胀骤然加剧，通胀率超过了政府债券收益率，那么，这些未来养老金的购买力将逐步遭到侵蚀。这也正是日本、欧盟和美国等老龄化国家和地区面临的最大问题。其政府无法承受高通胀的代价，因为高通胀不仅侵蚀国民的储蓄，也在减少他们的养老金。

拥有自己的住房，是对冲通胀风险的最好办法之一。这也就是我为什么坚信一个好的民主政体应该是一个“居者有其屋”的国家。在这样的国家里，人们能够低成本地拥有自己的房屋。特别是对穷人来说，如果能低价买房，那么他们就有了一个对冲通胀的工具，真正使得他们老有所依。因此，低价房政策是任何社会都应该优先考虑的事情。

投资建设低价房在带动建筑业发展的同时，也间接推动地区经济的发展；这一点对目前正处于快速城市化进程的中国尤为重要。有效投资建设低价房，既能满足社会需要，也能够在国际经济环境不好时扩大内需。毕竟，没有一个国家可以永远依赖出口来推动经济增长。

低价房建设也有利于创造就业机会。投资低能耗、高效率的公共交通和旅行设施，比如建造电力铁路和地铁，而不是发展大量消耗汽油的汽车，也是创造就业的一个办法。民众能够利用这类新增就业机会，逐步实现他们自己的住房梦，而不是终生为他人做嫁衣裳。

不过，我们也要清醒地看到，那些缺乏统一规划、偷工减料建设的“豆腐渣”房，会极大破坏环境。如何应对这种潜在的风险？我的建议很简单，就是在全国范围内设立评选低价房最佳设计的奖项，鼓励那些环境友好、能源节约和适合中国风土人情的建筑设计创新。这些低价房社区，必然也需要有方便用户、价格便宜、环境友好、能源节约的公共交通作为配套。

纵观历史，英国在 18 世纪成为一个海上强国，很重要的原因就是他们发展起了好的航海钟技术，从而使得航船能够沿着正确的方向前行。同样，对中国而言，如果我们能够鼓励那些思虑成熟、眼光长远的建筑师设计出未来的低价房式样，那么，我们就能够真正建设一个和谐的、环境友好的民主社会，最终为全世界树立榜样。而我们的金融体系（包括养老金体系）需要很容易地为这些房屋建筑提供融资。总而言之，一种有远见的投资，应该着眼于社会的长远未来，服务于人们追求美好生活的梦想。

把握大势

在目前的动荡时期，投资者需清楚了解宏观经济环境，投资的真正难题不仅是购买什么，还在于何时购买

上月（指 2008 年 5 月——编注），我去伦敦政治经济学院参加了一周的研讨会。利用在伦敦的机会，我拜访了一些银行业和资产管理行业的老朋友，了解他们对目前全球投资环境的看法。这些看法不一定正确，但是在这里我愿意和读者分享。

次贷危机，主要是衍生市场的危机，可能已经过去了大半。美国政府正在考虑为次级抵押贷款市场提供约 3000 亿美元的担保，以防止更多违约出现。

这次危机同样是由一次严重的投机泡沫造成的，归根结底可以说是一种货币现象。纵观众多投机性泡沫的演化过程，很容易发现，在泡沫膨胀的最后阶段，所有人都处于癫狂状态：尽管市场价格已经大幅上涨，但每个人还是相信这种趋势将一直持续下去。

本质上说，2003 年以来，金融市场泡沫的形成及其破灭不过是一个货币现象。我在伦敦见到的每一个人都赞同这种观点：世界各地的低利率政策维持时间太久了，低利率环境造成各金融机构对财务杠杆的广泛使用，结果就是泡沫的持续膨胀。过去 4 年间，许多投资者和金融机构借钱从事投机活动，特别是日元套利交易，从中获利不菲。不幸的是，过多放贷和过低利率带来大量货币投放，最终必然造成高通胀率，后者又迫使央行开始加息。实际利率的提升，最终捅破了泡沫。而金融市场泡沫的破裂不仅影响金融市场自身，也会影响到资产价格和大宗商品价格。

美国住房市场首先受到泡沫破裂的冲击。房价上升时，美国的房屋所有者利用“房屋净值贷款”获得了高达 1.1 万亿美元的借款。这种贷款允许房屋所有者以房价资本利得作为抵押。当美国平均房价相对于 2006 年高峰时期下跌了 15％甚至更多时，估计有 2000 万美国人的房屋变成了负资产。这是美国自 1930 年以来第一次全国范围内的房价下跌。

如果房贷违约率上升 3％，美国银行 7 万亿美元优质抵押贷款中的 2100 亿美元将成为不良贷款。这里还没有考虑对经济周期更加敏感的商业地产领域的可能损失。到目前为止，美国房贷抵押贷款的损失中，有一半是由欧洲和其他外国银行承担的，因为美国房贷抵押贷款很大程度上已经资产证券化。尽管如此，美国银行业仍然需要大约 3000 亿美元至 4000 亿美元的再融资，以弥补目前房贷损失对资本金的侵蚀。如果银行业不能获得再融资，银行信贷必然会收缩，进而，实体经济状况可能更加恶化。

房价下跌的同时，世界各地的大宗商品价格却在不断上涨。大宗商品价格飞涨主要有四个原因。

第一，主要商品价格大多以美元定价，随着美元兑欧元贬值了大约一半，基本商品的价格差不多也上涨一倍。这是一个纯粹的货币现象。第二，对大宗商品的消费需求大幅增加。10 年前新兴市场的需求量占全球需求量的三分之一，今天这一比例已上升至二分之一左右。第三，对大宗商品的投资需求增加。目前投资者已将大宗商品当做一种用于投资的资产类型大量持有。例如，对冲基金、养老基金和 ETF 基金都大量持有大宗商品，用以对冲通胀风险。第四，供给冲击。澳大利亚旱灾造成了全球大米供应一定程度的减产；油价的持续上升已极大增加了其他大宗商品的生产成本，最终使后者的价格螺旋式上升。现在我们不得不接受这样的现实：在近 20 年的价格相对稳定期之后，通胀幽灵又开始在全球抬头。过去 20 年间，有利于食品和大宗商品生产的总体良好气候状况，未来已很难持续。

泡沫终究要破灭。最近卸任的美联储理事弗雷德里克·米什金，尽管过去一直坚持宣称货币政策在阻止泡沫方面无能为力——因为泡沫是否存在很难识别，但最近他也开始承认，伴随信贷扩张而来的资产价格快速上涨，可能造成金融市场的不稳定，因此着眼于控制通胀和管理总需求的货币政策，可能也需要谨慎地有所反应。随着名义利率的不断提升，特别是当实际需求下降、供给增加时，实际利率的上升最终将阻止商品价格泡沫。

目前，许多大宗商品价格已明显高于生产成本。屡创新高的黄金价格可能已到达顶峰，因为国际货币基金组织和一些央行已宣布要开始出售部分黄金储备。如果欧佩克能够增加原油产量，油价持续上涨态势也会发生逆转。今天，新兴市场已能够对全球经济走势产生一定的影响，尽管许多新兴经济体还没有意识到这一事实。

在目前的动荡时期，投资者需清楚了解宏观经济环境。时机选择怎么说都不为过。当别人都在买进时跟着买进，非常容易；当别人都在卖出时逆势买入，则决策艰难，需要极大的勇气。投资的真正难题不仅是购买什么，还在于何时购买。如果行动过早，可能会损失不小；如果行动太晚，可能会一无所获。

认清指数

如果用一个指数来描述相应市场行为，这个指数本身的波动行为，不总能够完整反映真实的市场行为

金融市场中的一个基本问题就是信息不对称。我们需要准确、及时的信息来做出良好的决策和判断。但大多时候，困扰我们的问题不是信息太少，而是信息太多。

由于金融市场上信息太多，需要某种简单的东西来描述复杂的市场走势，于是，市场指数应运而生。最常见的指数是股票市场指数，比如美国的道琼斯工业指数、中国内地的上证综指和中国香港的恒生指数。

道琼斯工业指数诞生于 1884 年，当时包含 11 家铁路公司的股价。那个年代，铁路股就是“科技股”。时至今日，道琼斯工业指数已经扩展到 30 家大公司的股价，其中四家是金融集团（美国银行、摩根大通、花旗集团和美国国际集团）。中国内地的上证综指，则代表了上海证券交易所 A 股和 B 股市场的总体走势。这个指数由 50 家最大企业的股票组成，其中 11 家是金融机构。中国香港最主要的市场指数是恒生指数，包含 43 家上市公司的股价，其中 11 家是金融公司或者银行业金融机构。20 世纪 80 年代香港工业外迁之后，香港金融市场基本上就被银行股和房地产股主导。

众所周知，如果用一个指数来描述相应市场行为，这个指数本身的波动行为，不总能够完整反映真实的市场行为。举例来说，道琼斯工业指数的走势，并不能确切体现美国实体经济的状况。今年一季度（指 2008 年第一季度，本文发表于 2008 年 7 月——编注），受次贷危机影响，美国银行和金融公司利润下跌了 67%，但非金融类公司利润实际上升了 10%。道琼

斯工业指数反映了一篮子不同行业大公司股价的平均波动状况，2008年不同行业的表现截然不同，因此，道琼斯工业指数的涨跌就很难判断。又如中国工业和银行业运营状况相当不错，但上证综指相对于高峰点位已下跌超过50%，这种跌幅更多反映了市场的两个不确定因素：一是美国经济减速对中国经济的影响程度；二是“大小非”减持对市场供给面的影响程度。

投资者不仅仅要了解一个指数的成分股，还要知道这个指数究竟是如何构造和加权的。一般来说，股票市场指数是按照成分股的相对市值比例进行加权的。这种方法意味着：某只成分股价格越高，该股票的市值就越大；相应的，该成分股在指数中的权重就越大。近年来，人们逐渐认识到，如果一只股票很大一部分不能够自由流通，其市值的意义就相对较小。通常而言，流通市值较小的股票，价格波动率相对较大，因为小额交易就可对股价产生实质影响，这为股价操纵留下了空间。但流动性好、流通市值较大的股票则很难被操纵，一方面是因为操纵股价需要大量投资；另一方面，如此大额交易很容易被监管机构关注和察觉。

股票市场指数往往被分析师用于估计社会公众对经济形势的情绪，甚至有人认为，股票市场指数可以作为政治的风向标。但事实上，股票市场指数更多反映的是那些积极的机构投资者和大型投资者的情绪，这些投资者往往能够影响指数的波动。必须记住的是，仍然有许多人不持有股票。虽然美国一半左右的人口持有股票，但其中大部分人是通过自己的退休基金间接持有，只有不到30%的人口直接购买股票或者共同基金。而在中国，散户投资者开户数目前大约是总人口的10%。

现在，其他一些指数也开始引起关注。一个是房地产市场指数，它能够反映居民财富的增减和资产泡沫的可能性；另一个是长期债券收益率（也被称为基准债券收益率），在美国指的是十年期美元国债的到期收益率，这个指数的涨跌反映了美元的未来价格。

事实上，美联储会分别监测长期债券收益率指数对应的期货价格与联邦基金利率的期货价格。据说格林斯潘喜欢盯住联邦基金利率的期货价格，如果期货市场预测联邦基金利率将上升25个基点，格林斯潘就建议提升联邦基金利率25个基点。这种迎合市场的做法，是各方都乐意看到的。否则，当美联储出台了出乎市场预料的举措，就意味着美联储拥有了一些市场无法得到的特殊信息，市场就可能因此出现短期波动。

我过去在香港工作时就已发现，十年期港元政府债券收益率和美国十年期国债收益率的利差，可以作为外国投资者评估在香港投资风险大小的一个重要指标。如果利差扩大，就意味着外国投资者开始担忧在港投资的风险，反之亦然。同样，公司债收益率和基准收益率的利差，可以用来衡量公司债市场的风险状况。

总之，我们不能仅仅盯住一个指数，也不能指望这个指数就代表了市场的真实走势。对某个市场指数的优点和不足，一定要有清晰的了解。通常，我们需要关注一篮子指数，同时辅之以我们自己的经验和判断，最终才能够对市场走势作出更准确的评估。

伺机中国债市

中国债券市场发展空间巨大，而且现在已到了决定下一步发展速度的关键阶段

从投资者的角度看，全球金融市场主要有七种资产可供投资，即房地产、股权（股票）、固定收益产品（债券）、货币市场产品（现金）、国际市场（包括外汇）、大宗商品和衍生品。当然，也可以是以上各种资产类型的组合或结构化产品。

其中，衍生品市场规模非常大，不过，衍生品市场很大程度上是机构投资者和专业投资者的市场，散户涉足较少。尽管房地产市场的流动性较差、地域性较强，但在七种资产类型中，无疑是规模最大的。以美国为例，居民持有的房地产资产差不多等于股票、债券和现金等其他金融资产的总和。

大宗商品是新兴的资产类型，虽非常重要，但目前市场规模仍然较小，原因是大宗商品很难作为价值贮藏工具。今天，一个投资者可以通过直接购买交易所交易基金，来间接投资黄金或其他大宗商品。

如果暂不考虑大宗商品市场，一个全球化的资产组合可以近似为50%的房地产投资，20%的货币市场工具或银行资产，17%的债券投资和13%的股票投资。

那么，投资者应如何配置自己的资产组合呢？这取决于投资者的风险偏好和风险承受能力。比如，一个风险承受能力较高的年轻人可能偏爱投资股票，而不是债券。

债券是一种非常重要的资产类型。债券投资的收益，表现为利息收入（债券到期收益），往往是可预测并相对稳定的。与之相比，股票的价值经

常发生波动，股利多少依赖于公司的赢利水平和股利政策。

债券的品种纷繁复杂，有三种债券最为常见——政府债券、公司债券和资产支持证券。

从全球范围来看，政府债券的规模为25.8万亿美元，占所有未偿债券规模的37.2%，其余为私营部门发行的债券。在所有私营债券中，约三分之二为公司债券，三分之一为资产支持证券。在亚洲地区，政府债券的比重远远大于私营债券，前者规模估计为8.9万亿美元，占整个亚洲债券市场的72.5%。在亚洲，公司债券市场还处于起步阶段，资产支持证券只在少数市场发行和交易。

固定收益债券往往投资期较长，是一些长期基金资产组合中重要的资产类型。大多数投资经理会在资产组合中持有一定数量的债券，特别是国债。国债的信用等级高，流动性好，收益波动小。

美国债券市场在全球处于主导地位，目前的规模约为14万亿美元，日成交金额超过5000亿美元，每年新发行的债券额度达10万亿美元。与股票市场不同，债券市场仍然是柜台交易市场，交易在主要的经纪人、做市商和他们的机构或者个人客户之间进行。国内外的一些交易所，比如上海证券交易所和纽约证券交易所，也公开交易一定额度的债券。

在中国，人们过去往往投资一定数量的国债，用以替代银行存款。近些年，随着股票市场投资收益率的提升，固定收益产品的吸引力已经有所下降。尽管如此，债券投资的好处仍然不可小觑。具体来说，债券投资能够保护本金，同时，如果债券的风险溢价水平不错的话，作为流动性好的一种资产类型，它在投资组合中能够很好地平衡波动性较大的股票和流动性较差的房地产投资。

中国的债券市场已经到了决定下一步发展速度的关键阶段。过去几年，债券市场基础设施有了较好发展。中央国债登记结算有限公司业已成立，投资者可以在其网站（www.chinabond.com.cn）上获得政府债券的收益率曲线。目前，一年期和十年期政府债券基准收益率分别是3.7%与4.4%。与其相比，一年期银行定期存款利率为4.1%。可见，一年期定期存款的风险相对于一年期国债没有增加多少，但是收益增加较大，因此，一年期定期存款还是有吸引力的。

美国十年期国债的收益率是 4.2%，相对于中国十年期国债来说，美国国债的吸引力相对较小。一方面，两者的收益率差很小；另一方面，投资美国国债还要承受美元贬值的汇率风险。

截至 2007 年底，中国债券市场存量已达 12.3 万亿元人民币，相当于当年 GDP 的 50%左右。日本债券市场规模相当于 GDP 的 180%。可以说，中国债券市场仍然有很大的发展空间。

2007 年，中国债券市场的发行规模达到 8 万亿元人民币。从投资者结构来看，截至 2007 年底，债券市场有 5900 家机构投资者和 530 万个人投资者在债券登记结算机构登记。

随着人民币兑换逐步自由化，对国际投资者来说，以人民币计价的债券将越来越具有吸引力。债券市场对于散户投资者来说，同样是不应忽略的。

避免更大损失

当整个市场都在衰退，一个投资者要想扭转市场的趋势而从中获利的可能性不大

股市有两种类型：发达市场和新兴市场。发达市场一般是流动性高、监管良好和波动性小的成熟市场。新兴市场始创于20世纪80年代，那时，成熟市场的机构投资者发现，他们可以分散地投资新兴市场，以获得更高的收益，同时也面临波动性大、流动性低的高风险。

每一个新兴市场都有自己的特点。首先，大多数新兴市场的投资者都是非常本地化的，他们的决策深受当地的政治经济形势、市场情绪、新闻和传言的影响。在这些市场上，最大的公司要么是大型国有企业，要么是家族牢牢控制的上市公司。过去，新兴市场上自由流通的股份很少，所以，少量的交易就能造成股价大幅波动。与此同时，由于职业化的机构投资者群体相对缺乏，典型的新兴市场也往往容易被散户投资者主导。

当然，小规模的市值总额意味着外国投资者容易推高股价。因此，早期的新兴市场就像当年美国狂野的西部，股价大起大落。在这类市场上，动量交易和泡沫效应相当明显，以至于价值投资也只是理论上成立，实际上未必能赚到钱。只有当股价回归现实，比如股价大跌，投资者才会重新捡起价值投资的逻辑。其中的教训很值得汲取。

台湾股市就是一个明显的散户投资者驱动的例子。随着台湾的工业化，当地的中产阶级开始对股票投资产生浓厚兴趣。为了遏制投机，防止股价大幅波动，台湾的证券交易所仍然维持着7%涨跌幅的限制，意味着散户投资者一天的最大损失不会超过7%。其他大部分市场都还没有这样的限

制。尽管这样，中国台湾股市和日本股市在 20 世纪 80 年代保持了一致的持续增长，并且前者在 1989 年达到了 12495 点的顶峰。但是，如同日本股市一样，台湾股市后来又猛跌了很长一段时间，而且遭受了 1997 年的亚洲金融危机。值得注意的是，台湾股市现在的股指依然没能超过其 1989 年的高点。

一般来说，新兴市场有更高的收益率和更大的波动性。在经历 2003 年 3 月 SARS 期间的短暂停滞之后，全球股市开始持续上涨，在这一过程中，新兴市场是最先受益的。平均而言，“金砖四国”（巴西、俄罗斯、印度和中国）的股市市值大概是它们股市最低值的 3 倍到 4 倍，其中，巴西表现最好。

然而，从价值评估的角度来看，新兴市场的市盈率明显高于发达市场，这已经引发了一些国际投资者的担忧。与此同时，石油和食品价格的急剧上涨，加上次贷危机的爆发，已经诱发了对成熟市场衰退的担心，这最终会损害到新兴市场。

总体而言，目前全球市场上有两种相反的趋势。一种趋势是资金从发达市场流向新兴市场，因为新兴市场增长更快；而且一些人相信新兴市场国家的币值被低估，所以，投资新兴市场还能从汇率变动中获利。这也解释了为什么新兴市场股价在从最高点回落的同时，仍然有国际资金不断流入。另一种趋势是资金从新兴市场抽走，这不仅因为可以套现获利，也是由于预期新兴市场会受成熟市场影响，暂时不看好新兴市场。可以说，全球市场仍处在动荡的状态，稳定的趋势还没有出现。

对于投资者来说，因为通货膨胀和全球股市的调整，似乎没有安全的港湾可以有效地保值资产。下面的数字可以很好地说明问题。从今年（指 2008 年——编注）年初到 6 月 23 日，美国股市跌了 11%，日本股市跌了 9.7%，欧洲股市跌了 20.9%。新兴市场的股市跌了 11.2%，其中，上海 A 股跌了 44.8%。从整体来看，全球 MSCI 指数跌了 10.1%。另外，在加息的压力下，全球债券指数也跌了 10.2%。

所有增长的市场都是商品市场，用美元衡量，增长 31.6%，其中，食品价格上涨 60.2%，黄金 13.6%，石油 102.1%。有趣的是，如果用欧元衡量，商品价格仅仅增长13.6%，说明货币升值的确有助于减缓通货膨胀。

全球资本市场的现状让人困惑，因为用价值评估的原则，并不容易区分哪些是最有价值的股票。次贷危机之前，金融股都有很高的市盈率和足够吸引人的股息，然而，发达市场的金融股是次贷危机中损失最惨重的，因为金融股都有很高的财务杠杆。

在这种情况下，短期而言，谁损失最少，谁能坚持到最后，谁就是赢家。当整个市场都在衰退，一个投资者要想扭转市场的趋势而从中获利的可能性不大。唯一可以安慰的就是损失比市场小。这也就是我一直强调的：如果你在试图保护自己免受通货膨胀的损失，你也应该当心不要遭受更大的损失——刚跳出油锅，又跌入火坑。

但是，这也是很好的时机来考虑下一轮的上升周期何时开始。

避险熊市

熊市是险地，不可久留。应该学会时常自嘲，现在也是反省投资策略的最好时机

我们正处于熊市中，应该没有人怀疑这一点。可是，熊市会持续多久？什么时候会见底？现在是不是买进的时机？真正的答案没有人会知道。如果有人知道，那他会成为下一个巴菲特，而且他也不会给大众投资建议。

至少有一件事是可以肯定的：金融行业全面陷入危机以后，各国政府将金融企业部分国有化，央行注入资金超过8万亿美元，相当于全球GDP的15%。从这种意义上说，这次危机对金融业的直接影响已接近尾声。然而，这次金融危机已经蔓延到实体经济，汽车等消费品在全球的需求下降，导致公司利润剧减，有些公司甚至出现了亏损。

原因很简单。金融危机是由银行过高的杠杆率引起的，现在银行缺少资金，不得不依靠政府注资，所以，他们会降低杠杆率。这就意味着对实体经济贷款减少。贷款是经济的“加速器”，贷款减少必然导致经济增长放缓。有些人认为，下一个坏消息将来自信用卡市场。据我所知，熊市中，坏消息会接踵而至。所以，不要过度忧虑，也没有必要恐慌。除非你是高杠杆投资者，否则，灾难不会全都降临到你的身上。如果你没有借钱，而且拥有股票的投资组合，那么，即使发生了一些亏损，也不要放弃希望。黑夜过去，太阳照常升起，只是现在离黎明还有一段时间而已。

因此，如果实体经济受损，几乎可以肯定的是，2009年，全球将陷入经济衰退（本文发表于2008年11月——编注）。大多数分析家认为，经济衰退会持续两年到五年。我个人的猜测是（这只是猜测，不是预测），大多

数效率高的经济体将在 18 个月内触底，较差的经济体则要花上三年到五年时间。所以，国务院出台 4 万亿元人民币的刺激计划是正确的。

全球股市虽回稳了一段时间，最终还是会往下走。因为，大家知道股市的这轮反弹只是熊市中的上涨。要说股市已经见底还为时尚早。

全球股市目前大约损失了 40%到 50%，现在几乎每个人都有亏损，连“股神”也在劫难逃。金融危机中你可以逃跑，却无处藏身。我曾经以为，投资海外市场是一种分散风险的方法。如果不考虑外汇贬值，这种做法是有效的，因为很少有海外市场的损失量超过 A 股的 70%。但是，如果算上外汇贬值，海外投资的损失就可能不低于 A 股的损失了。另外，商品期货的投资者也有较大的损失，以每盎司 800 美元以上的价格买入黄金的投资者，现在也损失惨重。金融市场之间的相关性已非常高。

有一个道理是亘古不变的：现金为王，尤其是持有本国货币。现在唯一可以避免损失的投资工具，要么是本国货币，要么是短期政府债券。

既然很多人因为投资股票亏损，下一步又该怎么办呢？教科书建议我们，以低于平均价格买进。原则上这是正确的，但是，每个人手中的现金都是有限的。事实上，现在是时候该对自己负责了。你是否持有正确的股票？你持有的公司是否管理不善、前景黯淡？你应该继续持有，还是斩仓？巴菲特给出了最好的投资建议——价值！价值！价值！在市场不景气的时候，应该做些功课，研究不同公司之间的差异。为什么这家公司的表现要比同行业的另一家公司好？不要买那些看起来便宜的股票。那些股票之所以便宜，往往是由于管理不善。研究一个行业的所有公司，挑选出你认为最好的一家，就会发现，最终起决定作用的是管理水平的高低，而不仅仅是资产价值的优劣。

你也可以持有另一种类型的股票：市盈率较低，并且能够支付足够的、稳定的股息。如果你看不出市场有任何上涨的趋势，这种类型的股票至少能给你带来过得去的收益。

尽管我们不知道市场什么时候见底，但总会有逆市上涨，即使只是昙花一现。有一种在熊市中交易的简单方法：以你认为便宜的价格买入股票，价格回升时，立即卖出获利。如果持有时间过长，市场很可能就会进入下一轮下降期，你就会遭受更大损失。用这种交易方法，即使赚的钱很少，至少还有两样收获：一是对你亏损的一点补偿，二是积累了股票交易的经验。

现在也是反省投资策略的最好时机。需要记住的是，不要盲目从众，不要在配置资产时失去理性。如果你在股市中盈利了，赶紧套现，不要过于贪婪，不要以为持有越久就能赚得越多，这样反而会带来更大损失。谨记：熊市是险地，不可久留。

我们如何才能知道股市什么时候会好起来？一种方法是看出口或电子行业周期的走向。如果这些公司依然身处困境，春天就没有来临。

我也要承认自己的失误。我原以为管理良好的一家公司，却因投资衍生品亏损。我从熊市中学到了一个道理：我们应该学会时常自嘲。

刷新知识

一些过时的理论，就如同那些坏习惯一样，需要很长的时间才能改变

突然有一天，你被告知你学到的关于过去 30 多年金融市场的知识都是错误的，你会做何反应？大多数人可能都不会相信，这就是典型的认知失调（cognitive dissonance）——人们即使面对客观事实，也难以自我否定。社会心理学家是在诊治一些世界末日论精神病患者时，发明这个术语的。面对此次正在全球深入发展的金融危机（本文发表于 2008 年 12 月，这里指当时的情形——编注），许多新古典经济学家可能也面临这种认知失调的境况了。

随着现代金融市场效率日益提高，金融学家们已经忘乎所以地将新古典理论全部搬过来，用以模拟仍然不够完美的现实市场。现实是复杂的，而理论是简单的，正确地使用理论的确有助于我们洞察复杂的现实世界。同时，我们必须记住的是，简单的理论总是伴随着各种各样不现实的抽象和假设，这就注定了理论只能解释部分的现实世界，而不是全部。问题往往就在于：当理论家们将自己的理论模型发展到无与伦比的典雅之时，他们也忘记了自己理论的内在盲点所在。

目前的这场金融危机，最终证明了我们正在广泛使用的金融理论存在严重的缺陷，现在正该将人类复杂的心理和行为整合到原来的理论中，以求更好地模拟市场行为。市场归根到底是由人类行为驱动的，因此，市场参与者的激励机制和观点，无论对错，都可能影响市场走势。

目前各国金融市场（包括中国股市）的波动，乃至繁荣与崩溃交替

的周期特征，很大程度上归因于散户投资者的同质单向预期（one-way beliefs），风格雷同的机构投资者的参与则是雪上加霜。只有在预测市场上扬和相信市场下跌的人数差不多的情况下，市场才可能回稳。也只有当多数人都相信市场将上扬时，市场才可能真的涨上去。

众所周知，市场的一个基本特征，就是不同市场参与者之间的信息不对称。但是，新古典经济学则假定市场有完美的信息，价格在随机波动；真实情况是，不完美的信息导致不完美的行为，因为每个参与者都会或多或少对历史存在一定的记忆，并借此作出今天的决策，这就使得市场波动更加复杂。

然而，现代金融理论的发展，则是沿着一个简化而偏离实际的路径发展的。1900 年，法国数学家 Louis Bachelier 写了一篇名为《投机理论》（The Theory of Speculation）的文章，首次使用正态分布模型来模拟市场波动。不过，这篇文章直到 1956 年翻译成英文后，才为人们所熟悉。到了 1959 年，Harry Markowitz 也基于正态分布假设，开创了资产组合理论；1964 年，William Sharpe 创造了资本资产定价模型； 1965 年，Eugene Fama 则发明了有效市场假说；最终，在 1973 年 Black-Scholes 期权定价公式发表。至此，建立在简化的正态分布假设基础上的现代金融理论框架，已经搭建得相当完美，组合投资和估值似乎已经成为一门硬科学，而不是艺术。

今天，几乎每个现代的银行和投资公司都在使用 VaR 模型，用以评估自己承受的市场风险及风险资本（capital at risk）。1993 年，Scholes 和 Merton 两位诺贝尔经济学奖得主，加入了长期资本管理公司这家对冲基金。该公司的主要赢利模式是借助数学模型，通过对市场实时数据的分析来发现市场异常。长期资本管理公司的精英们坚信市场终究将回归均值，而且他们雇用了 25 个博士来完善自己的预测模型，所以，他们使用了高达 50 倍的杠杆率来赌自己的信念。不幸的是，1998 年，俄罗斯债券因亚洲金融危机的冲击开始违约；与金融理论假设各个市场独自运动不同的是，这时候，全世界债券价格同时下跌，结果造成长期资本管理公司不得不频繁补充大量保证金，很快，他们就遭遇流动性危机。10 年前的长期资本管理公司，真是今天金融危机的先驱。

人们可能想当然地认为，一个理论如果被证明是错误的，应该会很快被抛弃。事实并不是这样。直到今天，资本资产定价模型和有效市场假说，仍然是商学院必修的金融理论课程，也是各种风险管理模型（如VaR）的建模前提。一些过时的理论，就如同那些坏习惯一样，需要很长的时间才能改变。不过，这次源自发达国家的金融危机，造成的损失已经超过一代人所有战争损失的总和。教训是如此深刻，以致每个人都开始认识到，现在的市场风险分析工具需要作出彻底的调整了。

危机推动变革。每一代人似乎都要重新学习他们时代的教训。中国人很容易理解实践比理论重要的道理，知道实事求是的重要性，因为任何书本都不可能替代经验。一个年轻的投资者，可能因为运气好或者敢冒险而获得了不错的投资业绩，但是，像巴菲特这样的投资大家，很可能是需要时间和智慧的积累，何况巴菲特也有亏的一天。

当心流动性

> 任何投资者必须优先考虑流动性，再考虑风险回报。没有流动性，你什么都买不了

在熊市中投资，投资者要明白最基本的道理。首先，你要记住老规矩：了解投资对象及自己和自己所能承受的风险。

对所有投资者而言，无论是散户还是专业投资者，都有两条基本的原则：一是低买高卖，二是考虑风险、回报和流动性。第一条原则显而易见，但是，大多数投资者在熊市中都以高买低卖结束。为什么你会在低价时卖出呢？因为你的流动性不足！因此，要在熊市中生存，第二条原则是非常重要的。

投资者一般可分为两种：价值交易者和趋势交易者。巴菲特是典型的价值交易者，他仔细评估风险和回报，在别人恐慌和甩卖的时候，大量买进低价股票；当认为价格过高时就卖出股票。巴菲特总是在等待时机买进，因为他通过卖出高价股票储存了足够的流动性。趋势交易者的操作则完全相反，以其中的散户为例，他们在行情上涨时异常兴奋，当行情震荡甚至下跌时就会陷入恐慌。

当趋势交易者和价值交易者大致平衡时，市场应该保持稳定。然而，在一些新兴市场，例如中国，大量的趋势交易使得市场波动很大，而机构投资者也表现得越来越像趋势交易者，结果是，短线交易推动整个市场像过山车一样，时高时低，起伏不定。

机构投资者本来应该是价值投资者，为什么也变得和趋势交易者一样呢？部分原因是利益驱动，部分原因是受制于会计准则。以保险公司为例，

因为其大部分负债是长期的，他们看来应该是长期投资者。但可悲的是，保险公司却有足够的激励成为趋势交易者。问题是，当保险公司发现他们在高价位买了股票，并且行情开始转向时，由于没有足够的现金继续购买，所以，他们不得不跟着抛售股票，从而使市场跌得更惨。

这就是现在欧洲保险公司和日本银行的情况。他们都持有大量股票，根据按市价计算的会计准则的要求，这些金融机构要在损益表中确认短期市场损失，所以，他们的资金充足性也受到影响。市场跌得越惨，这些金融机构就越要卖出更多的股票，以保证资本金充足率，于是形成了恶性循环。这带来了具有讽刺意味的结果：在熊市中，长期机构投资者本来应该净买入，但是，为了达到资本充足率，他们不得不卖出股票而成为净卖方。机构的这种特性也解释了为什么日本央行现在非常谨慎地考虑是否购买日本商业银行的股票资产。

我们正面临陷入全球流动性陷阱的危险。任何投资者必须优先考虑流动性，再考虑风险回报，因为，没有流动性，你什么都买不了。而且，当你的流动性不足以应付其他现金开支时，你会被迫卖出你的流动性资产，即使在亏损的时候。

这是西方银行体系现在面临的困境。它们持有许多“有毒资产”，没有人能正确给这些资产估值。这些资产的买卖价差非常大，因为没有买主愿意向可能失去流动性的不良资产支付高价。卖方也不敢降低出售价格，因为如果它以过低价格出售，就会立即导致很大损失，甚至破产。没有交易就意味着市场是不能变现的。然而，批发银行完全依赖证券化资产的市场以获得流动性。所以，当主要的流动性来源枯竭时，它们不得不出售或减少其他资产，这样就降低了信贷乘数，使实体经济陷入停滞。

市场的繁荣程度取决于流动性。银行放贷越多，市场流动性越好，趋势交易也越频繁；信贷紧缩的市场会使资产价格降低，导致投资者无力偿还债务，而不得不出售流动资产。换句话说，价值投资者不知道什么时候才能见底，而趋势交易者又试图减少损失。结果就是，中央银行不仅成为保证流动性的最后借款人，也成为最后的买主，包括直接购买公司债券。虽然央行可以在危机中这么做，但是，如果央行成为唯一的贷方，并且所有的银行都实际上被国有化了，那么，自由市场就变成计划经济了。

这是自由市场经济学派和凯恩斯主义的基本差别。自由市场主义者不喜欢政府干预，因为他们认为政府参与的交易会扭曲市场。但是，在混乱的情形下，当没有买主时，政府是唯一的可能买主，除非市场完全对国外开放。因此，凯恩斯的真正哲学是，在债务或流动性陷阱中，政府可以通过干预市场稳定信心。但是，如果干预过多，也可能导致通货膨胀和市场的无效率。

政策制定者的最大难处是，需要知道如何依靠市场的力量，以及什么时候出手干预。任何一种工具使用太多都会陷入困境，例如，如果流动性过剩，使得利率接近于零，那么，储户存款的收入就基本为零；如果流动性不足，则很多交易就无法实施。

第二章
探寻监管之道

本轮全球金融危机的元凶是什么？是监管失效，还是华尔街的贪婪？至今聚讼纷纭。然而，有一点是肯定的：如果监管不曾放任，华尔街的“金融大鳄”怎会如此随心所欲，一如饕餮？

全球监管构成“后危机时代”一个空前严峻的挑战。为寻新解，过去的经验、教训便变得弥足珍贵。

作者亲历了从亚洲金融危机到本轮危机的变迁，身上带着香港金融保卫战的硝烟。但是，作者没有止于讲故事，而是以一种思想者的姿态回顾过往，审视当下。这一辑，在本书中最富哲理色彩。作者除求诸当代金融理论，还思接千载，目光穿透历史云雾，与韩非等先哲对话。中国读者会倍感亲切。

思想是一场接力，读者不妨从这里再次出发。

互联网时代的市场监管

市场的效率，最终由掌握充分资料的投资者和消费者决定，他们和非监管机构是稳定市场的真正制衡机制

随着互联网以及高科技的发展，市场监管者必须面对层出不穷的变化，应对越来越多的挑战。这些变化首先涉及信息，事实上这也是亚洲金融风暴中最重大的教训。危机当前，监管者没有准确的信息，就没有办法判断市场会不会惊慌；其次，科技带来市场的全球化，各地区标准趋于一致；第三，科技将淘汰传统的中介人，取消各区域内中介人旧有的专营权；第四，架构随着客户、员工、投资者和监管者的强大而趋于扁平化，旧有的架构由新的企业及市场机构取代，时间、地域、界限，甚至包括司法区域，因为互联网的兴起而变得模糊。

在这种变化下，社会和系统的稳定将取决于个人道德水平及知识基础。换句话说，投资者呵护或群众教育，最终将成为支持股市和社会稳定、延续性的重要因素。美国今天经济的增长，就是因为其投资者的高素质和消费者的高素质。但是无论市场如何变化，监管者都需要确保游戏规则在市场经济条件下获得遵守。我们必须承认，在科技市场里面，全球金融市场已变成一个网络，互联网就是全球的网络。全球性网络由多个本地的网络构成，而这些本地网络在设计时并没有考虑到资金流向的因素，有关规则含糊不清，而亚洲金融风暴恰恰反映出了市场管制架构的危机，使得监管机构成为关注的焦点。这是因为以前封闭的本地经济系统设计的网络完全没有考虑到全球化市场带来的波动和冲击，当市场上再没有地域界限时，监管者怎么保障投资者的利益，以及如何提供一个具有透明度和公平竞争

的市场，就成为必须解决的课题。

从监管者的角度考虑，以下我探讨一下有关游戏规则的发展方向。

第一，监管架构的重心转移到以信息披露为主。以前我们（指香港证监会）做监管者，主要是审批上市，我们来判断哪个公司有资格上市，哪个公司没有资格。但现在科技化、全球化了，项目这么复杂，监管者显然没有那么多智慧。那么怎样保证投资者的利益呢？唯一的办法就是转向以信息披露为本，让投资者自己来判断上市公司的素质、价格。所以透明度、及时可靠的信息，是一个市场的基本因素。

第二，企业治理的透明度和市场的信任至关重要。中国《证券法》的监管原则有三个“公”：公平、公开、公正，我再加一个“公信”。如果大众对市场没有信心，这个市场是不可能成功的。那么对市场有信心是什么含义呢？它的含义是一个市场的素质将完全靠企业。但很重要的一点是，如果投资者没有及时可靠的信息，他怎么判断企业内控的情况，怎么通过市场外控企业呢？这是不可能的，所以加强透明度会加强企业自己的架构。

第三，关于企业的商业道德操守。我们必须反思现行的企业治理和监管架构能否满足投资者的需要。单靠企业内控制度和监管的外控制度，是不可能避免市场行为失当的情况的。即使监管机构积极打击这种行为，也是靠市场来评估。如果投资者对这家公司没有信心，其股价就会下跌，这是市场最终的判断。因此应该有一个完善的激励机制。这个激励机制就是以价格反映企业的效率。那么所提供的信息必须是切实、及时、一致和重要的，所有这些信息必须按照会计与透明度有关的标准来披露。同时为应付全球化，企业披露应该符合国际会计准则。

最后，企业管制及监管架构，应顾及企业内每个人的权利与义务，并将企业家精神与社会责任结合起来。理由在于，你要从大众集资，就要对大众有交代，一个企业不但要对自己的效率赢利承担责任，也要对社会承担责任，做一个很好的企业公民。

市场的效率，最终由掌握充分资料的投资者和消费者决定，他们和非监管机构，是稳定市场的真正制衡机制，因此公营部门应优先推行投资者或消费者的教育。对此，我个人将之概括为：民富国强。也就是说投资者、消费者知识丰富，选择理智，国家就将强大。目前香港需要加强改善的也正是这几个方面：第一，投资者教育计划；第二，与教育机构（例如投资者权益团体和大学）联合进行有关方面的教育；最后，监管者必须改变其工作模式，利用科技加强其监管目标。由于目前司法区的疆界已经消失，我们越是试图保持现状，我们的竞争优势就越将被削弱。科技发展改变了社会及经济体系，因此监管法规和方针必须配合科技的调整。在认识到市场全球化的方向后，监管机构和各地政府制定其官方互联网和网络技术策略时，必须顾及各地监管目标、标准的协调。

在诸多新兴的市场中，面对挑战最大的莫过于中国内地的经济体系。目前中国经济与世界联系越加密切，1999 年外贸总额占 1999 年国民生产总值的 38%，并且即将加入世界贸易组织（本文发表于 2001 年 1 月，当时中国尚未加入 WTO——编注）。要在全球层面与外国公司一较高低，中国除了必须推行企业、银行体系的改革外，也需要进一步完善市场法规、监管架构以及投资者的教育。

市场竞争是治理套利

市场不仅仅是信息上的套利、税务上的套利，也不仅仅是监管套利；市场最终是关于价值的套利

市场已被证明比中央计划更为有效率，但也并非完美无缺。市场失效的例子并不少见，如市场失当行为、垄断行为、污染及金融危机等。市场监管是一种减少市场失效的方式，它本质上是一种治理，在市场中扮演重要的角色。

良好的治理带来良好的业绩，不好的治理导致危机。如果治理良好，即使在贫瘠的土地上，如香港和新加坡，也能创造出财富；而不良的治理，却使得一些资源丰富的非洲国家和拉美洲国家处于贫困之中。

市场是一个进行产权界定、交易、注册及保护的社会体系。使用者(买家、卖家和中介机构）利用市场平台进行产品（即产权）交易，必须遵守一致的规则。否则，有人就会受损或受诈骗，市场也就无法发展。

在金融市场中，监管的目的就是保护金融系统的使用者，如存款者与投资者，阻止金融中介、发行人或借款人的高风险行为和不当行为导致的金融危机。总而言之，监管工作最终是为了保护产权。

对于一个保护产权的市场所需要的前提条件，近几年来人们已有共识。

——首先是政治稳定，宏观与货币政策恰当。与非洲和中东相比，亚洲的政治比较稳定，而且实行市场导向的宏观经济政策，因此亚洲的增长更为强劲、稳健。

——第二，存在适当的产权纠纷仲裁与解决的机制，如会计、估值标准及注册机制以清楚标明所有权，有独立的司法系统等。

——第三，市场信息对所有使用者应是准确、可获取的。在一个社会体系中，信息不对称是常见的，它会在使用者间带来不平等，造成市场力量的不同。高度的信息透明减少了信息的不对称，会增加市场流动性和可问责性。

——第四，所有市场参与者尤其是金融中介和企业必须有良好的公司治理，以便保护借款人、存款人和投资者。

——第五，所有的过程与技术平台是为了促进交易、清算和支付的，因此必须有效、稳定，最好都能达到国际标准。如果这些系统无效、不可靠，或者效率低下，就会增加市场的交易成本，导致投资者远离这个市场。

——在现实中，没有一个市场是完全的或完善的，每个市场都是由其历史、社会、政治和资源背景所决定的。不同的发展阶段会出现不同的市场，并且相互补充。比如，货币市场是金融体系的关键，但货币市场要运行良好，需要一个深度的政府债券市场和外汇市场，然后是股票市场和企业债券市场，再次是衍生产品市场或资产为基础的证券市场。没有互补性的市场，有些市场就无法很好地运行。

因此，监管必须适应特定市场的现实才能有效。新兴市场或过渡市场的监管者的困难之处在于，监管者往往同时是市场发展的推动者。监管者必须明白是什么造成市场不能很好运转，在提出解决方案之前必须先诊断。

良好的监管，需要遵循一些基本的原则。

——首先，监管实质上是对市场行为的监管。市场参与者（购买者、出售者、经纪商、借款人、贷款人等）的行为都是受到信息及制度给予的激励引导的。

如果市场上充斥着假信息或误导的信息，就会有欺诈与误导。如果有人可以作弊不付出代价，他就会继续作弊。因此，只有强有力的执行才会改变不良的行为。

——其次，监管还是一种约束。市场行为有三种约束：自我约束、监管约束和市场约束。如果自我约束有效，就无须监管约束，因为后者增加了市场的运行成本。市场约束或许是其中最重要的，因为在一个开放、公平的环境下，市场竞争决定了最终的结果。竞争不仅存在于企业间，市场间也存在竞争，经济间也存在竞争。同样，不同的监管体系之间也存在竞争。

最后，市场要能很好运作，三个约束必须共同发挥作用，就像凳子的三条腿。

我在香港证监会工作时的经验告诉我，市场不仅仅是信息上的套利、税务上的套利，也不仅仅是监管套利；市场最终是关于价值的套利。——因此，市场是一个社会体系，市场间竞争归根结底是治理套利。

原则与规则

> 以原则为基础的监管方式更为有效，但在现实中，规则仍然是需要的。原则需要使用者有较多的个人判断，而规则的使用者只要严格遵守规则字句的规定，就能在很大程度避免被牵涉到诉讼之中

每一个市场都有其游戏规则（rules），监管者的工作是执行这些规则；在每一条规则背后都有一个原则（Principle）。问题是，我们应当如何区分监管的原则和具体规则呢？

举例来说，如果监管的原则是防止金融机构破产倒闭，那么相应的规则就是对金融机构的资本充足率要求，外加流动性和公司治理要求。原则需要使用者有较多的个人判断，而规则的使用者只要严格遵守规则字句的规定，就能在很大程度避免被牵涉到诉讼之中。

原则通过澄清各种法律或会计准则的目的以简化这些规则，但这往往会造成规则边界的精确性的丧失。而规则通过使用更多的词汇和术语来明确行为合规与否的边界，但这也导致了太多的信息量和较大的复杂性。

当前有一种趋势，即一旦市场的某一方面出现问题，一种新的规则就会形成。在亚洲金融危机和安然、世通破产案件以后，国际上许多会计准则、证券法律和治理规范都被更新，甚至形成立法。目前有很多人在抱怨规则太多，这大大增加了合规经营的成本。他们呼吁应该简化规则，回归到更加一般的原则上。

首先，也是最重要的，我们需要知道没有一件事情会完美无缺，而市场必须从自身的错误中获取经验教训。如果我们将市场的每一个问题都依

赖或者归咎于监管者，那么将来的趋势就是监管者将制定更多的规则，在审批创新性产品过程中愈发谨慎。最终，市场也不再自我学习和创新。

过于繁复的法律会给全社会造成沉重的成本。全球金融行业的规章制度已非常复杂和繁重，以至于只有少数法律专家能够理解其真实含义。如果法律背后的基本原则不能够得到简单的理解，法律就很难被真正执行。自通过萨班斯–奥克斯利法案以来，汇丰银行抱怨其每年在遵守和执行这一法案上的成本超过 3 亿美元。我们是否应该将这些规则简化到比较宽泛的原则层面呢？如果是，又该如何简化呢？

一些人认为市场不喜欢太多的规则。其最好的例证是，某一行为符合所有的规则，但最终的结果却违背了这些规则背后的善意的基本原则，并确实造成了损害。比如，安然公司利用会计准则的漏洞来粉饰财务账目，将实际的损失伪造成了利润。

事实上，美国的规则已经过多，因为美国市场中的专业人士们偏好“边界明确的规则”。这种规则体系要求明确说明什么是准许的，什么是不准的。这将保护专业的律师、会计师和公司的董事们免于承担法律责任，只要他们能够清楚地说明其行为符合每一条规则。监管者也喜欢明确的规则，因为这样的规则容易执行。结果是市场有越来越多的规则。同时，因为美国是世界上最大的经济体，它的规则特点将会影响别的国家也去制定类似的规则。

但是，市场变化如此之快，以至于任何规则都会出现漏洞和例外。另一方面，如果规则太多，各个规则之间就可能出现矛盾，可以说，繁杂的规则也能创造套利的机会。实际情况正是由于这些规则自身愈来愈复杂，最终从来不能够被人们充分理解，市场开始发展出用以避税或者逃避规则约束的产品和服务。所以说，市场不仅仅是关于信息的套利，也是关于规则的套利。监管者必须明白，他们总是比市场慢半拍，从来不会有一条规则能够适用于任何产品、任何情形、任何时间。

应对快速变化情形的最好办法，就是要有一套清晰的指导原则。法律一定要清楚地说明，这些法律的目的是什么，监管者应该给予什么权力，市场自身的角色和责任是什么，有什么样的程序能够保证这些法律变得清晰、易于理解和容易遵守。

而宽泛的原则也存在问题，它要求实行过程中有许多个人判断。在此过程中，个人可能要承担一切有关的风险。那些担心惹来法律诉讼的律师和会计师们会强调要求清晰的规则，或者在规则不清晰时，他们得有一个“安全港”，一旦出现问题，监管者不能够惩罚他们。

在美国公认会计准则（GAAP）和国际会计准则（IAS）相互靠拢的过程中，美国开始朝着更多的原则的方向发展；国际会计准则委员会则发现为了和美国的会计准则更接近，还必须设定更多的规则。

我比较偏好以原则为基础的监管方式，但在现实中，为了更好地解释这些原则，一些规则仍然是需要的。为了得到更清晰的原则，就需要立法者、监管者乃至市场本身更刻苦地研究和思考，在制定法律和监管规章过程中我们真正的目的是什么。写出各种各样的规则是容易的，但是贯彻这些规则所应当体现的意图，并执行这些复杂的规则，则是非常困难的。我喜欢简单的规则，因为它们既容易操作，也能被坚定地执行。

《史记》云“从政有经，令行为上”；又云“世不患不法，而患无必行之法也”。

监管之道在权衡

刑事处罚不是最有效率的金融监管手段，监管者必须公平，并且使公众看到监管者在执行监管措施时是公平的

公司治理就像是一把三条腿的椅子，有三种约束力量：自律、监管和市场约束。每一种力量都同样重要，而且必须均衡。三种力量如同三个同心圆，中心是自律，外面一圈是监管，最外一圈是市场约束。每一个层次的治理都有自己的规则，并对违规行为给予不同程度的惩罚。

我总是把监管问题追溯到中国哲学层面上。儒家说：文质彬彬，然后君子。在儒家看来，与自律相关的唯一惩罚是自我良心的谴责。但是，自律永远是不够的；如果能一夜暴富，很多人会违反道德规范甚至法律。

为了弥补道德约束力量的不足，市场需要外部监管；而为了有好的监管，就必须有清晰、简洁、可执行的法律。这些法律，往往并不需要是刑事性质的。在金融市场监管中，使用刑法并不一定是处置不当行为的最佳方式。

例如，今天人们普遍认为内幕交易是不当的，应当被阻止并受到惩罚。内幕交易虽不损害某个特定群体的利益，却损害了整个市场。内部人进行内幕交易时，利用了市场没有披露的信息，于是所有的投资者都受到损失。从这个角度说，很难把内幕交易看做传统的刑事案件，因为后一种情况下能够很容易识别谁是受害者。

20年前，当香港试图解决内幕交易问题时，并没有沿袭刑事惩罚的老路，因为用刑事标准来证实内幕交易实在太困难，在司法实践上也不可行。刑事案件中，在判刑前，检察部门不但要证实嫌疑人存在主观故意，而且

要有实际证据；受害人也要拿出损害确已发生的证据。但金融市场变化极快，交易可能非常复杂而曲折，这使得用刑事证据的标准来判定一些不当行为相当困难。一方面，由于有入狱的危险，被告人会在诉讼中抗辩到底；另一方面，传统的受刑法训练的法官很难理解复杂的金融市场，因此，使用刑法来阻止金融不当行为，有时并不是非常有效。

香港采用了民事惩罚的方式。在20世纪90年代初期，香港创立了内幕交易审裁处。这不是正式的法庭，而是一个“行政法庭”，由两位金融市场专家或者职业人士协助一位受过训练的法官进行判决。证据的标准不像刑事标准那样严格，而是按照因果逻辑推断说明内幕交易确实发生了；一旦被认为有罪，嫌疑人不会入狱坐牢，而是会被罚没或归还在内幕交易中的获利，并被处以巨额罚金。由于真正的惩罚是金钱上的，加上市场声誉的破坏，没有一个珍重名誉的商人会愿意被监视和调查。

这意味着调查环节以及被告进入特别法庭的速度会很快，案件也很快能得到裁决。公众就能了解到监管者正在采取行动，以有效阻止不当行为。

2001年，内幕交易审裁处的成功，被复制到了市场不当行为审裁处，市场操纵和其他的案件也都可以适用于民事（或者罚款）方式来制裁。

即使是在健全的市场，比如美国，“安然案件”也要在其破产6年后才到达法庭诉讼阶段。在实践中，对于较小的案件，美国证监会（SEC）同样也会采取“和解”的方法。当某人被指控犯法，可以庭外和解。此人不需服刑，但并不意味着他无罪。个人或者公司需要支付大笔罚金，并保证将采取措施以防止类似不当行为再次发生，这样和解才可能最终成功。

在2001年市场分析员利用信息操纵市场的案件中，美国证监会使用的就是和解之法。华尔街上声名卓著的大公司不得不累计支付2.5亿美元来了结。为什么美国证监会和这些大公司和解呢?

首先，在很多时候，分析员对可以做什么、不可以做什么的规则并不清楚。在2000年科技股泡沫中，很多分析员和大公司的行为应受谴责；但由于这些在市场上极为常见的行为过去没有受到惩罚，因此，要证明分析员和华尔街的公司行为不当，将非常困难。

其次，为了不损害整个市场，监管部门往往不能吊销某些大公司的营业执照。公司的某个小部门做了不当之事，整个公司并不因此就变得有罪，惩罚范围应集中于对行为负责的人，而非整个公司，尽管公司必须承担管理不当之责。

一个案件能够较快和解，有三个良好的市场效果：第一，监管者必须尽快拿出更好的规则；第二，主要当事人明白他们必须改善内控，以防此类不当行为再次发生；第三，公众了解到，监管者正在采取行动，来阻止将来的不当行为。

对此举的批评是：付得起罚金的人逍遥法外了，付不起的人才会入狱。这是一个需要小心平衡的问题。监管者必须公平，并且使公众看到监管者在执行监管措施时是公平的。

安然事件六教训

与处理金融危机的成本相比，在监管上付出是值得的，在监管的收益和成本中取得合适的平衡，是摆在每一个监管者面前的最大的挑战

5月25日（指2006年的，本文发表于2006年6月——编注），美国休斯顿地区联邦法院的一次宣判标志着过去100多年中美国最重要的公司丑闻之一——安然事件将要画上句号。安然公司的前董事长肯尼斯雷和前首席执行官杰弗里·斯基林被判决犯有欺诈、共谋等罪行；这些行为，被认为造成了美国第七大公司安然（Enron）的崩溃。

从安然事件中，我们能够汲取哪些监管教训呢？

第一个教训是，如果一件事情完美得不像是真的，那么它很可能就不是真实的。安然的管理层意识到如果不能够靠日常运营赚到高利润，也能够靠会计操纵"创造"利润。依赖于虚假信息，除了纯粹的运气，没有投资者能够做出好的决策。

第二个教训是，以股价为业绩指标的股票期权计划容易造成激励扭曲，诱使管理层去获取短期利润。如果一个公司的CEO卖掉公司最好的资产以提升短期利润，很快就可以通过执行股票期权套现，并在公司利润开始下滑以前离开。这显然将损伤公司的长期价值创造能力，更不用说许多CEO诉诸财务欺诈了。

第三个教训是，如果管理层认为可以从伪造账目或会计欺诈中摆脱干系，他们就会去那样做。管理层在决定是否实施不当行为时，会有一番成本—收益计算。股票期权提供的诱惑如此之大，以至于公司内部审计人员、

审计委员会和董事会成员都对不当行为视而不见，不去“检举”。事实上，安然事件的诸检举人还被其同事指控造成他人失去工作。这也就是为什么世界上许多国家的公司立法都涉及了对检举人的保护条款。

第四个教训是，要有效制止公司不当行为，就一定要使得违规的边际成本——被发现的概率乘以惩罚的力度——高于违规者的收益。这就是为什么监管机构要定期采取执法行动，以强化规则的可信性，“杀鸡儆猴”。如果法律规则不能够积极地执行，违规者就认为自己会免于惩罚。

第五个教训是，仅仅修订法律以及增加对违规公司的惩罚，并不必然会改变市场行为。经合组织(OECD)曾经研究了有效监管的问题，指出“许多立法者常常将立法作为一种象征性的公共行为，而不是将其作为实际问题的解决方案。监管的膨胀侵蚀了所有规章制度的有效性，不相称地损害了中小企业的利益，并造成了行政自由裁量的滥用和腐败的蔓延”。

人们日益认识到，监管和合规都是有成本的。萨班尼斯—奥克斯利法案的实施，使得一些公司放弃了在纽约股票交易所IPO的计划而转道伦敦和香港。我认为萨班斯法案是有必要的，尽管对于上市公司的监管看起来过于严格；但这个法案的确使公司高管开始意识到，监管者是来真的，不当行为将不再会被容忍。

关于萨班尼斯—奥克斯利法案提高了监管成本的讨论，集中于三类，但不是每一种成本都可以简单测算：第一种成本是监管者的直接成本，这很容易测算；第二种成本是证券发行者和中介机构的合规成本，也是可以测算的；第三种成本被称为“机会损失”，亦即监管妨碍了竞争或者延缓了创新。这种成本的测算比前两种要困难得多。

当然，监管收益的测算也不是一件容易的事情。我常常把监管的成本看做为某个事件而付出的年度性保险费，该事件或者是市场中介机构的破产，或者是某种市场危机。一个市场不可能达到没有机构破产倒闭的状态。最好的监管也不能防止单个公司或者企业集团在危机中破产。但是，好的监管应该有助于减小破产的规模。如果我们不在监管上有所花费，危机的成本将会变得非常大。

在亚洲众多国家和地区中，只有监管比较完善的香港银行业较好地应对了 1997 年金融危机的冲击。金融危机的成本能有多高呢？金融危机后，印尼用了高达 GDP50％的成本来清理银行。而在 1990 年泡沫破灭后的 15 年中，日本估计花费了 GDP 的 15％来减少银行业的不良贷款。

因此，从安然事件得到的第六个教训是，安然事件不是孤立的现象，类似的事件很可能发生在每个人的眼前。安然事件出现于一个经济泡沫的阶段，经济高速增长，市场利率很低，新技术不断出现，以及公众迎接 21 世纪的情绪都导致了这次非理性的繁荣。

这说明，好的监管不应只关注单个公司或者某个行业，而应该把整个宏观经济状况和市场周期都考虑进去。监管过度可能会是顺周期的，在萧条阶段会加剧危机，阻碍产生超额利润的创新，而创新正是市场逆转的关键。在泡沫阶段，监管不足则会导致公司敢于冒不适当的风险，甚至参与欺诈。

在监管的收益和成本中取得合适的平衡，是摆在每一个监管者面前的最大的挑战。

监管对冲基金

> 构思为对冲基金构建一个中介信息披露方面的全球一体化的监管准则，适逢其时

对冲基金上一次被视做洪水猛兽，是在 1997 年至 1999 年亚洲金融危机期间。当时，马来西亚前总理马哈蒂尔指责乔治·索罗斯旗下的量子基金操纵马来西亚货币，索罗斯则声称马哈蒂尔不懂市场。

关于是否应该监管对冲基金，当时存在巨大的争论。中国香港、澳大利亚和南非等地的金融监管者认为，对冲基金加剧了其币值的波动。但是发达国家并不同意这一看法。

亚洲金融危机以来，有些发达国家和地区市场上，也出现了要对冲基金增加信息披露的要求。

但是，对冲基金的能量如此之大，以至于即使在 1998 年发生长期资本管理公司破产，且一度危及美国金融体系稳定的事件之后，世界各国在监管对冲基金问题上，仍没有达成共识。

可能是由于法郎曾经遭受攻击，对于对冲基金，法国人一直抱有警惕。英国人则认为，没有必要直接监管对冲基金，因为为对冲基金提供融资的主要中介机构（通常是投资银行或者主要商业银行），最清楚应该如何限制对冲基金的杠杆率和风险暴露；他们已经能够进行最优的间接监管了——这里的关键是监管中介机构，而不是作为投资者的对冲基金。

大多数金融中介机构——包括商业银行、投资银行，在世界各地都处于一定的监管框架之内，但迄今没有任何监管机构来监管对冲基金。其中部分原因是，大多数对冲基金在离岸金融中心（比如开曼群岛）登记注册，

位于各国监管机构管辖之外。另一个更重要的原因是，对冲基金只向富人募集资金，而不直接零售给散户投资者。

正因无须面对同样的监管审查和合规成本，无须对公众披露信息，对冲基金形成了敏捷性等诸多市场优势。2000 年以来对冲基金的快速扩张，正是来源于这种不同监管要求的监管套利。

目前，对冲基金集聚的资产金额高达 1.5 万亿美元，数量接近 1 万家。对冲基金业内的结构也在不断变化。

具体而言，这次扩张表现出了三种特点：

第一，大型的综合性基金（macro funds），如量子基金和老虎基金，开始缩小规模，因为他们开始意识到在小市场上太大和太有冲击性使得他们成为了监管者监视的目标。

第二，小型的专业性基金（boutique funds）开始兴起，许多富有经验的投行人士和顶级基金经理出来做自己的对冲基金。一些投资银行发现，他们可以将一些“敏感性的业务”外包给这些小型对冲基金来做；也可以参股他们，或者成为他们的主要经纪商来获利。

第三，也可能是最重要的，这一时期，美联储维持低利息及日本央行推行“零息战略”，也使得对冲基金获得了巨大的成长机会。他们通过借入便宜的日元，购买收益率更高的美元债券和新兴市场票据，获取了巨额的套利利润。

近年来，许多美国小型对冲基金破产。加之一些对冲基金从事市场操纵造成不良影响，要求监管对冲基金的浪潮重新启动。

比尔·唐纳森在去年卸下美国证监会主席职务之前，推动实施了对冲基金在筹资时须注册备案的规定。上个月（指 2006 年 6 月，本文发表于 2006 年 7 月——编注），欧洲中央银行提出，对冲基金是金融市场稳定的主要威胁之一。他们认为，对冲基金集群式地、步调一致地采取行动，会使得金融波动性的传染变本加厉。

事实上，一只基金使用衍生产品等复杂工具来对冲风险，并无可厚非；从促进市场竞争的视角来看，也不是坏事。让监管机构担心的是基金们的群体行动，这种行动很可能会造成巨大的破坏性影响。

一旦对冲基金或者别的身份不明的投资者能够联手操纵一个小型货币价格的上下波动，而该国的中央银行又没有足够外汇储备来维持货币稳定，就会造成很大的问题。

在今天的市场上，对冲基金的杠杆率平均高达基金金额的四倍左右。这意味着，整个对冲基金群体差不多可以调用高达 6 万亿美元的财力。如果世界各国的竞争条件依然参差不齐，那么单靠世界各国 2.5 万亿美元的官方外汇储备，显然是不足以应付这些基金的巨大冲击的。

现在已经有了一个全球化的市场，但是没有一个全球性的中央银行，也缺乏一个全球性的监管机构来保证各个金融市场的公平竞争。

可以说，在对冲基金的全球监管方面，是存在真空地带的。构思为对冲基金构建一个中介信息披露（intermediary disclosure）方面的全球一体化的监管准则，适逢其时。

资本市场三道防线

> 对付市场欺诈的第一道防线是投资者的自我警惕；第二道防线是监管；第三条防线是市场自律，三者相得益彰

在市场经济中，买者自负是一个基本原则；其含义是，买者要从购买行为中获得利益的话，也要自己承担购买的风险。卖方假定买方在购买决策形成以前，对所购产品已经做了充分调查。逐渐地，这一原则也开始要求卖方对产品的已知缺陷和风险做适当的披露。

买者自负的原则能够说明，为什么世界各国通常不会因为股市的涨跌而给投资者提供赔偿。以香港创业板市场为例，投资者在申购IPO股票时，被要求签署文件，证明他们充分了解这个市场的巨大风险。

买者自负的原则避免不了卖方不诚信的承诺及欺诈行为。一旦出现产品纠纷，买方在法庭举证卖方欺诈很困难，而且成本相当大。为了避免这些问题，许多买方就倾向于根据卖方的声誉或者从朋友、专家那里寻求购买建议。

金融业的买卖纠纷，通常是因为买者对产品存在很大误解。有投资者问我“买者自负是什么意思”时，我总是让他们问自己三个核心问题：第一，你知不知道买的是什么？第二，你知不知道其中的风险？第三，你能不能应对这些风险？如果对这三个问题的回答存有疑问，就应该去咨询专家，或者自己深入学习；如果投资者对这三个问题一无所知，却还执意投资，与赌博有何不同？

金融产品的市场本质上可以划分为两个：一个是面向散户投资者的零售市场，另一个是面向专业人士的批发市场。在批发市场上，投资者都是

专业人士，买者自负的原则在这里完全适用。在香港，被认定为专业投资者的大体界线，是拥有超过100万元港币的财富。这个界线以上的投资者，被认为完全有能力管理好自己的利益。

零售市场则对信息披露及卖方尽职要求较高，由此较好地保护散户投资者的利益。卖方被要求给予尽可能大的透明度，并说明所销售金融产品的收益和风险。在这个零售市场上，适用的是匹配客户的原则，也就是说，卖方在销售过程中有义务确保所售产品适合投资者的真实需求。比如，香港证监会曾警告过一家金融机构，这家机构将一种10年内不能收回投资的高杠杆、结构化产品出售给了一位80多岁的老人。

金融机构在销售产品时，我们对其有何期望呢？

首先，他们能够诚实、尽职地履行相关义务。比如收费结构必须非常清晰，所包含的收益和风险要充分说明，还要说明这个产品是否适合投资者的需要；

其次，投资者的资金应该被单独存放在一个合法账户或者委托保管账户，用以保证投资者的资金不会因为金融机构自身出了问题而遭到侵占；

第三，金融机构在出现合同纠纷时，要公正地对待投资者。

我们对监管机构又有何期望呢？监管机构的职责是服务于公共利益。他们需要监督金融中介是否合规经营、财务是否可靠，并关注金融市场的系统风险。与金融行业自律一道，监管机构还负有教育投资者的责任，一起保障金融市场有效、透明地运行。

那么，各个机构的责任该如何划分呢？我一贯强调，市场的良好运行依赖于三个约束：自我约束、外部监管和市场自律，三个约束相互依赖，相得益彰。买者自负就是自我约束。投资者要获得收益，自然也得承担可能的损失。这个原则强迫投资者必须对自己负责任。只是，所有成功的基金经理都知道，世界上最难的决策就是如何控制自己不做出愚蠢的决策。

为了协助投资者做出明智决策，投资者教育非常重要。在香港，证监会已经建立一个投资者教育网站（www.invested.hk），可以链接到世界各地的400多个投资者教育网站。有些网站甚至提供简单的小游戏，用以告诉投资者不同的金融产品如何运作，风险何在。今天已有相当多资料可用于投资者教育。

金融市场的监管向来是许多机构共同行事。即使在推行一元化的超级监管者的国家，比如英国，金融服务管理局也需要有警察署、贸易工业部、行业协会等各个机构共同对付市场欺诈和违规行为。但是，监管只是第二道防线，对付市场欺诈的第一道防线，仍然是投资者的自我警惕。

第三条防线是市场自律。这意味着全部的市场参与者，如媒体、金融分析师、律师、公司董事会成员以及其他利益相关者，都需要行动起来，以维护市场的良好运转并有效保护投资者的利益。

随着市场变得越来越复杂，提升投资者、中介机构以及监管者对市场的认识是当务之急。既可靠又好的产品一般最受欢迎，同样，最好的监管措施应该是“易明，易行”；而最好的市场则应该充分保护消费者和投资者的利益。

法家监管术

法家关于监管的三个方面的认识，即“形名学”（形式与实质一致）、必要的标准以及激励，也是现代监管的精髓

监管总是与文化背景息息相关。我发现，战国时代法家关于监管的观点极富现代性。如果能将这些观点用现代管理的语言表达出来，必定非常有益。这里，我将分析法家关于监管的三个方面的认识，即“形名学”（形式与实质）、必要的标准以及激励。

法家，如商鞅、申不害、慎到等，推崇源于道家的“形名之学”；韩非子则继承发扬了前三者的学说。他在《韩非子主道》中说：“有言者自为名，有事者自为形，形名参同，君乃无事焉。”这就是说，名是一个说法，而形是要做出实绩，如果言论和实绩一致，君主就可以高枕无忧了。这观点即使在今天来看，对监管者的工作仍具有积极的意义和作用。

比如，投资者在挑选公司的时候，如何知道一个公司是好公司呢？我们看到的是“名”（公司披露的财务报表）。那么，如何知道公司的实际情况和这些披露的说法是一致的呢？这就需要公司的董事会和管理层能够指出真相，需要首席财务官（CFO）按国际会计准则提供报表，也需要外部审计师独立检查公司的账目。

但是，所有这些信息披露都是“名”（形式），它们并不必然代表着“形”（实质）。所以说，如果形名不一致，就需要有一个责罚。

这时候，监管就出现了。监管机构的工作就是依照法律检查“名”“形”是否一致；如果不一致，就要按既定规则来处理那些不披露真相的公司。因此，监管的第一项工作是要区分开形式和实质。今天，监管机构一般通

过审查报告来了解被监管机构如何报告他们自己的财务状况，并采用现场检查的方式，这使得监管机构能够直接看到被监管机构是否披露了真相。

我们如何估计“形”与“名”的差异呢？这就需要测量和评估的标准。对此，我们依赖于信息、准则和法律。虽然法家没有明确将准确的信息作为一个基本要求，但他们已经强调了准则的概念。韩非子就说：“人主虽使人必以度量准之”（《韩非子·难二》）。

今天，我们都知道测量和评估标准的重要性。市场的一个重要基础就是准确、及时和容易获得的信息。只有这样的信息，才能使得公众和监管机构看到被监管机构的管理层披露的“名”是否与“形”一致。

为了确保有效信息的生成，通常对被监管的机构进行许多具体的流程控制。首先，在最低层次，必须要有基本的会计准则；其次是基于公司法、上市准则，甚至是税法等要求的信息披露标准，公司必须有内部审计以通过内控保证账目与实际相符，董事会也要成立一个专门的审计委员会以检查这些账目；第三，合格的外部审计师要审查这些内部流程是否完成；最后，监管机构，比如证券交易所、税务部门和金融监管部门，也要独立审查公司的账目是否与法律、准则及一些具体的规则相一致。

换句话说，为了衡量“形”“名”之间的差异，我们必须要有客观的评估标准。现在，我们使用的评估标准比 2500 年前多得多，包括各种各样的技术性标准，比如会计准则、披露标准以及具体的关于税收、资本充足率、风险管理等的特殊规则，还有各种行为规范和行动准则。

现代监管的职责之一，就是要清楚地说明我们应该使用哪一种准则来评估行为。今天，准则的设定和演变已经变得非常复杂。这就解释了为何近年来人们如此多次地强调会计准则的重要性。如果会计准则不清晰，就有可能出现使用复杂的准则来制造虚假财务报表的情形。这时，“名”和“形”不一致就出现了。比如，在著名的“安然事件”中，安然就利用了衍生产品复杂的会计准则来创造虚幻的利润。

所以，如果偏离准则的行为得不到惩罚，准则仍然是没有用的。在这方面，法家的认识特别清晰而明确。他们最早指出了市场行为的激励在推动遵守准则过程中的重要性。

金融市场是关于信任的市场。金融机构的职责就是管理好别人的钱。因此，在资金管理者和资金提供者之间建立起信任就显得非常重要。这些资金管理者对公众投资者存在一种受托责任。存款者、消费者、金融产品的购买者往往在监督金融机构的行为方面显得过于弱小，这就是他们为何依赖监管机构的原因。关于信任在法律和监管中的基础地位，韩非子有一个著名的论述："小信成则大信立，故明主积于信。赏罚不信，则禁令不行"(《韩非子·外储说左上》)。

法家深刻地认识到，法律如果得不到执行，就纯粹是一纸空文。所以，一旦监管机构区分了形和名，接下来就要严格执行法律和规则以校正市场行为。改变技术标准相对容易，但要想改变行为准则就相当困难了。这或许是法家强调严刑峻法以确保法律得到严格遵守的原因。

“永不凋谢的花朵”也会凋谢

Amaranth 基金创下亏损新纪录，但未对对冲基金“买者自负”的原则形成冲击

近三个月前（约 2006 年 7 月，本文发表于 2006 年 10 月——编注），我撰文谈是否应该监管对冲基金。当时建议，应该为对冲基金构建一个关于中介信息披露的全球一体化的监管准则。

没想到话音未落，近来一只对冲基金在几周之内就亏损了 60 亿美元（占其 95 亿美元资产管理总额的三分之二）。由 Amaranth 顾问公司——Amaranth 原意是“永不凋谢的花朵”——管理的对冲基金，打破了 1998 年由长期资本管理公司创下的亏损纪录（约 45 亿美元），更远远超过了中航油（新加坡）的 5.54 亿美元亏损。

谁来承担 Amaranth 的巨亏？ Amaranth 的投资者中不乏大投资银行，也包括美国圣迭哥县雇员退休金协会等养老基金。这些基金支付 Amaranth 每年 2%的资产管理费和 20%的利润分成——这不算最高，其他一些基金甚至会收取 3%的资产管理费和 50%的利润分成。

不过，这些基金经理能跑赢大市吗？许多研究表明，从长期来看，很多专业基金经理的投资表现并不一定好过市场平均水平。在资本市场赚钱的关键取决于能否把握好时机（在正确的时间入市和进行交易），以及进行正确的资产配置。

各种迹象都表明，Amaranth 所犯的错误，与巴林银行的里森、中航油（新加坡）的陈久霖如出一辙。

Amaranth 事件的主角是 32 岁的交易员布赖恩·亨特。在 2004 年

加盟 Amaranth 之前，他是德意志银行的天然气交易员。截至去年 5 月，Amaranth 的投资回报率为 22%，其中能源市场的贡献占 78%。显而易见，Amaranth 太过集中于能源市场，没有进行分散投资。

里森赌的是日经指数，亨特赌的则是天然气价格的上升。事实上，9 月天然气价格下跌了 12%；这一大跌，造成 Amaranth 不得不低价平仓以应付保证金的压力。问题在于——这一基金的风险管理在控制损失方面是否足够?

对冲基金的最大风险之一是其杠杆率水平。今年 6 月，Amaranth 的杠杆率达到了净资产的 4.3 倍。目前为满足保证金要求，这一比率已下降到 1.3 倍。高杠杆带来了高收益，但是一旦赌错方向，高杠杆也会造成高损失。因此，衍生交易不是胆小的人敢玩的游戏，只有有钱且大胆的人才能参与这种高波动率的市场。

衍生产品市场的另一个特征，是交易者大都为专业投资者。如果一个大机构被多头或者空头套牢，其他投资者反而会使其套牢程度加深，通过落井下石而获利。举例来说，如果你赌多头，而其他所有人都相信你不能保持这一头寸，别人就会做空；这样，越来越低的价格会逐步逼迫你直至破产，其他人则大获全胜。从这个角度看，亨特、里森和陈久霖其实掉入了同一个陷阱之中。

Amaranth60 亿美元的损失并没有导致整个市场崩溃，而 1998 年长期资本管理公司的巨亏，几乎将市场拉到了崩溃的边缘。这表明，一旦市场能够控制投资的杠杆率，市场本身就具备了较好的弹性以应对冲击。在 Amaranth 事件中，主要的经纪商通过保证金抵押和保证金催缴，控制了自己的风险暴露头寸。通过平仓，他们很快减少了在这一只基金上的损失。

但是，Amaranth 基金的投资者又如何控制风险呢？比如圣迭哥县雇员养老基金在 Amaranth 投资了 1.75 亿美元，目前损失了 8500 万美元。该养老基金声称，很早以前就质疑过 Amaranth 在能源市场的过多投资，但没有结果。可见，投资者对对冲基金的经理很难有较大的影响；即使看到风险，也无可奈何。

对冲基金的内部风险控制机制又如何呢？这个问题在巴林银行和中航

油事件中都被提及。这些内控机制可能有，但应该说没有发挥有效作用。

是否应该将退休基金大量投资于这类对冲基金？过去几年内，圣迭哥县雇员退休金协会将其 75 亿美元总资产的五分之一投到了 11 个不同的对冲基金上。问题是，这些退休基金能控制自己的风险吗？如果不能，那么这些投资者还应该在这个高风险的市场倾注如此大的比例吗？这就牵涉到退休基金的监管问题了。

到目前为止，几个主要的市场仍然拒绝对对冲基金加强监管。事实上，前不久，美国的法院刚刚撤销了美国证监会对对冲基金进行登记注册的决定。这就意味着，这些市场依然坚持“买者自负”的原则。毕竟，只有有钱人才能投资对冲基金，并承担相应的损失。

所以，在衍生交易领域，投资者必须认识到自己的风险。Amaranth 事件再次提醒所有基金经理，他们管理的不是自己的钱，而是别人的钱。投资者必须意识到，当他们进行衍生交易时，他们正在冒险。如果连投资者自己都不清楚在买卖什么东西，这和赌博又有什么两样呢？

监管者需居安思危

在好时光里，每个人都应该仔细思考景气能否持续，增长减速情形的回归是否会带来风险

近几年来，全球见证了这个时代罕见的经济繁荣（指 2007 年始于美国的全球金融危机爆发之前的几年。本文发表于 2006 年 10 月——编注）。在金融市场，全球银行正以较低的利息赚取着可观的利润，货币市场波动不大，新兴市场的资产和股票市场价格也出现高涨。

在这样繁荣的态势下，监管者须居安思危。

监管者有时会无意加重市场的周期性，对此有一个经典案例。1988 年《巴塞尔协议》规定，一级资本金（或称核心资本金）由实收资本和留存收益共同组成，金额总计至少应达到所有风险资产的 4%。当年，各方就《巴塞尔协议》进行磋商时，日本方面坚持提议，二级资本金不仅应包含次级债，还应包括银行所持有公司股票的未实现利润。这是因为在主银行制度下，日本银行在企业中持有大量的小额（份额低于 5%）交叉股，他们向来都比其竞争者保持着更低的核心资本充足率。鉴于日本在 20 世纪 80 年代的市场影响力，日本的倡议最终被采纳。

但是，这导致了大家从未预料到的灾难性后果。

首先，股价越高，日本银行的资本金就越多。最显著的危害是资本金越多，银行的贷款能力就越强。8%的资本充足率，便意味着资本金每增加 1 美元，银行就可以将其贷款额提高 12.5 美元。

其次，在 1985 年签订“广场协议”之后，日本经济增势良好。上升的股票和资产价格与坚挺的日元一起，在日本国内外都造成了巨大的贷款泡沫。

日元越坚挺，日本银行提供美元或者其他货币海外贷款的意愿就越强烈。

结果，在20世纪80年代末90年代初，日本的银行成为了国际银行业市场上最大的放贷者。随着持续的贸易盈余，资本出口也有利于日元保持升值态势。东京证券交易所指数在1989年达到巅峰的38000点。1990年，当日本的银行准备提升利率时，资产泡沫也已达到顶峰。

正是泡沫的破灭，导致银行大量缩减贷款，以保证资本充足率。由于银行以成本价持有的股份现在有大量未实现利润，它们主动卖掉这些股份，用赚取的利润来抵消90年代初期的贷款损失。不幸的是，这加剧了股票市场的衰退，即便是银行利率的持续下降也无法改变其颓势。

1985年9月“广场协议”签署时，日元兑美元是240 ∶ 1，随后很快升值至120 ∶ 1；1995年春，升至85 ∶ 1。其后，日元开始贬值，日本的银行在国内贷款方面面临巨大损失，银行持有的对外国负债也开始升值。同时，股市的任何衰退加深，也都将减少它们的二级资本金；其时它们早已耗尽了股份中未实现的利润。因此，为了维持最低资本充足率，它们不得不减持银行贷款，其中首当其冲的就是美元计值的国外贷款。

在1997年之前的五年时间里，大约有2000亿美元流入亚洲。而仅在1997年和1998年，就有大约1600亿美元流出了亚洲，其中大约650亿美元是由日本银行缩减贷款造成的。实际上，在1997年至2000年间，日本银行体系在全球范围内缩减了价值1700亿美元的国际贷款，这是历史上最大的贷款缩减。日本银行减持国际贷款，正是亚洲金融危机爆发的主要因素之一。

国际监管者们深谙市场监管的周期规律。新的《巴塞尔协议（第二稿）》中已经包含了重大修正，其中就有对风险的进一步关注。

这表明，人们已经在更大程度上意识到了资产和股票市场的周期性对银行体系的重要性，以及伴随着资产价格波动而出现的贷款周期的影响。

全球经济繁荣，根本上是由美国成为世界上最大的消费者而引发的。中国和印度的崛起带来了商品价格的上涨，也促成了新兴市场的繁荣。此外，由于几乎所有政府都在低息水平下保持财政赤字，全球出现了很高的流动性过剩；进而，全球资产市场创出了历史高位。

当然，资本市场的深化，意味着全球企业都减少了对金融杠杆的使用。但是另一方面，由于消费者为购房置车等的消费信贷以及信用卡使用日益频繁，使得家庭成为了金融杠杆的主要使用者。正如我们在天晴时最好去修葺屋顶、加固基石，以便房屋能抵御暴风雨的袭击，金融机构也应在经济景气时改善其财务状况、公司治理和风险管理水平。

在经济景气的好时光里，每个人都应该仔细思考景气能否持续、增长减速情形的回归是否会带来风险。尽管有更多的金融创新和更好的金融技术，但是，我们始终无法避免经济周期的影响。的确，较好的宏观经济政策工具让周期中的上升期显得较长一些，而下降期显得较短；但是，经济周期仍没有消失。因此，居安思危不失为明智的做法。

寻求“中庸之道”

呼吁政府营救的人越多，我的信心就越少。政府在市场中的作用应该是“治市”，而不是“救市”

9 月与 10 月（指 2008 年的 9 月和 10 月——编注）对基金经理来说通常是两个重要的月份。如果他们在上半年亏损，通常会在下半年争取更多交易，以求更好的业绩。未来市场的走势常常在这两个月里成型。如果投资者看多，今年剩下的时间可能还有一波行情；如果投资者看空，所有人估计都要亏损过年了。1929 年的大股灾就发生在可怕的 10 月。80 年后，历史又会再演吗？

当前，要对次贷危机做正确分析相当困难，评估货币政策和财政政策的适当性尤为艰难。尽管这样，迄今为止，仍可就以下问题达成共识。

首先，过去五六年里，流动性过剩是由极低的利率造成的，后者导致过度地使用杠杆，推动资产价格高企，最终形成通货膨胀。

其次，让决策者感觉最为棘手的是世界的联系已如此紧密，是各个市场间的互动共同决定了市场价格。虽然有一些国家的政策制定者依旧认为，全球化只是单向的国际影响国内，国内的措施不会影响其他国家，但是，真实的情况是，对于像中国这样的大国，全球化已然是双向的了。

一个最明显的例子是，中国提高国内能源价格后，国际油价就开始下跌。对大宗商品尤其是矿产品的投机，很大一部分也是由于预期中国经济将会继续快速增长。不过，对原材料的最终需求并非来自中国，而是其他国家，特别是美国和欧洲。美欧经济放缓，将会导致中国对大宗商品的需求放缓。

目前，关于如何应对金融市场动荡的政策争论，让我想起货币主义者与凯恩斯主义者的长期论战。争论的焦点在于，政府应在多大程度上干预市场。直到最近，主流观点仍然是支持自由市场，认为过度监管和政府干预会扭曲市场，诱发道德风险。自亚洲金融危机以来，自由化、市场化和放松管制的呼声一直很高。短期来看，这种政策导向似乎对鼓励金融创新和经济增长有一定效果。

不幸的是，过度自由化造成了市场泡沫的繁荣与最终破裂。西方国家正在对金融市场实施明确的干预，起先是英国北岩银行的国有化，随后是美国房利美和房地美的接管。目前，美联储和美国财政部几乎每天都要和银行家讨论应对市场动荡之策。

太平洋投资管理公司（Pimco）的明星基金经理比尔·格罗斯（Bill Gross）在 2008 年 9 月的一篇评论中指出，当今世界正经历一波去杠杆化（deleveraging）过程。表面上看，似乎问题的关键是解决金融市场流动性，而真正需要解决的是金融机构资本金不足的问题。去杠杆化导致了风险溢价和期限溢价的上升，流动性差的资产价格急剧下跌，又导致流动性和资本金的进一步短缺。只有在不良资产价格下跌到足够吸引新的买家时，资产价格才能触底，去杠杆化过程也才能停止或减缓。

换句话说，这是个信心问题。主张自由市场的人认为，价格将会跌至某种水平——在此水平上，市场中会出现新的买家，最终价格会触底。这种观点的问题是，没人知道什么时候是谷底。赞同政府干预的人认为，政府能让市场好转。很明显，如果两家政府支持企业（GSE）房地美和房利美没有获得营救，将会对美国金融市场造成灾难性后果。

美国信贷危机和 10 年前的亚洲金融危机有显著不同。亚洲危机中，政府不能印发外币支付债务，而此次危机中的美国则可以。美元贬值会将损失转嫁给美元证券的持有者。美国有难，其他国家同样受罪。

在此情况下，美国政府意识到，他们的首要议题是确保国内的金融体系不再发生意外。同时，金融机构的高杠杆状态能够逐步化解。他们试图区分好银行和坏银行，以使好银行能够存活，坏银行则被清理。值得注意的是，美国政府干预的目的并非拯救市场价格，而是确保金融市场体系的稳健，以抵御进一步冲击。

这可以说是一种合理的救市方法。唯一的问题是，如果去杠杆化需要的资金规模如此之大，以至于金融体系的很大一部分机构必须国有化，政府是否应该介入？如果市场大部分被国有化，自由市场还能够存在吗？这一切意味着，没有绝对的自由市场，也没有完全的政府控制。从中找到平衡点确实很难，如何把握“中庸之道”的分寸，才是最高水平的艺术。

大多数投资者偏好预测市场走势，因为这对所有人来说都较为公平，而不是预测政府行为，因为任何政府的举措都夹杂着主观判断。政府干预带来的新问题是，一旦干预，可能会被迫再次干预，何处是尽头？全球金融市场正处于去杠杆化的大势之中，任何个人或政府是否能阻止这一趋势，并不明了。

呼吁政府营救的人越多，我的信心就越少。政府在市场中的作用应该是“治市”，而不是“救市”。

去蔽“透明度”

我们应该使事情更简单和易于理解，而不是将系统变得更复杂，给已经臃肿的准则添加更多的监管条例

现在，市场上有一种流行的观点，要求提高透明度以防止未来的金融危机。

历史很有趣。早在 1998 年 10 月，英国央行行长金恩和我共同担任 22 国集团（G22）工作小组的联合主席，负责金融监管中的透明度和问责制度，旨在完善国际金融体系的架构。同时，有另外两个工作小组分别负责稳固金融体系和应对国际金融危机。历史在 11 年后再次上演，这一次是 20 国集团会议（G20）。

在 G22 出台的报告中，我们指出，透明度和问责制度的缺失会使一个国家的金融体系更加脆弱。透明度是指公司的现状、决策和行为的相关信息被充分披露，并且容易理解。不过，当前的危机主要不是由透明度缺失引发的。1998 年以后，会计制度和公司信息披露制度得到了改革，更多的信息可以被公众获取。如果你上雷曼兄弟、美国国际集团（AIG）、美联储、欧洲央行和国际货币基金组织的网站，可以看到大量内容被用来警示风险，但是，危机仍然发生了。当然，透明度不仅是文字上的披露，而是要看实际行动。

每个人都意识到，危机的根源是如此复杂，以致没有人知道从哪里入手来制止危机。这是因为信息虽然充分，但没有人能真正理解。CDO、CDS 之类的金融衍生品非常复杂，没有投资者、发起银行、销售银行或者监管者真正明白它们的复杂和危害。如此看来，提高透明度的条款能起作

用吗？我深表怀疑。

坦率地说，人人都想要更高的透明度，但是，谁能争取到更“阳光”的政策，使信息更充分地得到提供？曾担任美联储主席19年的格林斯潘说过这样的话，“如果你发现我说的话清楚明确，那你很有可能误解了我说的话。”作为有影响力的政府官员，他不能评论市场的走势，因为公众会指责他企图影响市场。举例来说，他从没有说过1996年的乐观行为是失去理性的。他只是简单地问，市场是否有不理性的行为。然而，在他退休以后，他在媒体上发表评论的观点非常清晰，甚至还为继任者如何应对混乱的局面出谋划策。

问题不是信息太少，而是太多，至少表面上如此。每个人都想得到更多的信息，但在实践中，我们并不知道如何使用其中的大部分信息。结果就是，按照法律要求，公司在律师帮助下，学会了披露大量的信息和风险，这样，发生问题时，他们可以免责。你是否注意到，招股说明书越来越厚，字体越来越小。你也可以细细阅览其网上公告，明白这是怎么回事，但前提是你至少要花三天的时间研究每个词、每个数据。这样，真相就被隐藏在精致的招股说明书中，除非你知道如何找到真相。

美国证券交易委员会是基于信息披露的监管理念的主要提倡者，它成立于“大萧条”时期灾难深重的1934年。同一年，美国颁布《格拉斯—斯蒂格尔法》，将投资银行业务和商业银行业务严格划分开，保证商业银行避免证券业的风险，同时规定证券经纪公司的负债不能超过资本金的15倍。这是为了确保经纪公司的杠杆率不至于太高，使它们有能力偿付借款。2004年，美国证交会放松了资本金要求，允许资本金超过50亿美元的大投行用自己的内部风险管理模型评估资本金要求。美国证交会为此发布了152页的文件，这需要受过专业训练的律师才能读懂。这个文件大致是说，经纪公司（实际上是指五大投行）不需要符合资本金15倍的要求。

是否因净资本金监管的放松导致投资银行过高的杠杆率，仍然存在争论。但是，规则改变之后，投资银行杠杆率急剧上升，却是不争的事实。

经济学家海曼·明斯基关于经济危机的理论被广泛接受。他的名言是：稳定创造了不稳定。这句话的意思是，长期的金融稳定会酝酿出不稳定的因素，并最终导致金融危机。明斯基认为，在经济周期最高点时，由于投机或庞氏融资带来现金流问题，迫使投资者在亏损时甩卖资产，导致价格崩溃。与此相似，透明度创造了不透明，信息过多反而是无益的。冗余的信息不但无助于我们认识事情本身，反而会蒙蔽我们的双眼，使我们知道得更少。

因此，我们应该使事情更简单和易于理解，而不是将系统变得更复杂，给已经臃肿的准则添加更多的监管条例。包括律师在内的许多专业人士，都喜欢把事情做得很复杂，因为他们提的建议越复杂，拿的钱也越多。在2000多年前，中国的法家就深知这一点，他们说，法律应该易明、易学和易行。对于如何应对透明度问题，我没有简单的答案。但是，我知道，解决这个问题必须从投资者教育开始。只有当监管者和公司简单、清晰地解释风险是什么，并且实践诺言，投资者教育才更有效。

因此，将事情变得更简单，会提高透明度和责任。但是，将事情变简单又总是很难的，这也是生活的现实。

新起点

西方对监管的态度是，法律一旦被制定，多数情况下被遵守，且人的行为是不变的。但在真实的世界中，行为每天都在改变

我在清华大学开设了一门关于金融监管的课程。尽管我们当前所讲授的监管科学只有最近 250 年的历史（基本同美国的历史相仿），但是中国的管理艺术已经存在 2500 余年了。我对中国国学研习得愈多，就愈是感到应好好学习其蕴涵的智慧和经验。在预测和防止全球金融危机方面，我对现代金融监管失败的反思愈深，就愈是意识到当前的金融监管存在诸多重大缺陷。

因此，请读者同我一起用中国古老的智慧和西方现代的工具来解释一些金融活动。

在 Spice Islands 度过的年末假期里，我只带了一本书，即北京外国语大学祝和军教授的新作《读国学 用国学》。

祝教授解答了一个一直以来让我深感困惑的问题，中国思想同西方思想在方法上最根本的不同是什么？他指出，尽管大多数人将中国国学等同于儒家学说或者道家学说，但中国思想真正的源头应当追溯到《易经》。虽然人们大都把《易经》同占卜和封建迷信联系在一起，但《易经》实际上论述的都是阴阳的二元性及如何应对变化。我们都听过一个传说，法国数学家莱布尼兹（Leibnitz）正是因为读了《易经》的译文，才发明了二进制数学，而二进制正是电脑科学和信息技术的基础。

广受欢迎的科学作家马尔科姆·格拉维尔（Malcolm Gladwell）最近在写到中国同西方思维的不同之处时提到，拥有相同年龄和教育背景的一组

中国学生同一组非中国学生被安排浏览图片，并在观看后被问到看到了些什么。中国学生基本上将图片作为一个整体来描述，而非中国学生则指出了图片中的某些特定部分。这个实验的结论便是中国学生倾向于在全局中看待事物，而非中国学生则更关注他们所感兴趣的画面中的特定事物。

非二元数学同二元数学的根本区别在于，一个是绝对的，而另一个是相对的。概括而言，绝对的东西更易测量，而相对的东西因从属于不同的排列组合而缺乏准确的答案。这也是为什么多数西方科学家认为阴阳只是特殊的迷信，不值得加以严肃研究的原因。

牛顿之前，西方的科学思想一直是线性和因果性的。为了知识而追寻知识以及对理想的求索是为何西方科学思想在 17 世纪大步向前而中国的科学技术停滞不前的主要原因。

西方知识分子一直追寻事情的因果，并致力于演化出可以推而广之的概念和理论。这使得在各领域内出现了知识的专业化。知识的专业化有优点也有缺点，过于专业，你可能忽视全局。

与此相反，中国的知识分子将事物作为整体加以多维度地观察。曾国藩曾说，世事应从大处着眼，小处着手。此二元方法是实用的，但有其局限。二元法缺少预见性。多维和跨领域的分析能更好地解释事情的来龙去脉，但是对于短期预测则没有多大的作用。

简单的线性模型只需稍加变动便可以用来预测，这也是为何西方科学技术快速发展的原因所在。在西方的物理和数学领域，科学同相对论交替前行。不幸的是，作为社会科学的经济学想同自然科学一样在研究方法上保持线性特征。

正是这种线性和偏颇的方法在当前的危机面前失去了分析和预测的能力，经济危机是多维和交互性的。作为一个经验丰富的市场经营者，乔治·索罗斯一直坚持认为市场是交互性的，他称之为反射性。尽管专业经济学家认可索罗斯的影响和财富，但对他的反射性理论置若罔闻。

新古典主义经济学家试着用因果关系的科学方法来解释人类行为时，他们假定人的行为都是理性的，这恰是漏洞所在。在自然科学里，科学家是观察者，而自然被看做是单调无力的（换句话说，自然是不会做出反应的）。即便是针对自然界，正如物理学家海森堡（Heisenberg）所注意到的，以上假设也不是个永恒的真理。但是总的来说，上述假设还是能够解释自然现象的。

然而，在人际关系领域，因和果是二元的——你有了某种行为后，对方的行为则是互动的，因而并非都是可预见的。

这便可以解释为什么西方教条主义的方法对于社会关系而言是符合逻辑的，但并非在所有情况下都适用。西方对监管的态度便是，法律一旦被制定，多数情况下被遵守，且人的行为是不变的。

在真实的世界中，行为每天都在改变。有句谚语说，恋爱与战争都是不择手段的。所有的金科玉律都不是永恒的，你必须明白什么时候制定规则，什么时候打破规则。

从公地悲剧到公共治理

对于政府不能够解决所有问题的观点，各方面正在达成共识，而且很多时候政府机构就是问题的源头

没有谁比诺贝尔经济学奖得主更适合评论经济。迄今为止，亚裔经济学家中唯一获奖的是阿玛蒂亚·森（Amartya Sen），但他住在剑桥。作为一名金融监管的实践者与学者，我将借鉴诺贝尔奖理论，对当前亚洲经济进行分析。

2008 年的诺贝尔奖得主保罗·克鲁格曼曾总结道："过去 30 年宏观经济学的多数成果，至多可用'无用'来评价，更苛刻一点可以用'有害'来形容。"最近，今年诺贝尔奖得主埃莉诺·奥斯特罗姆（Elinor Ostrom）进入我的视野，她对我们理解集体行为做出了巨大的贡献。（奥斯特罗姆是 2009 年诺贝尔经济学奖得主。本文发表于 2009 年 8 月——编注）

和科学家一样，经济学家笃信自己的理论和信仰，排斥新的理论。自由市场的正统学说很难被撼动，出现不同于此的理论要么被嗤之以鼻，要么被认为是有缺陷的。但在这场危机中，全球主要金融市场的失败，动摇了自由市场的经济学基石。

自由市场的理论起源于苏格兰道德哲学家亚当·斯密的论点：个人的逐利行为可以产生公共福利。自由市场经济的笃信者认为，如果政府不插手，让个体自由地去做自私自利的事情，会产生最大的福利。这正是华尔街鼓吹并实践的，但却引发了 1930 年以来的最大的市场崩溃。

在1968年，生态学家盖勒特·哈丁写了一篇很有影响力的文章，叫"公地悲剧"，挑战了斯密的观点。哈丁描述了这样的情景：个体农民完全从自

己利益出发，不受约束地放牧，将导致公共用地被过度放牧，由此破坏了公共用品和环境。我们已经观察到，对森林的肆意砍伐是如何破坏生态的可持续性，并最终导致了全球变暖。哈丁的论文激发了人们对公共品使用的关注，埃莉诺·奥斯特罗姆在今年获得诺贝尔奖，与此相关。

有两种传统方式可以阻止公地悲剧发生。一是政府通过征税制止侵犯公共物品的行为；二是将公共物品私有化。

自由市场学派更偏向私有化，但经验显示，私有化很可能会导致“特权拥有化”，只有掌握了特权的人才会从这种私有化中得利。已故的政治经济学家曼库尔·奥尔森曾论断：甚至最激烈的斗争者——占山为王的“土匪”，也会保护公共利益，因为他从公共品中的分成最大。

奥斯特罗姆是第一位获诺贝尔经济学奖的女性，她本身是一名政治学家，还是一名行为学的实证分析者，但并不是一名纯理论家。她指出，历史上和现实生活中有大量集体行动困境的案例（比如公地悲剧），这些困境不是由更强的政府管制或者私有化解决，而是通过自我约束解决，这意味着个体的利他行为会导致对公共物品的保护。很多群体通过有公益心的个体、民间团体和非政府组织来解决集体问题。

奥斯特罗姆认为，使社会协调运转的关键在于“互惠”“声誉”和“信任”之间的关系。她将互惠定义为人类行为或个体之间博弈行为的一种策略，最著名的故事便是“投桃报李”。“互惠”是促使人们产生“信任”和“声誉”的前提。如果对手合作，你可以通过合作达到公共利益；如果对手不合作，多数社会会强制执行一些惩罚，比如点名批评、羞辱及孤立等。

大多数人通过互惠来形成“声誉”，短期来看是不断地付出成本，但是从长期看来会获得净收益。“信任”是一项相当有价值的资产，可以产生社会内聚力。没有信任的话，人民用脚投票会导致社会分裂。公地悲剧之所以会发生，就是因为个体不信任彼此。

为了打破一些集体行动的困境，奥斯特罗姆强调传媒和公民教育的重要性。如果学校的教科书一直宣扬个体利益，那么金融领域出现像电影《华尔街》中的戈登·盖柯（Gordon Gekko）及“金融巨骗”伯纳德·麦道夫（Bernard Madoff）这样的人物便不足为奇。

奥斯特罗姆还建议，国家的角色该做出些变化，她认为“全国性的政府对于管理国际型的公共物品来说太小，对于管理小范围的问题而言又太庞大了”。她建议政府和民间团体进行合作，给民间团体足够的空间和支持，来解决一些政府不能够有效解决的小问题。换言之，她反对那种简单的观点，认为世界的问题只是由政府和私有企业解决。公共物品领域需要公民以一种主人公身份参与进来。

传统上，亚洲社会将治理分为国家和家庭两个层次。公司的兴起将治理划分为三个层次，即国家、公司（私人所有）及家庭。如今，又有了另一领域，即民间团体，这里的公民希望共同合作以保护公共利益，比如环境保护、教育、公共健康和社会福利。对于政府不能够解决所有问题的观点，各方面正在达成共识，而且很多时候政府机构就是问题的源头。

奥斯特罗姆提醒我们，政府须和民间团体合作来增强社会凝聚力。遗憾的是大多数政府不会想到或不愿和民间团体合作。但这是世界未来的发展方向。

历史与思想的效用

社会秩序正朝着我们难以想象的方向转变。为了洞悉和理解世界，我们需要研究历史和人类思想的发展史

最近，我参与了一个关于大学经济学课程设置的讨论。引起争论的一个题目是，像经济史和经济思想史这类课程是否应该继续开设？毕竟，当前公众和企业雇主对经济系研究生学不致用已有广泛批评。

个人而言，我在大学里读过的最重要的著作不是萨缪尔森的经典经济学教科书，而是英国的托尼（R.H.Tawney）教授所著的《宗教与资本主义的兴起》。

这本书使我悟到，思想的力量要比金钱更强大。它也使我认识到了解历史的重要性。因为，历史可以解释现在。经济史的主旨，正是解释经济的力量是如何推动历史的发展，经济思想史则是讲述经济哲学发展进化的方式和原因。

历史总是由胜利者书写的。由于西方主导着世界的经济、政治和军事力量，我们的历史和思想中也充斥着西方的影子。我早年接受的是全英文教育，读过的关于亚洲历史的书籍大都是英文的。直到最近，我才开始读关于中国历史和国学的中文著作。

由于我们正在经历一次严重的金融危机，我们开始质疑现代经济思想的基础。科学正是不断质疑直到找出正确答案的过程。

有两本历史著作对我影响很大，作者分别是法国历史学家费尔南德·布罗代尔和中国历史学家黄仁宇。布罗代尔 1987 年的著作《文明史》大胆地尝试通过所有科学来解释历史。布罗代尔不是在讲述一系列历史事件，

而是从人类学家、律师、外交官、将军、商人和牧师的视角来阐述历史。

他将历史与地理学、人口统计学、社会学、心理学，甚至语言学结合起来。他运用了历史时间三分法来研究历史，即长时段地理时间结构、中时段社会时间局势和短时段个体时间事件。布罗代尔创造了历史研究的伟大传统，绘声绘色地讲述戏剧性的、令人着迷的历史，并将伟大的思想融入其中。

《中国大历史》（1997 年）的作者黄仁宇则是一个有创见的思想家和历史学家，在他成为历史学家前，他是一个民族主义者、“二战”中的斗士。他没有按照传统上叙述各个朝代的方式来讲述中国历史，而是将中国历史的线索与地理学、人口统计特征和哲学思想的发展贯穿起来，融入他的“大历史观”中。

上述两本著作，都因其历史叙述中所融入的伟大思想而光芒闪耀。如果我们运用布罗代尔和黄仁宇的方法论来反思近期发生的事情，就不得不承认有三股宏观力量正在影响当今世界。

第一股力量是长时段的全球气候变化，这来自于地球母亲对人类掠夺行为和思想的抵制。

第二股力量是东方国家以及前殖民地国家的复兴。这些国家主要是中国、印度、巴西、印度尼西亚和南非等。这些国家相对于西方发达国家而言，正在日益崛起。这一趋势在未来数代中仍将持续。有人预言，未来二三十年中，权力将向东方国家和南半球转移。

第三股力量是通过通信技术实现的人类社会网络。这使得地理距离的远近不再是沟通的障碍，但不同民族国家间的壁垒仍将存在。通信技术虽然能使新闻事件瞬间传布世界各地，但是，人们的意识形态仍然是局限的、狭隘的。

主流经济学未能告诉我们该如何应对这三股巨大的力量，然而，目前正在显现的新气象使我们看到了希望的曙光。

其一是维基百科的出现，这是许多的匿名者为了公众利益贡献的大量知识和智慧的产物。另一个希望是年轻一代正日益通过互联网，意识到他们能成为改变世界的力量。正在掌权的年长一代或许没有完全接受这一点，但是不论对与错，目前的社会秩序正朝着我们难以想象的方向转变。

因此，为了洞悉和理解世界的发展趋势，我们需要研究历史和人类思想的发展史。现在的经济学研究生之所以难以应对真实的工作和世界，是因为目前的课程讲的都是过时的模型和信息。再多这样的信息，也不足以帮助年轻一代应对这个现代的、复杂的和互动的世界。

我们所处的世界已经充斥了太多的信息。孔子说，“授人以鱼，不如授人以渔”，只有拥有新的历史视角，才能应对这个复杂、多变的现实世界。

央行家的代沟

我们需要揭开货币政策的真面目，并回答这样的问题：大量增加财政债务究竟是帮助了银行家还是实体经济？

前几天，我进行了一次短期旅行，走访一些亚洲城市，包括吉隆坡、新加坡、马尼拉、曼谷和北京。我和一些老朋友进行了交流，明白现在正在发生的事情，并对未来进行思考。

由于习俗上的差异，东方和西方的工作方式有很大不同。在去年12月，西方人都在愉快地享受假期。我在巴厘岛遇见很多欧洲朋友，每个人都想远离寒冷的欧洲。

但在中国，我看到很多朋友回顾辛苦的2009年时，显得比较疲乏，他们正在计划2010年的政策。12月的确是总结的时间。这也解释了为什么中国很多政策在次年1月份出来。

我见到的每个人都认为，亚洲躲避了2008年危机最糟糕时期，但也担心是否会有第二轮衰退。没有人怀疑，欧洲仍是脆弱的，希腊的财政状况仍不容乐观，日本的经济增长仍没有起色。

我个人认为，美联储前主席保罗·沃尔克不久前被任命为白宫经济顾问委员会主席，重新参与政策制定，对于美国和世界经济都是好消息。

中国有句古话，“廉颇老矣，尚能饭否”。但是，中国也有另一句古话，叫“老马识途”，沃尔克的任命正好验证了这句谚语。

而在最近，另一位美联储主席伯南克连任，这对华尔街的支持者来说是好消息，因为他坚持认为，低利率不是诱发目前金融危机的主要原因，从而推行低利率以治理危机。

然而，当货币的基准价格太低时，任何商品的价格都会被高度扭曲，以致产生大量泡沫。在低利率的环境中，我们不得不面对疯狂的投机。

我从未忘记，金融是实体经济的衍生工具。在我眼中，沃尔克是一个真正的央行家，因为他非常坦率地指出，过去20年最成功的金融创新是自动取款机（ATM）。根本上来说，实体经济才是最重要的。金融工程师不要忘记，金融的目的是服务实体经济，不能本末倒置。

这不是说金融不重要。货币是实体经济的润滑剂，货币太少时，交易成本过高，经济趋于停滞；货币太多时，实体经济会陷入泡沫和疯狂的投机之中。

在当前的经济阶段，金融业还在创造大量利润，因为零利率政策实际上在补贴金融领域。

政策制定者实际上面临两个选择。第一，我们是否仍要强调，金融比实体经济重要？第二，我们能把成本推迟到下一代承担吗？

自由市场假设的关键问题是，金融工程师能够说服每个人，繁荣和消费并存。你可以让他们获得蛋糕，又愉快地享受蛋糕。

宽松的货币政策和小政府体制似乎能让繁荣永久持续下去。而这种行为导致的后果是，市场和政府都更加依赖货币政策和低税率，才能使投机性消费得以持续。

不幸的是，这种行为最终的结果是增加了财务杠杆。债务会有两种结果：把成本转移给贷款者（尤其当货币贬值或者通胀）和当你无法偿还时，把成本转移给下一代（通过更高的财政赤字）。在20世纪90年代日本的通缩和当前的危机中，私有部门的损失都被转移给了公共债务。

实际上，借款人获利，存款人受损。这也解释了为什么现在储蓄者都投资房地产，为什么现在有资产泡沫。

这一切可归结为哲学上的“代沟”。像沃尔克那样老一代的央行家相信，一代人必须为一代人所犯的错误承担后果。他用高利率遏制了美国通胀，使美元走强，结果是调整了美国的经济结构，为其后近20年的繁荣铺平了道路。

而新一代的央行家，例如伯南克，似乎认为低利率不是危机的主要原因，而降低利率可以减小损失。超宽松货币政策的后果就是，把损失的成本转移给财政、储蓄者和后代。

因此，我们需要揭开货币政策的真面目，并回答这样的问题：大量增加财政债务究竟是帮助了银行家还是实体经济？

或许在5年至10年后，社会的基础设施改进了，财政部门的规模减小了，国内实体经济的竞争力提高了，那么我们可以认为这么做是值得的。

如果我们认为增加债务是解决途径，那么可能实体经济中的公司也会参与金融投机，以获得更多利润。到时，泡沫可能就不是我们所能控制的。

最终还是关于激励机制问题。实际利率为负，会严重助长投机行为。庆幸的是，我见过的亚洲政策制定者意识到，这才是真正要解决的代沟问题。

市场化政府崛起

> 亚洲政府的成功之处，不在于政府是否引导了正确的道路，而是政府和市场之间的微妙平衡

当柏林墙在1989年倒下时，自由市场主义者认为，这意味着计划经济时代的结束，是自由市场的胜利。而20年后，政府不得不救助银行系统，承担过量财政支出。

今天，没有哪个国家可以坦诚地说，他们的银行系统完全是私有的。很多银行仍然依靠巨额的存款担保和低息的央行贷款才能存活，其中很多银行都有大量的政府股权。另外，为了保证就业率，政府大量投资，产生巨额的财政支出。

在整个经济中，政府应该占多大规模？越发达的国家，越有可能拥有大政府。法国的政府支出占GDP的50%，美国占40%。相比之下，中国和印度尼西亚的政府支出只占GDP的20%左右。

政府服务至少有国防、治安、医疗、法律、基础设施和教育。政府收入来源不止税收。历史上，政府曾通过垄断一些行业的经营权获得收入。因此，如果把国有企业加入政府的话，就会增加公共部门的规模。

随着亚洲的发展速度超过西方，亚洲国家的政府比西方国家的更有侵入性，也更看重商业，所以感到明显的不适。当日本成为亚洲第一个加入发达国家行列的经济体时，日本政府热衷于推广日本的发展模式，其核心是强调公共部门要发挥积极作用。

在20世纪80年代，日本政府资助世界银行研究亚洲经济的奇迹。事实上，如果没有政府积极地建立基础设施、把资源投入教育和医疗、提供

政治稳定和增强产权保护，亚洲经济不会增长得这么快。世界银行的经济学家们承认，在亚洲，政府与市场的深度合作能够成功，是因为政府成功模仿了市场。

即使自由市场的经济学家不喜欢政府“选择优胜者”的想法，但是他们也承认，亚洲的政府专家确实选对了重要的行业，但是大多数的投入都来自市场，政府只是从政策上促进行业发展。政府也没有凭空挑选行业，而是参与市场，获得反馈，从而知道进入和退出的时机。

随着计划经济的失败，自由市场思想占据了主导地位。所有现代经济学家都主张降低政府的作用，减少政府干预。对于发展中国家，他们的建议是私有化；对于发达国家，他们的建议是通过公共部门与私人企业合作的模式，把政府之前的活动转变成合资企业。当政府无法承担任何基础设施的投资时，就通过签订建造、运营及移交的合同，请私人企业来投资。

在很多国家，这种策略发挥了作用，并且效果在增强。但是在其他国家，私有化变成了“强盗化”，很多政治关系的精英分享了改革的果实——以巨额公共支出的代价获得私人利益。事实上，经济学家在为自由市场辩护，但是政府的行动却是相反的——政府干预更多，以处理社会公平问题、保护环境和建造更好的基础设施。

全球的金融危机揭露了自由市场的教条主义。市场不能解决所有的问题，市场自身很可能导致过量性，这需要被限制。如果监管过于宽松，那么系统可能会被绑架，因为“太大而不能倒”的公司要让全国承担损失。现实中，五年内，美国的公共债务增长了1倍，达到GDP的100%。由于道德风险的高成本，政府必须更多地参与市场。

亚洲政府的成功之处，不在于政府是否引导了正确的道路，而是政府和市场之间的微妙平衡。政府知道如何让市场发挥最大作用，并且专注于在职责之内做到最好。香港被认为是最自由的市场，但香港有一半公民住在政府的廉租房里，并且政府提供很好的社会福利。积极的不介入政策不等于不干预。这意味着，政府为私有企业的发展提供良好的环境，但是不直接与私有企业竞争。

最近的报告显示，美国监管者开始要求对冲基金保留欧元的交易纪录，以便欧洲和美国加快审查基金在希腊债务危机中的角色。

我仍然记得，当亚洲政府要求发达国家调查对冲基金时，发达国家的监管者不相信市场操纵行为的存在，因此他们成立了工作小组，以证明对冲基金在亚洲的市场动荡中没有责任。

相反，中国在最近批准了卖空机制，丰富了投资者的选择。而在2008年，主要的西方银行抱怨他们的监管者，为了防止崩溃，禁止无券卖空。

对于调查对冲基金投机欧元的监管者而言，更明智的做法是，先调查大银行和主要经纪商的交易头寸，以查明这些银行的头寸是否超过对冲基金。在亚洲金融危机中，我发现，损害你利益的不止是你的敌人。因为你的“朋友”也可能是敌人的盟友。

老一代央行家的谢幕

次贷危机的成因包括，中央银行家的自负，专业化导致的只见树木、不见森林，以及回避难于解决的问题

“二战”名将道格拉斯·麦克阿瑟有句名言“老兵不死，只会慢慢隐去”。中央银行家正是执行货币政策的将军，他们在货币战争中拼杀，抗击通胀威胁，维护金融稳定。退休的中央银行家不会隐去。比如，美联储前主席格林斯潘可以写畅销的回忆录。

最近，美联储副主席唐纳德·科恩已决定退休。他坦陈：“许多央行家和经济学家有些自负地步入了这场危机。我们原以为足够了解市场和经济的基本结构，从而能够经历较小的波折就能实现经济和物价的稳定，我们原以为拥有必要的政策工具来应对流动性短缺和市场异常动荡。央行家以及其他决策者、专业经济学家和私营部门都没有预测或阻止这场给全球带来严重失业和财富损失的金融危机。我们必须汲取教训。”

为什么这些聪明人都未能预见危机来临？为什么在大灾难面前决策者总是缺乏远见，行动迟缓、贻误时机？不难理解，人们容易过度自负，或者过于谨慎。没有人喜欢改变现状，除非迫不得已。大多数人喜欢等待更多的信息以验证自己的猜测。但是此外，另有原因。

加利福尼亚物理学家兼系统论者卡帕拉认为，学术界和官僚往往非常专业化，只见树木、不见森林。一位哈佛大学教授则认为，人们已经习惯了自上而下的部门结构和官僚体制，命令和战略都往往由高层制定的，并默认底层会执行。我们往往忘记了，大多数业务需要在水平层次上进行协调和执行，比如不同的部门之间，不同的产品线之间。政府或企业内部各

个任务与利益不同的部门之间如何协调，是现代治理问题中最复杂的任务。

大多数央行家和经济学家忽视了市场不过是相互影响的人类行为。市场参与者彼此观察，预测竞争对手的行为，并据此制订方案。他们时刻关注着政府如何制定和执行政策，然后寻求监管套利或者税收套利。一旦市场能够准确预测央行家或者其他决策者将如何行动，政策很容易就失去效果。

有助于央行家理解“相互影响”的最好例子就是古德哈特定律。查尔斯·古德哈特是当今最优秀的货币经济学家之一，他认为，任何一个货币政策目标最终都会失效，因为市场参与者很快会调整自己的行为，以规避这种政策目标对自己的负面影响。该定律同样可以推广到监管政策上。

当代央行家的问题在于，自以为知道市场如何运作。他们习惯于遵循某种清晰的货币政策目标或行为准则。实际情况是，一旦市场了解了央行的行为特征，就会很快调整行为方式。例如，如果管制很严格，市场参与者就会将越来越多的业务转移到那些管制宽松的离岸市场，甚至转移到监管机构根本看不到的影子银行体系。

同样危险的想法是割裂货币政策和金融监管，好像两者能够清晰划界。真实的情况是，货币政策对金融监管有很大影响，反之亦然。

最后，一个重要的问题被大多数发达国家的央行家忽略了，忽略的原因不是因为这个问题不存在，而是因为无人有能力应对。

土地、房产和固定资产投资是货币政策、金融监管和财政政策共同面临的大问题。土地和固定资产的价值与利率直接相关，利率越低，房地产价格就越高；房地产是银行持有的最大规模的抵押物，也是大多数居民和企业拥有的最重要的资产；卖地收入可能也是一些地方政府重要的收入来源。因此，房地产泡沫特别难以处理：房地产一旦贬值，不仅会摧毁银行体系，最终也会带来高额财政赤字。

危机爆发之前，美国监管机构居然没有发现，本国银行 55% 的贷款涉及房地产，而且所持有债券的 74% 是资产支持证券。由于房地产规模高达 GDP 的 225%，当房地产价格下降 20% 时，造成整个金融衍生品市场的崩溃，最终导致大量的银行出现偿付问题。

当老一代中央银行家逐步退隐之后，新一代银行家将不得不认真地汲取此次金融危机带来的惨痛教训。

“世界工厂”与政府角色

城市公共服务也是以市民为客户的供应链，及时监测市民需求并反馈极为重要

前不久的一个周末，我访问了重庆。我发现，随着重庆逐步与其他海外市场建立起畅通的航空物流通道，电脑、手机、电子书等产品的制造商，越来越多地把代工企业从东南沿海搬到重庆来。

这些代工企业的利润率特别低，对成本特别敏感，劳动力成本或者别的成本要素的轻微变动，都可能影响其工厂选址。重庆不仅劳动力便宜，而且还能提供优质的工程专业大学毕业生，以及较好的配套支持产业。

重庆市政府明白地理位置在全球供应链中的重要性，并逐步创造优良的环境，吸引一些关键的生产厂家。更让我惊讶的是，重庆市已意识到，供应链不仅仅体现在私营部门的生产制造环节，而且政府服务也是重要的组成部分。

众所周知，流水作业线是由亨利·福特发明的。他发现，如果让一个工人专注于一条流水生产线的某个环节，能够极大地提高生产效率。近些年，许多制造企业沿用这一思路，实施上游整合或下游兼并，以控制整个供应链，乃至分销渠道。

像雀巢这样的公司，它们控制了众多的生产品牌，并在全球搭建起了生产链条。像丰田这样的汽车生产商，过去曾完美地推行过精益生产方式，在保持快速、有效生产汽车的同时尽可能地降低库存。汽车生产商往往还有许多支持性的零部件生产商，它们很容易形成产业集群。一些汽车生产商甚至控制了分销环节，并控制了整个供应链。

上述实例表明了全球贸易中，网络的重要性。概言之，各个城市其实正是这些贸易、生产和分销网络中的节点而已。中国沿海地区的一些城市发展起了“一市一品”的模式，比如电池城、打火机城，它们在全球供应链网络中，专注某一细分产业，形成集群，容易在多个环节都取得规模经济效应——设计、生产、组装、研发乃至分销。

但是，供应链经济并非自然形成，政府在其中责任重大。在中国，各地政府对产业的竞争，使各种供应链越来越高效，因为这些城市为了塑造竞争力，不仅要在当地提供优质的硬件基础设施，还要减少政府干预，降低那些干扰供应链运行的行政成本。

降低税收、提高通关效率、改善检查和执法行动效率，这些都有助于提高供应链的效率，反过来私营部门和政府都会受益。如果一些产品在生产出来后能在 24 小时内完成通关手续并航运出去，中国供应链的竞争力将几乎无人能及。

供应链成功的关键在于能按市场需要的款式、数量和质量，快速地设计、生产并交付给客户。那些没有足够客户群的供应链显然缺乏竞争力，只有死路一条。

人们逐步认识到，政府公共服务其实也是一条以市民为客户的供应链。问题在于：政府服务如何能够快速、高效、低成本、高透明度，并且可靠地交付给市民使用？答案在于建立一种通常的反馈渠道来及时监测市民的需求。

显而易见，重庆市政府了解市民想要的是较高的安全感、较低的犯罪率、良好的居住环境。这也是打黑行动的重要动因。

教育和终身培训也是一个供应链。许多教育体系之所以失败，是因为其设计者没有明白教育培训的本质并不是在于给学生发各种证书，而是持续地培养学生，使其能够追赶上就业市场不断变化的需求。

显然，仅仅语言培训是不够的，你还需要增加那些市场亟需的技能培训内容。因此，企业雇主应该在大学、技术院校和培训机构的课程设计过程中具有一定的发言权。发展的关键在于人才。如果一个城市拥有供应链市场所需要的技术人才，那么它就会有较低的失业率、较高的经济增长率。在这方面，重庆做得非常好。

附录

“将关键问题公之于众”

——专访香港证监会主席沈联涛

记者 张继伟

身处低迷市道的大背景下及“仙股退市”风波之中，沈联涛谈如何把握证券监管的度

今年7月24日（指2002年7月24日。本文发表于2002年9月——编注），以香港联交所的一份关于退市机制的咨询文件为导火索，一场前所未有的“仙股退市”争论席卷了香港证券市场（详见《“仙股退市”教训》）。这一争论不仅在最初的几天里酿成了一场小型股灾，并且很快从证券市场蔓延出来，牵涉到多名政府高官的问责问题，因而成为全港各界的共同话题。

抛开复杂的人事纠葛和政治因素，“仙股风波”正反映了在经济低迷期的监管困境。随着美国安然公司、世界通信公司丑闻不断曝光，证券监管正在前所未有地收紧。在香港作为国际金融中心之一的地位正受到空前挑战之时，对于金融产品的开拓、加强基础建设也成为监管部门的目标之一。从今年3月通过的《证券与期货条例》，到7月出台的双重呈报制度（公司上市需同时向联交所和证监会申报有关资料），香港证监会在获得了更大监管权限的同时，也通过精简程序、改革中介发牌制度等一系列措施，为促进市场及衍生产品的发展进一步开拓空间。

“仙股退市”政策正是这套组合拳中的一记重拳，然而力度与分寸都出现了明显的偏差，因而饱受非议。但是这一事件被持续放大处理，本身也体现了市道低迷中监管部门与市场的关系过于紧张。一方面，这说明监管不可不慎，另一方面也应看到，倘使监管重心就此发生逆转，也未免令人遗憾。毕竟退市机制只是局部问题，对于安然事件后的监管走向，人们应

给予更多的注意。作为香港有史以来任期最长的证监会主席，沈联涛长期以来倡导“以信息披露为本”的监管框架，并奉“找出重要问题，加以解决，并公之于众”的监管理念为准则。事实上，安然丑闻更加强化了他的这一信念。

目前，沈联涛正处于旋涡中心，不仅有“仙股事件”之讥，更被指摘任人唯亲。记者多番联络，最终在获得不谈“仙股”问题的承诺下，8月13日上午，在香港公爵大厦12楼香港证监会的办公室里，得以对他进行了专访。

记者：近来美国证券市场发生了一系列财务舞弊案件，目前美国从市场到国会都试图通过强化监管和立法对上市公司和中介机构进行更为严厉的约束。在您看来，这对市场监管体系以及基本原则会带来什么样的影响？

沈联涛：我个人认为，安然、世界通信等丑闻的发生，主要是泡沫经济的后遗症，而且这一后遗症还没有结束。这再次说明了宏观上的问题总会在微观上表现出来（the macro problem leads to micro examples）。在泡沫出现、股市大涨的时候，整个市场的激励约束机制发生了扭曲，市场中人都只看好，而不愿看到弊端，这充分暴露了资本市场贪婪的一面。不幸的是，整个市场未能抵挡住这种诱惑，出现了集体性的失控。一位美国证监会的人士曾经说，安然事件是个perfect storm（完美风暴），暴露出美国的每种制衡手段都出现了失衡。

美国资本市场的制衡手段，在我看来主要有四层：第一层制衡是自律，即公司的领导层不能有做假的意图，而且每家上市公司都有自己的内控机制，比如独立董事、独立的审核委员会等。但在实际上出现了激励过度的情况，致使公司管理层只看到股票期权、分红，而忽视了风险的一面。第二层制衡线来自会计师、律师、财务顾问等中介机构，但也失效了。同时也证明原有的会计准则存在纰漏。比如容许将附属公司处理成独立公司，导致大量关联交易瞒天过海。第三层制衡来自监管机构，它们也没有及时发现和阻止这个问题。第四层制衡是集体诉讼。

这事实上是全球资本市场共同面对的根本问题。在股票市场，需要平衡利益和风险的关系，而这需要一个平衡的激励约束机制。安然事件暴露了公司治理结构的问题，同时也是个激励机制的问题。公司管理层和中介机构总是以为做坏事别人发现不了，最终铸成大错。

引申而言，这使我们意识到，市场监管最难的问题是，谁给需要有智慧的人以智慧（who is to make wise those who are required to have wisdom）。因为从公司管理层、中介机构到投资者都出现了激励过度的情况，监管就变得非常难了。所谓“治大国如烹小鲜”，要掌握激励和约束之间的平衡，是最难的事情。

不过，美国最近的举动仍是值得借鉴的，即绝不姑息问题，而是“让市场惩罚错误的行为”（let the market punish the wrongdoing），这是很值得学习的。

记者：香港近一段时间以来也对证券市场进行了一系列调整，尤其针对公司治理结构方面的规定做了很多工作，能否介绍一下此间的经验？

沈联涛：香港从1998年开始，就开始致力于寻求更好的公司治理结构，这主要牵涉两方面的工作。一是交易所在2002年1月建议修订《上市规则》，并发表咨询文件，对股东权利保障、董事及董事会架构及信息披露作了有关规定。二是公司法改革常务委员会去年对有关企业治理事宜的法例建议修订，并发表咨询文件。

总的来说，我们的原则很清晰，就是坚持“一个准确及时的信息披露制度是市场的基础”。事实上，自20世纪90年代末以来，香港一直致力于建立一个以披露为本的监管架构。

我以前也曾经说过，如果没有准确可靠的信息，不仅投资者和监管者无法判断公司状况，而且公司管理层也无法作出正确判断。从亚洲金融风暴反映出的问题来看，主要是因为公司的会计账目不是依照国际准则，比如银行的呆账准备金不充足，自己骗自己。如果整个公司管治的基础即可靠的信息都不存在的话，怎么能管理好自己的公司呢？安然事件再次证明，要取得良好的信息，具备国际会计标准及良好的审计标准是不可缺少的部分。

但是改变会计准则需要一段时间。企业的治理结构问题是跟社会文化历史背景分不开的，不可能一夜之间解决。首先，我们要从最基础的层面改造起，香港在会计准则方面，到今年年底就差不多完全采用国际会计准则；其次，作为国际金融中心之一，香港会直接受到美国对于会计师事务所的新规定的影响，比如四大会计师事务所和审计的分业，香港直接就继承了过来。

与此同时，作为一个国际金融中心，香港遇到的最大问题在于市场每天都在变化，美国和欧洲以及其他市场目前几乎每天都在改良会计准则，因此我们需要寻求建立一个国际公认的披露准则（IDS），其作用与国际会计准则（IAS）或者国际审核原则（IAUS）相似。目前，由我和意大利的一位同行共同主持（co-chair）的一个国际证监会组织（IOSCO）工作小组，正在草拟这个国际披露准则，它将会搭建各个市场共同认可的披露要求。

记者：这个国际披露准则的基本原则和以往的披露原则有什么不同？

沈联涛：由于全球金融市场逐步变成一个整体，但相关的法律、条例却完全是本地化的，因此增加了很高的交易成本。香港作为一个国际金融中心，没有一个国际准则来遵守的话，每个来香港发展的国际性公司都要特别聘请本地律师，同时还要根据香港的法律进行调整，这会造成很大的障碍。

从披露的基本原则来看，财务账目的披露已经有国际会计准则的明确规定了，问题在于公司管理阶层方面的披露，如果管理层自己决定什么需要披露，那很可能就会隐瞒真相，安然事件就是一个很好的例子。对此，我觉得一个大的原则应当是，除了商业机密（因为这是对股东有害的披露），必须使得投资者能够透过管理者的眼睛来看这个公司的全部财务情况和前景。

除此之外，还要考虑到各个国家法律体系的差异。美国的法律是 rule based（规则为本），它要求披露什么就应该是什么，不确定的部分要由法庭来确定。欧洲和香港则遵循 materiality（重要性）原则，不是由监管者规定具体披露条件，而是根据重要性来做判断披露内容。这两个不同的披露原则，目的都是一样的，但是有不同的做法。但这两种制度都有共通的原则，国际披露准则就是从这里抽出更为基本的原则。

根据“上市公司双重呈报制度”，香港证监会将有能力打击在上市文件或公司公告中向公众说谎或误导公众的人士。

记者：能否介绍一下香港证监会近年来的主要监管思路，特别在安然事件后，有什么进一步的改革？

沈联涛：自 1998 年以来，香港证监会主要完成了三个方面的建制。一是对以往各个独立的条例进行整合修订，通过新的证券及期货条例；二是将股票交易所、期货交易所及结算所股份化、合并，最终上市，以使制度与市场的激励机制相一致；第三是设计一个完全电子化的基础设施，降低成本，提高效率。

目前三项工作基本都已经完成了，新的《证券与期货条例》今年 3 月 13 日在立法会上通过了，交易所也于 2000 年整合上市，电子化交易的蓝图也基本实现。我们现在主要致力于推行改革的细节阶段。

关于公司治理结构的改革，香港交易所已经完成了市场咨询工作，现在争论比较大的是季度披露制度。改革制度有一个过程，我们做得好像没有人家那么快，但是我们探索意见已经比较成熟了。因为按照香港的惯例，涉及上市条例的要由交易所咨询市场意见，然后由证监会通过，我们的看法有时候和市场的一些意见不完全一致，因为各方面利益很难摆平。不过我还是要强调，准确、及时的信息披露是我们的根本原则，在这个基础上倾听市场的意见进行实际操作。

记者：美国市场出现的诚信危机，对于香港的市场监管有哪些直接的影响？

沈联涛：我觉得安然、世界通信等事件，反而推动了监管工作的进行，因为它使大众认识到监管的重要性。人们发现，偷抢行为可能都没有证券市场作案的危害大。不过加强监管，证监会需要一定的许可权，同时也要花一定的时间来探索。另外由于资源所限，我们亦需与其他监管者合作。

记者：今年7月24日，香港出台了上市公司双重呈报制度，这对于市场监管意义何在？

沈联涛：上市公司双重呈报制度是近来非常重要的一项改革。它要求上市公司及上市申请人要同时向香港交易所及证监会提交企业披露信息文件及上市文件。这个机制事实上确立了证监会为企业信息披露的法定监管机构，而香港交易所将继续作为香港上市公司的前线监管机构，负责执行非法定的上市规则。

根据这一制度，证监会将有能力打击在上市文件或公司公告中向公众说谎或误导公众的人士。根据目前有关提供虚假或具误导性资料的法定条文，证监会可以运用目前拥有的调查权去确立有关的事实及搜集证据。在适当的案件中，证监会可以在法院对违法者提出检控，或将案件移交律政司，由律政司向法院提出检控。假如调查发现涉嫌的过失超出相关范畴，可以将案件移交商业罪案调查科或市场失当行为审裁处处理。这使得监管更有力度。这双重呈报制度会在新条例生效时开始执行。

记者：目前有大量内地民营企业准备到香港主板和创业板上市，但根据已暴露的情况来看，民营企业的关联交易和信息披露问题较为突出，在您看来，应如何加强监管？

沈联涛：我不可以评估个案。但是可以肯定的是，我们不会因为它是民营企业就特别关注这个问题，所有企业都要遵守香港的游戏规则。资本市场的基本原则应该是，一个企业无论大小，只要有诚信，其向大众集资的行为，都应当受到鼓励，但公司同时要负有责任，那就是准确、及时地披露信息。至于对违反投资者利益行为的惩戒，我们有自己的做法，有些地方大家会以为做得比较慢，实际上我们正在按程序进行，并非代表我们不跟进。

应该说，香港证券监管的执法机制已经相对比较完善。香港联交所规定了信息披露的要求，证监会是内幕交易与市场操纵的监管者，香港警察商业罪案调查科防范欺诈盗窃，廉政公署防止行业的贪污舞弊，如果要检控的话，由律政司负责。

不仅如此，香港在处理国际性的证券犯罪方面也比较有经验，我们和30多个金融中心的证券监管机构签订备忘录。我们在20世纪90年代中期曾经处理过一个典型的操纵市场案件，犯罪集团的总部在伦敦，通过香港去操控澳大利亚市场。对这样案件的处理需要很复杂的协调。现在利用各个离岸中心违规操作的案例也有，比如对注册在离岸中心的关联公司（比如BVI公司）不进行披露，如果对方缺乏管理或者不合作，就会变成监管黑洞。我们目前和这些离岸中心都签有备忘录。

分清责任和功能是一个监管艺术的问题，也是监管的难点所在。监管过度就会失去市场活力，监管太少就会失去公信力。

记者：但是总体感觉，香港在执法效率方面似乎有待提高，许多案件一查就是几年。而我们看到，安然事件后，美国市场的反应、证监会的执法、国会的立法动作都非常快。对此您怎么看？

沈联涛：在新的证券及期货条例下，我们最近将会成立市场失当行为审裁处，由全职法官担任主席，另外再辅以两名具有专业知识的成员，这对提高执法效率有很大帮助。以前我们如果要惩戒公司，比如像安然这样的事件，有个法律上的难度。那就是如果通过刑法，控方在举证时难以达到“无合理疑点”这个刑事举证标准。不过按照新的证券及期货条例，证监会可以选择以民事或刑事途径来惩处从事市场操纵和内幕交易的人士。而市场失当行为审裁处，将会负责审理通过民事途径提出的个案。

但总的来说，调查证券市场案件都比较需要时间，实际上美国对于安然等事件的调查也还没有结束，有些问题还没有暴露。打击这些案子，有些会快一点，有些则会慢一点。特别是涉及境外，协调起来更要花时间。

记者：最近也常常有报章反映，香港证监会的权力过大，正在变成“有牙老虎”，那么怎样才能防止证监会监管过度？

沈联涛：现在香港证监会已经受制于多项制衡措施了。比如，证监会董事局内设有六名非执行董事，就证监会的行政职能进行独立监察。2000年11月，香港政府还设立了一个完全独立的审查组织——程序复检委员会，复核与监控证监会的运作程序。此外证券及期货事务上诉委员会还有权对证监会的所有发牌和纪律处分决定（包括谴责）进行全面复核，甚至可以推翻证监会的决定，或者以其他裁决取代证监会原来的决定。

记者：市场比较关心的另一个问题，就是香港为什么始终没有建立起集体诉讼制度？

沈联涛：事实上，我们做过好几宗与集体诉讼相近的衍生诉讼案。比如香港证监会曾经因为一家名叫“德智发展”的公司打了5年官司。按照2000年中达成的协定，对方赔了3000万港元法律费用给证监会，小投资者获得了作价每股30元的收购要约，但我们负担了4000万律师费，还不算其中投入的人力成本。这期间我们也被告过，费时费力。在新的证券及期货条例里，已经赋予了投资者提出诉讼的权力，但是正如证监会遇到高费用和资源的问题，一般都不会去动用这个工具。

这主要是因为香港法律属于普通法体系，律师费很高，而且如果打输了，对方的律师费也要你来承担。再有，如果该公司已经被掏空了，打官司也不见得有效果。因此应当用不同的工具对付不同的失当行为。如果是欺诈，可以通过商业罪案调查科来调查，或者由律政司提出检控，与衍生诉讼一样是用来打击这种失当行为的。而在美国，惯常的做法是集体诉讼（class action），就是律师可以代表投资者去打官司，律师自己承担费用，打赢了和投资者分享赔偿。然而在普通法市场里没有这个习惯，这主要是避免过分打官司，更多希望通过仲裁来解决问题。

记者：最近市场上沸沸扬扬的“仙股退市”事件，有人解释为在仙股炒作中散户过多，以致退市非常困难。为什么经过这么多年的发展，香港的机构投资者仍然如此不发展？

沈联涛：香港的机构投资者所进行的交易，已经达到市场交易量的46%，差不多是除日本以外亚洲地区中最好的。但问题是机构投资者买卖的股份一般不超过100只股票，就是33个恒生指数成分股和一些第二线的股票，所谓第三、四线的股票只对散户产生吸引力。另一个问题在于，国际机构投资者在本土市场会对公司治理结构很关注，比如美国的退休基金甚至要求参与公司的管理。而这些机构投资者到了亚洲，就不太关心公司本身的改善，一旦有疑问就会选择卖掉持有的股票，这是因为他们不一定非要买亚洲的股票不可。我们一直也在做这方面的工作，希望国际机构投资者能够更多地关注公司自身的管理。

记者：目前香港经济正处于转型期，作为监管部门的负责人，您如何看待香港证券市场对于经济发展的贡献，证监会应如何平衡发展和规范的矛盾？

沈联涛：无论什么时候，监管的工作对于违规的事情都一定要打击，要维持一个市场（指香港）的公平、公正、公开和公信。国际市场调整，香港经济当然要跟着调整，但是不是要用监管来做一个宏观工具呢？我觉得要把责任和功能分清。但会不会出现监管过分的情况呢？这是一个监管艺术的问题，也是监管的难点所在：如果过度，就会失去市场活力；如果太少，就会失去公信力。

记者：在一些市场人士看来，香港目前的三层监管机构有些烦琐，“仙

股退市”问题在某种程度上是不是可以理解为沟通不够的结果？您如何看待这一监管框架的前景？

沈联涛：从我的角度看来，这是一个正确的架构。但是现在已经有一个独立的委员会在审查“仙股退市”的问题，我现在不能够发表意见。

第三章
回望亚洲金融危机

本辑更多展示了作者“良史”的一面。何谓“良史”？其文直，其事核，不虚美，不隐恶。作者有得天独厚的机会，近距离观察十多年前那场危机的发生、演变、应对和后果。

这些文章夹叙夹议，以史带论，史材、史识兼具。作者细细盘点了那次危机的所有“重灾区”，精当地点出了它们“各有各的不幸”。

文中常有独到的发现和见解。如他说，亚洲金融危机并非始自泰国，而是源于日本。初听莫名惊诧，细读文章，不禁为其严密分析所折服。

黑格尔老人说过：如果不读历史，认识上将终究不过是一个婴孩。为了防止下一次危机，请自读史起。

改革扭曲的金融体系 告别非平衡增长战略

> 亚洲经济现在应该告别非平衡增长战略，通过利用全球市场来分散风险、更有效地配置国家资源，并发展一个平衡的激励结构来支持平等的竞争

亚洲经济过去的成功是建立在资本配置倾向于“优先部门”的一种非平衡增长战略基础之上的。银行主导的亚洲金融体系成为其实现非平衡增长战略的主要工具。但这种“以金融促发展”的战略在一个全球化的环境中越来越难以为继。

人口结构变迁对金融体系的压力

亚洲银行主导的金融体系在不同程度上受到政府追求增长目标政策的导向而偏离市场规律。相对欠发达的亚洲资本市场则不能满足风险投资及人口老化的需要，也无法为公司治理的改进做出贡献。大量的流动资金和银行坏账则阻碍了为私营企业服务的股票市场和风险投资基金的健康发展。结果是，长期储蓄集中在不良贷款高企的银行、收益低下的债券、股价过高红利率却甚低的股票之中。亚洲扭曲的金融体系已经成为其结构性改革及提高整体竞争力的一个关键障碍。

亚洲金融部门的发展未能与时俱进，特别是未能对人口结构变化将对金融市场造成的影响给予足够关注。人口老龄化对保护退休储蓄的真实价值，即降低市场和信用风险，提出了更高的要求，但亚洲经济体却对此没

有足够准备。更不幸的是，某些亚洲国家还挪用退休基金来救援倒闭的企业和支付财政赤字。如果债券和股票的收益仍然像目前这么低，未来的退休基金将难以满足支付需求，未来退休的一代将为目前这一代的错误政策埋单。

亚洲强大的实体部门一直在创造财富，但其扭曲的金融部门却不断毁灭财富。有讽刺意味的是，亚洲的超高储蓄家庭不能花费，因为他们高储蓄的价值被不断侵蚀，不得不再增加储蓄为退休做准备。

中国大陆由于人口结构还相当年轻，仍有时间发展具有市场深度的、丰富多样的、以机构性投资为基础的、脱离政府导向的退休储蓄基金体系。这一基金体系的建立将极大地提高债券和股票市场的流动性。同时机构投资者也将在加强公司的风险管理和法人治理中扮演关键角色。大陆目前的市场规模足以达到发展出这些机构、基金和中介的程度，而香港在这方面的基础设施和操作层面的知识、人才对大陆基金业朝着这一方向的发展也可以提供一定的帮助。

不良贷款的教训

亚洲的不良贷款和金融危机可以归结于四个因素：

首先，某些由政府主导的经济体系在向市场转型时产权缺乏清晰的界定。财产登记、交易和执行的基础设施，包括会计、法律、司法和执行的专业人员与机构，以及相应的标准和规则，正在逐步建立，因此不可避免地还有许多漏洞。

其次，在战略上，未能利用高增长时期的经济收益来核销改革成本，即重组历史上低效率的金融体系的成本。换句话说，亚洲应当用增长的收益重写整个经济的资产负债表，清除历史上的不良贷款，并在一个平衡的增长战略基础上重建产权的基础设施及其相应的金融体系。

再次，由于非平衡增长战略，银行主导的金融体系在某种程度上助长了资产价格的顺周期行为，从而加剧了经济遭受资产价格投机性泡沫侵袭的危险。

最后，亚洲的许多公司，虽然在以增长为目的的融资政策下，吸收了大量的资金，却未能同时实施有效的内部治理改革与重组来提高其未来的竞争力。

为打破不良贷款循环，需要在四个方面上来思考处理不良贷款问题的策略：

第一，应当有清晰的政策分离银行体系的商业功能和社会福利功能，后者正是财政的问题，不能用银行坏账来补财政赤字的负担。

第二，东欧的银行重组经验表明，国有银行不良贷款的产生一般有三个周期：首先是国有企业的政府指令性贷款造成的坏账，其次是对商业化的国有企业给予新贷款也会有坏账，最后对新兴的私人企业发放新贷款也同样会有坏账。

第三，造成以上各类坏账的根本原因是由于缺乏良好的信贷文化，即转型中产权不清晰导致寻租活动，租值可以通过逃税、窃取国有资产、转嫁债务于国有银行等非法活动获得。

第四，韩国信用卡危机的经验表明，即使是高度竞争的私人和外国银行也可能由于消费者贷款损失而造成坏账。如果没有有效的破产法，银行在这方面的权益得不到保护，最终损失就会由储蓄者和纳税人承担。

金融发展步履蹒跚

亚洲的巨额贸易盈余目前以美国和欧盟的有价证券的形式持有，而这些资金又通过欧美的跨国公司以 FDI（国外直接投资）的形式回流到亚洲。也就是说，纽约和伦敦成为亚洲剩余储蓄的避风港。这在风险管理上是有益的，因为亚洲没有在区域内发展出像欧美那样具有深度的众多机构投资者市场。但这也意味着亚洲未能在区域内有效利用其资本。“以金融促发展”的政策意味着资源配置是政府导向的，受到保护的银行体系将资源传送给“优先部门”，甚至 IPO（首次公募）政策也被用来帮助“优先部门”，保护国有企业，实际上为寻租活动提供了机会。

过分关注短期增长而不考虑整个人口周期内的投资赢利造成了代际间资源配置的扭曲。过多的储蓄集中在银行体系，金融体系对政府和企业的偏好使储蓄人和投资者付出了代价：如在遭受亚洲危机的经济中，不良贷款高达 GDP 的 50%。不管是通过增长的公共部门债务，还是低利率来解决这些坏账，政策错误和公司部门的过度债务最终将由储蓄人和投资者"埋单"。

和贸易的开放相比，亚洲在资本的控制和供给（如借贷和上市）方面的扭曲导致了关键性金融价格的扭曲。这一错误定价的代价是大量储蓄被导向无效的投资，如低收益的固定资产和不动产。房地产泡沫和高达10%～50%的不良贷款比率显示信用风险没有被很好地定价：贷款的价格被低估了，从日本到印尼，平均的存贷利差（扣除管理成本，不作计提）不过 1.5%～2%。债券收益率也不过达到或接近危机前的低水平，主要是因为高质量债券的供给少，而买家（储蓄）太多了。股票市场的价格扭曲则反映在高市盈率上。高市盈率意味着亚洲公司的融资成本很低。而高股价也阻挡了敌意收购，使整个市场缺乏流动性。

金融危机说明亚洲的储蓄没有实现风险分散，过分集中在银行部门，也不被鼓励持有外币资产。而显性或隐性的存款保险使得一方面不良贷款累积，另一方面，银行资本充足率低下，形成了道德风险。迟缓的资本账户自由化又意味着个人和机构投资者缺乏通过海外投资将国内风险分散的能力。

其实，"非平衡增长"就意味着薄弱的风险管理：即"优先部门"和受保护部门的风险聚集。正确的战略应当是不把所有鸡蛋放在一个篮子里：国家和私人债务的管理应当与外汇储备政策和外汇管理政策相协调。

平衡增长战略与金融改革

现在正是亚洲经济告别非平衡增长战略的时候。亚洲应当通过利用全球市场来分散风险，更有效地配置国家资源。在这一背景下，对比较优势的追求意味着机会和风险的双边交换。平衡增长要求有一个平衡的激励结构来支持平等的竞争。亚洲应当给予以下四个方面更紧急的重视：

加强公司治理：好的治理依赖于竞争性市场，而如果政府控制信贷、投资及企业，并限制国外竞争，如果企业不遵守市场纪律，并通过利益集团影响政策，阻碍改革，如果控股股东可以侵犯少数股东利益而不受惩罚，则市场是无法具竞争性的。亚洲做好了准备允许外国中介和专业机构进入本国市场吗？

降低交易成本：亚洲的经济制度（公司法、证券法和破产法）仍然处于现代化进程之中，而资本外逃、腐败、逃税和国有资产滥用都是产权缺乏保护的症状。金融交易是在不确定性条件下的产权交换，所以交易成本是金融发展的关键障碍。在不确定的条件下，市场参与者依赖于对合同实施的信任。注重声誉的金融机构愿意吸收合同的剩余风险，降低了交易成本，因而投资者愿意对其付出一个确定性的升水，换言之，这样的机构将享有网络的良性规模效应。

保护产权：如前所述，不良贷款说明产权不清晰导致恶劣的公司行为。在香港上市的中国大陆民营企业的欺诈和市场违规表明，必须先做的是加强产权基础设施——会计、法律和信息服务等。

采用全球市场标准：全球市场是一个网络，今天的标准是由欧盟和美国设定的，如果想成功整合进入这个市场，亚洲就应当采取同等的标准保证市场的稳定、秩序和公平，而不是实行限制新兴市场竞争力的“向内看”战略。亚洲可以先搭便车，最后也能对这些市场规则的演进有所贡献。外国机构投资者的引入将有助于实施严格的治理标准，对国内参与者实行更强有力的纪律限制。

非平衡增长战略的弊端已经使原有的亚洲增长模式过时了。一旦我们认识到金融部门在整个人口周期内对参与者给予透明和公平的产权保护的重要性，对金融和实体部门的持续改革的必要性就是显而易见的。中国大陆的市场是幸运的，因为作为金融发展的后来者，它可以吸取前人所有的经验与教训。

危机的根源

日元的升值与亚洲的繁荣相联系，贬值则意味着亚洲的衰退。亚洲金融危机的根源不在泰国，而在日本

1997年7月2日凌晨四点半，泰国央行发表了一项重要声明——此前十余年盯住美元的泰铢，开始自由浮动。泰铢对美元当日即贬值15%以上。亚洲金融危机正式开始。

亚洲金融危机至今差不多已有10年。危机发生之时，我是香港金融管理局的副总裁，负责储备管理及外事工作。身临其境，我亲眼目睹危机一步步发展，并参与了一些危机解决方案的国际讨论。这次危机远远超出了任何个人或国家的控制范围，给我上了很重要的一课。

亚洲金融危机是一个交叉影响的事件，在泰国首次发生的危机，不仅蔓延整个东南亚，还波及俄罗斯和巴西。这场危机提醒每个人面对这样一个事实——我们已经创造了一个没有边界的全球经济，但对经济和国家的管理，仍局限于各自国家的法律和本土文化的水平。

或许每一代人都得面对他们自身的危机。俄罗斯经济学家尼古拉·康德拉季耶夫（Nikolai Kondratieff）认为，经济运行存在大约60年的长周期。这些周期总是以一些重要技术革新为标志，如蒸汽机、电力、无线电以及现在的计算机技术的发明等。从“二战”以来，世界大体上享受了60年的和平。最近的经济繁荣，尤其是美国经济，是近代以来持续时间最长的周期。得益于改革开放政策，中国已保持了超过25年（本文发表于2006年11月——编注）的持续增长。对其他亚洲国家和地区而言，1997年却是对亚洲经济奇迹的全面检验。

亚洲金融危机给我们带来了具有深远意义的思考。经典的经济学理论基于自由市场哲学，认为制度框架是被给定的并且是有效的。完全信息、零交易成本和完善的市场构成了一个简单的政策框架——市场自由化和效率提高将给每个人创造出多赢的局面。“华盛顿共识”着力于市场的全面开放及自由化，首先是放开重要商品的价格，然后是拆除所有影响市场发挥作用的壁垒。亚洲金融危机引发了盲目的自由化是否正确的争论。

危机是一个事件，而改革与重组则是一个流程。一旦对制度框架进行适当的分析，我们就会意识到制度变化将是一个长期的过程。要么是改变制度以顺应历史大趋势，要么是危机将改变整个局面。但是，现有的制度同样是过去的政策错误、个人判断、历史、地理、时间和趋势相互作用的后果。所有的社会都是路径依赖的。没有一个国家的改革可以从一张白纸开始。

我们不能改变历史，但今天我们在相互影响、相互依赖的全球市场环境中作出的决定，可以改变世界并同时改变我们自身。黄仁宇在《万历十五年》中写道，1588 年，英国人击败了西班牙的无敌舰队，开始了其在远东的扩张；中国明代万历十五年（1587 年）之后的大衰退历史，便从此不能与英国历史割裂。相似地，1997 年在泰国发生的一切也不能与在其他地方，如东京、俄罗斯的许多事情割裂开来。泰铢贬值时，谁能想象得到一家叫做长期资本管理公司（LTCM）的对冲基金将在一年后崩溃？

1997 年 5 月 24 日，危机正式爆发前一个多月，在曼谷的一次会议上，当时亚洲各国中央银行的第一副行长们齐聚一堂，他们讨论泰铢究竟遇到了什么问题。此前 10 天，泰铢又遭受了一次大规模攻击，这次攻击在泰国央行、新加坡金管局、香港金管局联手干预下，以对冲基金遭受 3 亿美元损失告一段落。此时，一些主要的玩家，如摩根大通、花旗、高盛等投资银行，以及索罗斯基金、老虎基金等，已经进入了人们的视野。

“五月攻击”已经是 1995 年 1 月墨西哥金融危机发生以来，对泰铢的第三次投机攻击，之前的两次分别发生在 1996 年 7 月和 1997 年 2 月。投机者们通过借入日元获得资金（不高于 3% ~ 5% 的利息成本），然后存入泰铢获取 17% 的隔夜利率，进行“套利外汇交易”（Carry Trade）。

早有有识者警觉到亚洲区货币危机的危险。我曾于 1996 年在东京参加会议，当时一位与日本大藏省关系密切的学者在闲谈中问我："如果日元对美元汇率水平变为 150 ∶ 1，港币是否会放弃盯住美元的政策？"我当时认为这个问题很重要，但没有意识到这是如此重要。

1995 年 4 月，日元对美元汇率曾达到 80 ∶ 1 的峰值，而 1996 年，整个日本经济确实有一个小的复苏，日元对美元汇率大约为 104 ~ 116 ∶ 1。日本是亚洲最大的经济体，而泰国则是最容易遭受日元套利外汇交易攻击的国家，因为泰国 55% 的外债是日元，并且日本是泰国最大的外商投资来源。

现在回顾当年，日元的升值与亚洲的繁荣相联系，贬值则意味着亚洲的衰退。亚洲金融危机的根源不在泰国，而在日本。

“头雁”之灾

日本经济的严重衰退及其脆弱的银行体系，在外国短期贷款推动下快速膨胀的亚洲经济及其产生资产价格的大量泡沫，全都为亚洲金融危机埋下了伏笔

晚清名臣曾国藩曾经说过，“天下事当于大处着眼，小处下手。”若要全面探究1997年到1999年的亚洲金融危机，就不得不先对日本进行分析。因为日本一国的GDP就超过亚洲其他国家的GDP总和，其金融资产则相当于亚洲其他国家的两倍左右；作为世界第二经济大国，日本的贸易量约占东亚的五分之一。

从20世纪70年代后期，日本开始构建其全球供应链。首先从亚洲各国获得原材料，随后又购买廉价零部件，而将成品主要销往美国，然后是欧洲及世界其他地区。制造业供应链的扩展有时又被称为“飞雁模式”。日本正如领头雁，随后是“亚洲四小龙”（韩国、中国台湾、中国香港和新加坡），再之后是“四小虎”（泰国、马来西亚、菲律宾和印度尼西亚），最后是中国内地。只是这一系统的缺陷在于，供应链网络有着美元和日元两种货币标准。

1985年9月，“广场协议”奠定了增加汇率灵活性这一基调，日元对美元和欧洲货币开始走强。这是日本代价最为高昂的政策失误。在不到两年的时间里，日元兑美元汇率从240 ：1升至1987年12月的120 ：1左右。到1990年，日本的房地产和股票市场在银行的推波助澜下，产生了巨大的泡沫。“广场协议”导致了日元过高估值和随后的回落。过高的日元导致日本在美国股票市场大量投资，部分推动了1987年美国市场的股灾。

1989年日本房地产市值估计约为24万亿美元，是美国地价市值的四倍，而日本GDP仅是美国的60%。日本的股票市场也于1989年12月达到了38916点的高峰，市盈率达到了70倍多，美国同期股票市场的市盈率只在15倍左右。

泡沫之后，日本经历了超过15年的经济停滞。2003年4月，股票市场跌至最低，为7607点。某些地方的土地和不动产价格下跌超过85%。据估计，1991年到2001年10年间，日本损失财富达到1200万亿日元，接近日本1989年GDP总量的2.7倍。

1985年至1990年，日本有两个值得关注的事件：第一，尽管日元价值翻了一番，与美国间结构性经常项目顺差却没有消失，总体上每年平均仍有500亿美元。第二，在此期间几乎没有通货膨胀。

1991年后泡沫消失带来的通货紧缩，产生了三种根本性的政策反应。

第一，政府资金注入基础设施建设领域来刺激经济。作为1990年经合组织（OECD）成员国中财政体系最为健康的日本，由于减税和财政支出，每年存在着相当于GDP总量6% ~ 7%的财政赤字，这一状况导致其到2006年公共债务总额达到GDP的170%。

第二，日本同时实施了宽松的货币政策。日本银行将利率从1996年的0.5%逐渐降至1999年的0，从而带来了套利外汇交易的黄金机会，外国投资者能够以零利率的成本借到日元，并投资于高回报的资产中。最初的套利外汇交易主要投资于美国国债与公司债券。由于亚洲货币对美元的汇率保持稳定，却有着较之更高的回报率，套利外汇交易在东南亚等新兴市场中也越来越重要。

第三，因为日本想刺激其经济复苏，同时避免日元被过高估值，所以，1985年后，大量推出日元外国直接投资、银行贷款和债券投资，包括以日元计的官方援助和贷款。正是日本银行贷款和大量日元外流，为东亚的经济泡沫与随后的1997年金融危机创造了条件。

1995年，日本发生了两件大事：一是1月17日的神户大地震；另一是3月20日到4月19日期间，日元对美元汇率在达到80 ：1的峰值后开始贬值。日元贬值刺激了出口，导致日本经济在1996年有了微小的复苏。

同时，日本的银行开始利用日元走低的态势来回收其海外贷款。但 1997 年 4 月，由于日本错误地估计了经济复苏的情况，将增值税税率由 3% 升至 5%，导致脆弱的经济再次陷入严重衰退，这次衰退一直持续到了 1999 年。

至此，日本经济的严重衰退及其脆弱的银行体系，在外国短期贷款推动下快速膨胀的亚洲经济及其产生资产价格的大量泡沫，全都为 1997 年 7 月亚洲金融大厦的骤然崩塌埋下了伏笔。

关于亚洲金融危机，普遍存在两种批评意见，均聚焦于泰国、印度尼西亚、韩国和马来西亚四个发生危机的经济体。第一种观点认为，责任在于受害者，在于其糟糕的风险管理和“裙带资本主义”。第二种观点则认为，亚洲金融危机源于银行恐慌。两者均有一定的正确性，但大多数经济学家不是聚焦于日本以外的亚洲国家，就是专注于日本一国，很少有人将这两个经济图景放于一起研究。

祸起外汇套利交易

日本的银行业基于自身的原因从东南亚地区撤贷导致该地区大部分资本外流，是亚洲金融危机的导火索

亚洲金融危机之前，日本国内外的投资者（包括日本的银行和各种对冲基金）利用外汇套利交易在东南亚国家大进大出，成为导致金融危机爆发的重要诱因。

日元套利交易的本质是：以非常低的利息借入日元，投资于美元或者泰铢，以获得较日元更高的利息。如果日元对美元贬值，那么就能获得双重收益：利差收益和汇兑收益。

为防止出现通货紧缩，20世纪90年代中期，日本央行奉行低利率政策。这对于那些想参与外汇套利交易的人而言无异于天赐良机。1995年到1998年间，美国联邦基金利率和日本银行目标利率间的利差大约为5%，而当时流向东南亚地区的日元海外贷款粗略估算有2600亿美元。这意味着，日元外汇套利交易的平均利差收益约为每年130亿美元，三年就是390亿美元。而同期，日元相对美元贬值了近一半，这样2600亿美元的海外贷款的平均汇兑收益为1300亿美元。保守估计，三年中日元套利交易的投资者获得了1690亿美元的"天上掉下来的馅饼"。

这些巨大的数字告诉我们，短期套利投资者能够从日本抽出资本，投向新兴市场，最终获得丰厚利润。可以说，资本从日本向其东南亚邻国的流动，以及这些新兴市场本身的吸引力，共同造就了1997年以前东南亚地区的经济泡沫。

由于日元资本大量流入东南亚国家，新兴市场存在"双重错配"（double

mismatch）的致命隐患。其一是东南亚市场“短期借入，长期投资”错配，其二是“贷外汇（美元或者日元），投资本国货币”的错配。也就是说，有一个坏的贷款人，也有一个坏的借款人，双边都有错。亚洲金融危机的内在原因在于东南亚国家没有好的国家风险管理，而日本的银行基于自身的原因，从这个地区撤贷导致东南亚地区大部分资本外流，却是亚洲金融危机的导火索。

日本银行业由于国内巨额不良贷款碰到了大麻烦。问题在 1995 年 3 月开始显现。当时，东京的两个信用合作社暴露了超过 10 亿美元的坏账，其中大部分是对房地产公司的贷款。而这些非常脆弱的地区性银行和信用合作社，又通过“主银行制度”同大的“主银行”联系起来。小银行破产时，大银行也开始遭殃。日本经济和日元汇率在 1996 年到 1997 年的下跌，对整个银行体系产生了巨大的负面影响。

由于日本银行业 50%的资本是二级资本，主要包括股票投资组合的未实现价值，因此它们要承受两种相反的压力。一方面，由于经济放缓、外国投资者由于日元走弱而撤资，股价在 1996 到 1997 年间下跌；另一方面，弱势日元将美元贷款的日元价值提高了。这两方面因素都减弱了日本的银行达到 8%资本充足率的能力。要达到资本充足率要求，当时唯一的办法就是减少海外贷款。野村综合研究所估计，如果日元兑美元维持在 140 比 1 的水平、股市维持在 15000 点，那么日本的银行需要减少 5.6 万亿日元的贷款。这相当于日本 GDP 的 11%。如果不削减国内贷款，只有大量削减在国外的贷款。

1997 年 11 月，北海道 Takushoshu 银行倒闭。这是日本第一宗严重的银行破产事件。这家银行的破产并不是源于对东南亚的贷款，但此后日本银行业便加快了从东南亚回收的速度。日本的银行与泰国的银行差不多同时破产，并非巧合。

国际货币基金组织和国际清算银行的数据显示，1996 年到 1999 年间，日本银行在五个发生危机的国家减少了 474 亿美元贷款，1995 年到 1999 年间，在东南亚地区总共减少 1925 亿美元贷款（大部分在新加坡和中国香港）。正是日本银行的撤贷，制造了东南亚的急剧信用紧缩，成为东南亚金融危机的重要导火索之一。

亚洲金融危机的教训极为深刻。日本鼓励资本外流，以防止国内发生进一步的通货紧缩，也防止对日元过度高估。而对冲基金和其他短期套利投资者乐于利用日元进行外汇套利交易。最重要的是，发生危机的国家在之前乐于从外国直接投资、组合投资、政府贷款中接受资本流入，根本没有意识到其中潜藏的巨大风险。

甚至连国际货币基金组织，也是将东南亚按照国家进行分析，而没有看到东南亚国家与日本的内在经济关系。新兴市场承担了一次危机的代价，才开始懂得国家风险管理的重要性——要从整个国家的高度来看待风险，而不只是仅仅站在一个部门或者行业的层面进行分析。

事实上，华盛顿当时的观点是，危机应当归咎于发生危机国家自身的失败，而不是地区性的银行撤贷。这一观点看不准问题的实质，下的药就必然无效。

通向“华盛顿共识”

> 无论是发展中国家，还是发达国家，如果不能随着环境变化而主动改革，其结果就是危机迫使其进行改革

日本是 1997 年亚洲金融危机源头之一已非常清楚：作为亚洲最大经济体，日本试图摆脱通货紧缩的努力导致了东亚经济泡沫的产生，其对银行海外贷款的撤回则使亚洲经济陷入严重衰退。

日本经济自身的祸根，则在 1985 年“广场协议”强制日元升值时已经种下。日本在自身经济失衡、尚未做好升值准备的时候，仓促地使日元升值，造成了随后 15 年的经济衰退。日本高效的贸易部门（制造业）可以在日元升值后仍旧保持经常项目顺差，但是受政府保护而效率低下的非贸易部门（金融、服务、房地产部门）则无法应对流动性过剩带来的经济泡沫。

如果一国经济的增长带来了社会总财富的增加，其基准汇率应当进行重估。但是，重估的风险取决于其国内的经济是否足够平衡和有弹性，以应对剧烈的价格变动。关键的教训是，无论是发展中国家，还是发达国家，所有经济体都必须主动随环境变化而变化。

日本服务业一直未能进行改革，直到金融危机爆发迫使其做出结构性调整。同样是岛国的英国，1986 年通过“金融大开放”对金融服务业进行了改革，伦敦因而成为仅次于纽约的世界第二大金融中心。总而言之，当环境发生变化时，一国要么主动进行改革，要么危机迫使其进行改革。

要进一步深入理解亚洲金融危机，就不得不提到 1990 年出台的“华盛顿共识”。“华盛顿共识”与其说是一种经济发展战略，不如说是一种观察世界的方法。正如詹姆斯·法罗斯（James Fallows）在其《瞄准大东亚：东

亚政治与经济的崛起》一书中提到的，西方人在看待世界其他地区时有三个习惯：试图以西方的价值观来分析世界，认为自己比他人优越，对于科学尤其是经济学过度自信。

西方人的自信不无道理。当亚洲经济陷入危机时，美国经济正蓬勃发展。这段时期美国经济繁荣的缔造者是财政部长罗伯特·鲁宾，他通过削减财政赤字的政策，重建了市场对美元的信心，创造了美国高度繁荣和低通胀的经济奇迹。

作为世界第一大经济体，2005 年美国的 GDP 为排名第二的日本的 3.1 倍。美国是最终的消费者和世界警察——超过 55% 的全球交易都以美元结算；正如昔日的罗马，可谓条条大路通华盛顿——这里是美联储、世界银行和国际货币基金组织的所在地。

“华盛顿共识”基于新古典主义关于完美市场的假设：政府不干预市场，健全的市场要求贸易自由化、良好的宏观经济政策、准确的定价、国有企业私有化及民主的普及。这一共识也增大了金融部门的透明度，推动了更好的公共治理与私人治理。OECD、WTO、IMF 和世界银行等全球性机构将这一新自由主义的理论推广到了全世界。

但正如斯蒂格利茨指出的，东亚那些经济发展最成功的国家均没有遵循这一发展战略：政府扮演了积极的角色，采取种种措施普及教育、推动科技发展、刺激储蓄增加以及对收入进行再分配。

为这一新自由主义理论提供实证检验的，与其说是“华盛顿共识”的成功，不如说是中央计划经济与政府过度干预的失败。贸易、投资、资本、信息和专有技术的自由化在 20 世纪 80 年代后期逐步扩大。

颇具讽刺意味的是，在 80 年代后期，叶利钦治下天真的前苏联经济学家依据这一理论实施了制度改革，尽管有西方大量的经济和技术援助，这一实践仍然归于失败。那些盲目遵从市场正统理论的人中，不乏一些顶尖的理论学家，他们全都未能理解市场正常运行的前提条件是健全的司法和监管机构的存在。

20 世纪 90 年代早期，日本开始资助关于东亚奇迹的研究，试图以此对抗正统的新自由主义理论，我参与了其中的一小部分工作。当时世界银行不得不做出妥协，承认亚洲国家成功地选择了正确的基本理论，模拟市场价格，并对需要干预的部门，如教育、公共卫生、社会基础设施建设等进行了调控。但是，自由主义的势力是如此地强大，以至于苏联经济崩溃的失误也没打击“华盛顿共识”的自信心。IMF1997 年召开的香港年会上，人们仍在争论是否应在全球范围内进一步推动资本账户的自由化。自由市场的信奉者坚持认为，市场可以通过最少的干预自行处理好一切。

在美国的支持下，“华盛顿共识”变成万能药方。IMF 有个很简单的模型：每个面对危机的经济有两个逆差，即贸易赤字与财政赤字。改革药方是货币贬值、提高利率、加税、减少财务开支，以及最大限度私有化。

“华盛顿共识”是非

美国和许多国际组织之所以一度对亚洲金融危机袖手旁观，既因为本国利益的需要，也因为对“华盛顿共识”的教条式信奉

亚洲金融危机发生后，美国的教授们提出了两种解释。

麻省理工学院教授保罗·克鲁格曼（Paul Krugman）认为，东亚奇迹是大量投资支出而非技术进步的结果，糟糕的经济政策导致了道德风险和经济泡沫，进而与低水平的金融监管共同引发了危机。这一学派，包括IMF（国际货币基金组织）在内，普遍认为危机发生的责任在于受害者。

而以哈佛大学教授杰佛里·萨克斯（Jeffrey Sachs）为代表的另一派学者则相信，是银行恐慌致使运转良好的经济陷入衰退，斯蒂格利茨（Stiglitz）更是指出，正是IMF主张实施紧缩财政政策与提高银行利率的措施加剧了危机。

美国对1994年墨西哥金融危机的干涉曾经在国会中引起了巨大的反对声浪，使其在应对亚洲金融危机时被束缚了手脚。泰国是美国在越南战争中坚定的盟友，但是在金融危机早期阶段，美国仍然拒绝向其盟友提供任何援助；一直到1997年12月底，美国才对韩国进行了支援。

不但美联储拒绝做最后贷款人，IMF也并不能胜任这一角色。更为严重的是，为避免与IMF的冲突，日本建议设立亚洲货币基金来援助亚洲各国的想法也被否决了。

1998年6月，日元兑美元汇率跌至150 ∶ 1左右，给区域货币造成了巨大的压力。若人民币也随日元贬值，全球经济都将被推至悬崖边缘。

两个月后，马来西亚第一个拒绝“华盛顿共识”，开始实施汇率管制。

随后经济的好转证明了，在正确的政策引导下，政府干预在对抗金融危机方面能够起到一定的作用。

到了八九月间，由于俄罗斯的债务违约和巴西的经济危机，美国长期资本管理公司开始陷入崩溃的边缘，这使得美联储不得不间接出来收拾残局。事实证明，当发生恐慌和系统性危机时，入市干预是必要的。

美国和许多国际组织之所以对亚洲金融危机袖手旁观，既因为本国利益的需要，也可能因为对“华盛顿共识”的教条式信奉。中国财政部常务副部长楼继伟近日（本文发表于 2007 年 2 月——编注）对“华盛顿共识”发表了极有洞察力的评价：“华盛顿共识”混淆了理想的结果与实现的过程。

“华盛顿共识”不仅仅是对新兴市场发展远景的一个期望，而且也包含了一种看待世界的方式。

“华盛顿共识”基本上是一套基于西方市场经济的制度组合，其中产权基础设施（比如运行正常的司法体系、良好的公司治理结构、成熟的金融监管能力，以及强大的风险管理水平）被认为理所当然地存在，于是经济学家们就误以为只要一个国家或地区具备了改革的政治意愿，再加上他们的好建议，那么该国或地区的货币政策、财政政策，甚至金融改革的目标的实现简直易如反掌。

但是，“华盛顿共识”的鼓吹者们忘记了重要一点，那就是所有的制度（包括市场自身）都是路径依赖的，必须建立在一国或地区已有的历史、文化和社会结构之上；而社会制度结构的变迁要比理论假设的慢得多，也难得多。一旦理论假设错误，其推导出的结论以及形成的政策建议也就失去了立足之本了。

不幸的是，这套错误的药方，曾经在亚洲新兴市场风靡一时，对亚洲金融危机的形成和加剧具有不可推卸的责任；这些新兴市场国家不得不吞下苦果，而那些开药方的经济学博士们则依然过着体面而荣耀的生活。

“华盛顿共识”也忽视了国家之间千丝万缕的联系，孤立地看待每一个国家。同时，“华盛顿共识”还过于低估了流动性，忽略了亚洲经济体收支平衡表固有的脆弱性，后者的表现就是资本的大进大出。当然，亚洲经济体自身也低估了国际资本流动的变化无常；而“华盛顿共识”甚至错上加错地信奉资本快速流动的经济效率。与“华盛顿共识”相反，从目前较为先进的“网络理论”来说，每个经济体都是一个“网络节点”，经济体之间都存在着“链接”。

在这样一个经济网络中，要实现网络的安全稳定，就不能仅仅关注某些节点，还要重视那些最脆弱易断的链接。

亚洲金融危机迫使“华盛顿共识”的鼓吹者不得不逐步抛弃理论教条，开始注重实效。

这些经济学家们发现在危机时期，让银行保持“暂停偿付”而不是立即解救，未尝不是一个防止资本外流的好办法。对深陷危机的小经济体来说，实行临时的外汇管制可能也是必要的，这可以给结构改革留下时间来应对危机。

韩国：从奇迹到危机

> 政策的错误、危机管理的失误、低估市场对政策变化的反应，都将遭到市场的惩罚

1997 年 7 月，没人想到韩国会在 6 个月后深陷危机。韩国一直是亚洲奇迹的典范。1994 年，韩国成为世界第十一大经济体，1996 年更加入了经合组织（OECD）这个发达国家俱乐部。

作为日本模式的翻版，韩国也采取了"银行—产业"一体化的出口导向模式，且更为激进。1997 年底，韩国最大的 30 个产业集群平均债务 / 净股本比率高达 519%，而美国这一比率约为 154%，日本为 193%，中国台湾为 86%。韩国政府和银行的全力支持，使大财团能够在承担高风险的情况下照样进行大规模长期投资。

那时，韩国就像一个负债率很高的"股份有限公司"，主要由银行系统提供资金，资本市场很不发达，在强化企业的公司治理和风险管理能力方面也无足轻重。

政府的支持使得韩国这个"大公司"迅速崛起。但是，韩国政府忽视了在全球资本流动日益加大的情况下本国国际收支平衡表的脆弱性。这种发展模式成就了韩国经济奇迹，也为金融危机埋下了祸根。

为满足 OECD 成员国的条件，韩国从 20 世纪 90 年代早期起实行金融自由化，并逐步放松金融管制，特别是降低了对短期资本流入的控制。大财团拥有或者控制着主要的商业银行和证券公司，这些中介机构开始进入国际短期资本市场融资，并积极参与日元的利差交易，将大笔资金投向风险极高的俄罗斯债券和巴西债券。

事后看，韩国的金融系统存在三个致命的不匹配。第一，久期失调，借短期贷款进行长期投资；第二，外汇失调，以美元和日元进行外币借款，而用本币进行贷款；第三，经典的委托代理问题，因为固有的利益冲突问题，贷方或者银行必须确保不能受制于借款者。

金融危机前，韩国的经济结构似乎很合理。1996 年经济增长 7%，而且财政收支平衡，外债占 GDP 的 30%，这在 OECD 国家中也是很低的。虽说通货膨胀稍高于 5%，财政赤字也达到了 GDP 的 4.1%，但这并没有引起认真关注。

面对通货膨胀，货币政策开始收紧，此时韩国大财团开始通过商业银行向国外借贷，寻求廉价资金。但在泰铢危机后，外资银行削减了对韩国的信贷，韩国财团只能在国内融资。短期贷款年利率由此从 14% 上升到 40%，资本流出增加。从 1997 年 11 月初到 12 月末，韩元对美元的汇率下跌超过 70%，KOSPI 股市指数跌了 26% 以上。同时，出口锐减，投资下降，大财团开始出现麻烦。1997 年 11 月 21 日，韩国不得不开始向 IMF 求助。

对韩国金融危机的解释主要集中在三个方面：日元对美元的汇率大幅贬值；金融自由化过程控制不善；投资者丧失信心。外部和内部压力以及由于政治选举产生的政权转移，也为金融危机创造了条件。

日元 / 美元汇率对韩国有两种影响。首先，当日元贬值到 1997 年 4 月的 127 日元兑 1 美元时，韩国商品失去了竞争优势。韩国的经常账户赤字越来越大，更糟糕的是，韩国的出口商严重依赖其出口现金流。其次，日元的贬值致使日本厂商减少了外国直接投资，日本的银行也削减了海外借贷，而日本是韩国最大的境外投资者和债权人。1997 年 11 月，韩国中央银行拥有大约 73 亿美元的可用储备，而短期外债则多达 889 亿美元。日本和其他海外银行拒绝韩国的银行延期偿还贷款，更导致了银行的流动性危机。

第二个原因源于韩国的金融自由化进程，以及为不断增长的经常项目赤字所提供的金融支持。韩国对资本账户自由化的范围和次序的管理都存在相当大的误区，并不只是先自由化短期资本流动然后自由化长期资本流动这样一个单独错误。由于此前一直处于高度保护中，韩国的金融机构和市场没能获得充分发展，以应对自由化进程的风险。例如，国内的金融机构缺乏相关的知识和技能来管理其资产、负债。财团的公司治理水平和风险管理能力也比较弱；不适当的金融监管，政府对资产负债表脆弱性的理解力，以及全球市场市值的蒸发，都对此次危机推波助澜。

国际投资者对韩国经济的信心受到重挫。透明度的缺失，更加重了信心危机。由于缺乏与国际会计、信息披露准则之间的接轨，国外投资者对韩国的银行和财团的积弊知之甚少。信息的缺乏也导致了政府当局的自满情绪和排斥倾向，认为过去行得通的方法在当时依旧适用。突遭打击之下，投资者纷纷从对韩国撤资。

韩国危机最重要的教训是：如果不建立一套成熟的危机管理系统，即使是强大的工业化国家，同样会遭受挫折。要想在变幻莫测的全球市场中立足，危机管理体系必不可少。当国家迈进了新的发展规模之时，我们应该牢记：私人和公共治理框架以及管理理念必须加以改变。

泰国：监管缺失之痛

正如个人必须管理个人的风险一样，国家也必须管理它的总体风险，否则资本全球化的流动会严厉惩罚这种过失

20世纪90年代早期，泰国是东南亚的经济明星之一，从大米出口国一跃成为地区轻工制造业和旅游业领袖。1990年到1995年，泰国GDP年均增速达到9.1%，政府预算盈余约占GDP的3.2%，国内储蓄高达GDP的35%左右。

在许多年富力强的“海归”官员领导下，泰国宏观经济管理一直保持良好的记录。其5%～7%的通货膨胀率和经常账户赤字增长率虽然略高，但与国际相比似乎也可接受。

好景不长，墨西哥1994年12月爆发经济危机后不久，1995年中泰国经济也出现危机征兆。墨西哥的贸易赤字从1993年的3.3%上升至1994年的4.4%，泰国同期甚至更高。墨西哥得到美国的大力支持得以最终抑制危机。但国际金融大鳄们迅速将目光从墨西哥转向其他猎物，比如泰国。

经济金融危机爆发的原因往往是复杂的，比如内部结构的脆弱、内外部冲击、糟糕的政治，以及管理失当等等。要强调的是，危机恰恰是在最薄弱的地方上爆发，这些地方通常风险最高而监管最少。泰国就是一个很好的例证。

20世纪90年代早期，以日本厂商开始帮助泰国建立轻工业产能为代表，外国直接投资大量流入泰国。此后，泰国吸引了大量资本流入，主要是通过曼谷国际银行业务（BIBF）获得的短期外国基金。由于美元和泰铢之间存在约4%到6%的利差，日元利差交易在泰国有利可图，而日元在

1995 年 4 月的贬值使此类交易的获利更丰。1996 年，泰国获得 131 亿美元的短期基金，当中 61 亿美元来自日本。

1996 年，泰国的外债已经急剧上升至 1128 亿美元，占 GDP 的 62%，其中大约 960 亿美元是由私有部门举借，并且大多数是短期资金。至关重要的是，大约 480 亿美元的短期债务已经超过了 380 亿美元的外汇储备。大量过剩流动资金进入股票市场和房地产市场。股市的投机性很明显，房地产股的股价在 1991 年到 1994 年间更上升了 285%。

与亚洲其他国家一样，泰国的银行主导了金融体系，大多数业务都由 15 家本土银行和主要的金融公司办理。其中一些金融公司和小型银行非常脆弱，它们当中有很多是由企业或者家族控制，管理不完善，还正在为资产泡沫大量提供融资。

1996 年 5 月，当曼谷商业银行不得不被中央银行接管时，国外贷方急剧削减对泰国的风险头寸，泰国金融体系的弱点昭然若揭。泰国中央银行面临双重约束：如果提高利率以维持汇率，就会伤害借款人并使银行的脆弱性进一步恶化；如果不提高利率，就会损失大量外汇储备。1996 年 7 月，IMF 悄然建议泰国采用更具弹性的汇率制度来处理这双重压力。

不幸的是，正在这一非常时期，泰国国内政治频繁变动导致了在 1995 年到 1996 年间连续更换了三位总理、五位财政部长。1996 年底，泰国建立了一个联合政府。这一政府缺乏国际事务管理经验，却必须立即面对一个重大的政策抉择——是否放弃 1984 年以来泰铢兑换美元比率约 25 ∶ 1 的稳定汇率政策。

本币对美元的一次性贬值能否解决本国普遍的贸易赤字尚不清晰，因为如果其他竞争性国家的货币也贬值相同的额度，本国就不可能消除贸易赤字。因此，贬值应该伴随其他消除赤字的措施，例如坚决削减支出或者调高利率。但是，政治上软弱的政府不愿采取这些强硬的政策，最终只能在泥潭中越陷越深。

1997 年 7 月 2 日，当泰铢贬值发生时，承付外汇款数额已达到约 292 亿美元，净储备下降到几乎为零。泰国已经没有任何外汇来维持泰铢，无奈之下，只能在 7 月 28 日求助 IMF 来应对危机；8 月，IMF 为泰国筹集了

170 亿美元援助，其中 10 亿来自中国内地，10 亿来自中国香港。这次美国并没有为它越战时坚定的盟友提供任何援助，反而以透明度为由，强调泰国应披露大约 300 亿美元的承付外汇款项。援助资金不足以支付新披露的外汇承付款项，资金继续外流。

这场危机使泰国遭受了两年的紧缩，耗费了近 50%的 GDP 来清理银行体系。泰铢由危机前对美元比率的 25 ∶ 1 贬值为 1998 年 1 月的 56 ∶ 1，泰国人均 GDP 由 1997 年的 2496 美元下降到 1998 年的 1828 美元。直到今天，泰国的股市指数也只是 1994 年高峰时的一半。

泰国的教训是：正如个人必须管理个人风险一样，国家也必须管理它的总体风险，否则，资本全球化的流动会严厉惩罚这种过失。有人把动荡的资本流动归因于外部不可控的环境，但是，风险管理的责任还是属于一国自身。全球化可以从公司层面到公共行政层面检验一个国家的治理水平，泰国的危机可能正说明，泰国的金融治理还有较大的提升空间。

在危机中特立独行

马来西亚采取反传统的政策走出了危机，但它更应该追根溯源，探寻病根，采取必要的手术或苦口良药来治愈疾病

马来西亚是东南亚最富有的国家之一，国内有着丰富的石油和天然气资源，并且是世界主要的棕榈油和天然橡胶的产地之一。作为世界最开放的经济体之一，马来西亚的贸易总额占 GDP 的 200%还多，外资银行资产在国内的银行体系中占 20%以上的份额。马来西亚还有着良好的宏观经济管理记录，在 1997 年前度过了一次又一次经济冲击。

到 20 世纪 90 年代中期，马来西亚的经济基础看上去已相当牢固。1990 年到 1996 年间，其 GDP 年均增速达到 9.5 %，储蓄率达到 38 %，同时保持着 3.8 % 的低通胀率及 3.5 % 的低失业率，政府财政一直盈余。虽然马来西亚的金融体系同样是银行主导，但银行的平均资本充足率在 1997 年已达到 12 %，发展状况相当不错。马来西亚的各种外债指标也都远远优于与它共患难的邻居们，如韩国和泰国。面对这一系列良好的指标，到 1997 年金融危机发生时，已经主政近 16 年的总理马哈蒂尔很难相信从泰国扩散出来的危机也会波及马来西亚。为了保卫林吉特（马来西亚货币）的币值稳定，1997 年 7 月 10 日，马来西亚的隔夜拆借利率一夜之间从 7.5%上升到 40%；中央银行也迅速卖出了 12%的外汇储备。尽管这样，央行依然发现力不从心，于是从 7 月 14 日开始任由货币自由贬值。

既然马来西亚的基础不差，按通常逻辑，货币 15%至 20%的贬值已经可以使市场恢复平衡，但林吉特却持续下跌了近一半。在投机的情况下，

所有的市场都会受过度打击之苦，但新兴市场的情况往往更糟。首先，新兴市场缺乏风险承受能力和控制能力。其次，由于汇率一直很稳定，国内外的企业都毫无防备，没有结清外汇头寸。在1986年到1997年间，林吉特的上下波动不超过5%，没人想到它会贬值48%。第三，新兴市场的政府高官们很少有在全球金融市场工作的第一手经验，因而也很难理解市场中潜在的高风险。

随着危机步步深入，马来西亚的净国外投资总额从1996年35亿美元的净流入骤降至1997年70亿美元的净流出。到1998年一季度，其年经济增长率已从上年的7.3%降至-1.8%，降幅为9.1%；股指从1997年3月3日的1277点降至1998年8月28日的302点，降幅高达75%。

在危机初期，马来西亚几乎经历了一个政策瘫痪期。IMF表示愿意提供财务援助，但马来西亚不愿接受附带的限制条件，认为这是对其主权的侵犯。事实上，IMF对印尼和泰国的援助项目附加了条件，强迫两国接受财政缩减政策、高利率以及拒绝“裙带资本主义”的贷款模式。1997年，马哈蒂尔总理在访问智利期间，对该国在外汇管制方面的经验有所了解。随着危机在1998年恶化，他开始深信，外汇管制才是马来西亚走出危机的唯一选择。

1998年7月，马来西亚政府不顾IMF的建议，自行宣布了一项刺激财政支出的项目，当年财政预算赤字3.7%。它还成立了国家经济行动理事会，开始了一个国家经济复苏计划，旨在减少经常性项目赤字，维持财经纪律，控制信贷增长以及强化银行体系。1998年秋，香港政府干预股市，马来西亚也看见了自己插手市场的新机遇。9月1日和2日，马来西亚政府宣布实施资本控制，并将林吉特兑美元比率下调为3.80：1。这些政策就像重磅炸弹，激起IMF及西方世界的一致反对。美联储前主席格林斯潘称之为一个“武断的错误”，因为“现在没收部分或全部外国投资者资本和收益的一个直接后果，就是未来新增外国投资的急剧下降”。这项饱受非议的特殊政策，导致1998年马来西亚的股指下降至历史低谷；时至今日（本文发表于2007年4月2日，指当时——编注），其股指仍未超过1994年的巅峰。但外汇管制让政府重新掌握了对货币政策的主导权，并且为后面的低利率政策铺平了道路。

当时作为一名香港金管局的官员，我不能对此公开评论，但是我将个人想法解释给 IMF 的朋友：如果一个病人正流血不止，又不能获得输血，那么他是否有权绑上止血带自行止血呢？作为一个主权国家，马来西亚有权做任何它认为正确的事情。当然，流血不只是一个症状，更应该追根溯源，探寻病根。因此，马来西亚还必须采取必要的手术或苦口良药来治愈疾病。回过头来看，即便是 IMF 都不得不承认，外汇管制在危机期间确实起到了作用，并且马来西亚也有能力自我修复。

从马来西亚特立独行的危机应对经历中，我们可以得到这样的教训：给予政策建议轻而易举，但是，在危机中评判孰是孰非很难把握。基辛格曾说过，在危机当中，最危险的措施往往也是最安全的。马来西亚实施了一项反正统的政策，却走出了困境，这似乎证明了即便是来自“华盛顿共识”最优秀智库的意见，也不一定正确。

检修“灭火器”

亚洲金融危机恰恰暴露出，IMF这台“传统灭火器”在全新、复杂的多极世界环境下难有作为

最近（指2007年年初。本文发表于2007年4月——编注），IMF（国际货币基金组织）主席拉托总结了各国从10年前那场金融危机中汲取的教训，主要有三个方面：

第一，亚洲各国学会了防范资本市场的崩溃，纷纷转向浮动汇率体系并加强宏观调控政策；IMF也引入了新工具，增加金融资源并更加重视资本流动带来的风险。第二，危机的蔓延极快，且具强烈破坏性，国内不同部门和国家间的相互联系不容小视。IMF已在日常监测工作中引入资产负债表分析，并建立了一致、可比的标准来衡量各国经济的脆弱性。第三，IMF需要更多地聆听成员国的意见。

IMF开始承认，为了避免危机，自身需要作出改变。为了更加透明地运作和增加公众信任，2001年，IMF成立了独立评估办公室，来客观评价它在亚洲金融危机中的表现。该办公室于2003年发表报告，坦诚地分析了IMF在应对印度尼西亚、韩国等国的危机中承担的角色。

关于印度尼西亚，报告指出，IMF意识到当地银行体系的脆弱性，但低估了其严重性和宏观经济所面临的风险。当时，印尼一直无法实施全面的银行重组战略，“IMF未能及早意识到腐败和裙带关系的深刻影响，从而低估了改革将面临的来自既得利益集团的阻力”。总之，IMF没有从政治角度审视危机和改革。

而对韩国，“IMF过度依赖传统的宏观经济变量，因而忽视资本账户自

由化的不平稳发展和银行体系的脆弱程度。由于没有充分利用短期债券和金融市场的数据指标，数据间的差异没有得到充分评估……直到最后一刻，IMF 仍然过于乐观”。

报告正确地提出，印度尼西亚和韩国发生的是双重危机，国际收支平衡表账户的不平衡和银行系统的危机相伴相生。IMF“并没有发出预警信号，因为危机发生时，宏观基本面走势良好，高速的出口增幅，相对稳定的价格，以及财政保持平衡。而此时的银行系统却危机四伏——居高不下的公司负债率，薄弱的公司治理结构，短期外债迅速上升。IMF 多少注意到了这些隐患，但忽视了它们的严重性。植根于私人部门和银行体系的弊病，原不属于 IMF 监测的核心范畴”。

针对 IMF 的另一剂“良方”——高利率政策，报告指出，“三个国家的经验并未表明提高利率将有助于稳定汇率”。这多少印证了斯蒂格利茨的评论——在高杠杆的情况下，抬高利率反而会加重危机。这再一次说明，IMF 没有包治百病的灵丹妙药，需要根据实际情形灵活配方下药。

IMF 的贷款限制要求向来备受争议。针对这一点，报告敦促称，应该区分轻重缓急，而不是提出诸多限制性条款，尤其某些结构性问题，不能操之过急。结构性条款的增加因为触及最高政治阶层的利益，而得不到完全实行。

报告同时指出，为了恢复信心，IMF 必须向公众和市场解释它的行动，否则将会引发公众心理混乱，并且应急行动将收效甚微。

这份评估报告颇具启发性，它在总结中写道，“IMF 在意识到问题后，并未有效履行顾问的职责，劝说成员国修改政策”，“IMF 的监测没有坦率地指出可能的隐患，尤其当牵涉到政府时”。换言之，除非危机爆发，IMF 对政策面难有实质性的影响。IMF 采用的方法使他们很难换个角度审视金融危机，尤其缺乏国家与行业间的危机蔓延渠道和政治经济学角度的分析，不能充分理解政治家和官僚制度的相互作用对政策制定与执行的影响。

上述结论同样适用于马来西亚、泰国和韩国。众所周知，灭火设备应该在火灾发生前——而不是火灾发生时——配备到位，并且要事先训练消防人员如何使用设备。亚洲金融危机恰恰暴露出，IMF 这台“传统灭火器”

在全新、复杂的多极世界环境下难有作为。它究竟该如何定位？

一方面，IMF的大的成员国不希望它扮演世界经济的最后贷款人的角色，认为这将引致更多道德风险；另一方面，IMF的规模相对全球金融市场而言太小了，它目前的资产规模仅为4000亿美元，而且无法从金融市场直接借贷。

那么，IMF的预警和监测功能呢？只有具备执行能力，监测才有意义。事实上，对于不需要贷款的成员国，IMF没有任何约束力，并且只有具备合法地位，执行才有可能。IMF目前的主要成员国——美国和欧盟国家，对于IMF的人事任命和政策制定有很大的发言权。日本尽管也有很多份额，但少了新兴市场伙伴的支持，便无法说服美国和欧盟听取它的建议。简言之，只有大家认为IMF是合理合法或手中握有实权时，才会遵守规则。否则，任何一个全球性机构都将形同虚设。

总之，我们需要的是全球的共识，或者至少是走向达成共识的程序，而目前这些都尚不存在。

印尼：呼啦啦似大厦将倾

苏哈托总统的威权统治实现了国内的长期稳定和繁荣，但这种治理模式下的官员腐败问题日积月累，积重难返，被全球化和金融自由化的浪潮进一步放大

在亚洲金融危机中，印度尼西亚可以说是损失最为惨重的一个，远远超出了泰国、韩国和马来西亚这些患难邻居们。印尼的悲剧在于，它不仅是一次由外部冲击引发的银行危机，还由此产生可怕的政治危机。最终，金融危机与政治动荡、社会骚乱相互加剧，导致各行各业的长期萧条。

自1965年苏哈托通过政变取得总统之位后，印尼经济跨入了长达32年的和平与繁荣的黄金时期。1997年以前，印尼简直就是一个政通人和、经济发展的典范。1990年到1996年，印尼平均年经济增长率高达7.3%，储蓄率达到GDP的32%，失业率仅有3.9%；而且国家财政已略有盈余，经常账户赤字也不过2.3%。

但金融危机使这一良好势头急转直下。因为高通胀和高失业，贫困人口比率从1996年的18%上升到1998年的37%。许多"返贫"穷人缺吃少穿，常常在印尼各地抢劫和掳掠，诱发了不少群体性骚乱。

回头来看，当时印尼经济有三大软肋。

第一，苏哈托的威权统治在过去30年中已经积累了不少弊病。这种军人、技术官僚和大商人团体的联合组阁方式，形成了一种独特的"裙带资本主义"。其中的特权阶层可以通过国有企业或者特许经营，为自己谋取私利，这些都加剧了印尼的财富集中和贫富分化。

第二，金融深化和自由化速度过快。在1988年到1991年的短短三年

内，印尼国内银行数目增加了1倍，而分支机构更是戏剧化地增长了4倍。许多银行依托广阔的政府人脉，在管理人员和技术专家严重不足的情况下，依然不断扩张，盲目放贷。亚洲金融危机充当了压死骆驼的最后一根稻草，结果就是印尼各大银行的巨额坏账节节攀升，许多银行不得不关门大吉。

第三，长期的高利率政策吸引了大量投机性游资。印尼国内的体制性通货膨胀率一直较高，利率水平也长期处在高位。中央银行实行有管理的浮动汇率政策后，印尼卢比和美元的利率差开始高于卢比兑美元的年度贬值率，这就为投机性的利差交易提供了绝佳机会。金融危机前，印尼许多银行就从离岸市场借入美元，然后在国内放贷，赚取投机利润。1996年底，印尼外债比例已达到GDP的54%，外债规模与国内银行业资产总额大致相等。

总体而言，印尼经济体系的主要问题是银行体系和外债因素主导下的双重不匹配：企业借短期债务投资房地产等长期项目，大量借美元而投资本币。当1997年泰铢危机的风潮扩散至印尼时，监管者和市场都误以为浮动利率和灵活汇率制度可以保证印尼自身安然无恙，忽略了隐含的致命问题，结果大错特错。

1997年下半年，投机性游资开始攻击泰铢和印尼卢比，印尼的借款人终于意识到他们存在大量的外币风险敞口，于是开始疯狂地买入美元，试图对冲风险。不幸的是，这时日本和其他外国的银行家也发现了他们在印尼贷款的脆弱性。市场各方都开始大量抛售印尼卢比，随后，卢比兑美元的汇率开始恐慌性下跌。而此时，关于苏哈托总统的健康问题以及未定的接班人的谣言，也开始在市面上兴风作浪，真可谓“屋漏偏逢连夜雨”。

1997年10月，国际货币基金组织（IMF）这个“灭火器”不得不被请出来应急，但IMF专家很快发现，印尼的问题之大超乎事先预料。IMF姗姗来迟的第一笔援助，贷款额度太小，无异于杯水车薪，根本无法维持市场对印尼盾的信心。

一招不灵，一招再上。为了削弱“裙带资本主义”，激进的结构性改革方案被搬了出来，但很快夭折。苏哈托总统随即撤换了央行行长，开始推行汇率新政，但收效甚微，反而造成了高达58%的通胀率。到1998年4月，

IMF又提出了能源和电力涨价的新方案。但随之而来的骚乱事件，不仅宣告了这个新方案的“流产”，也迫使苏哈托引咎辞职。

印尼的经济复苏历程可能是东南亚各国中最漫长的。艰难的银行重组，耗费了这个国家将近50%的GDP。直到今天，危机的社会影响在印尼还未彻底消除，2006年的失业率仍然高达10%以上，而贫困率也在18%左右，居高不下。

印尼的危机经历再一次证明，“国富国穷”的根源在于治理水平的差异。苏哈托总统的威权统治实现了国内的长期稳定和繁荣，但是，这种治理模式下的官员腐败问题日积月累，积重难返，而全球化和金融自由化的浪潮进一步放大了这些问题。一有风吹草动，印尼庞大的经济金融体系就“呼啦啦似大厦将倾”。

从来没有永远的兴盛，也没有永远的衰落，只有永远的因时而变，“变则通，通则久”。面对全球化的局势，一个国家如果不能够及时调整本国的治理模式，下一步将很可能就是经济、金融危机，乃至政治动荡。

香港：非常之时用非常之策

由于有良好的监管和充足的资本，香港强大的银行体系成为香港经济免遭崩溃的重要防护堤

单从经济基本面来看，1997 年的香港似乎不应沦为金融危机的受害者。在当时，与其他几个遭遇危机的经济体相比，香港的经济基础可谓无懈可击。从宏观看，当年香港经济增长 5.5%，财政盈余占 GDP 的 4.4%，几乎没有外债，外汇储备超过 1000 亿美元，居世界第三；从微观看，公司负债比率为亚洲最低，而其银行体系在亚洲最为稳健。

但仔细检视仍可发现当时香港经济存在一些不足。作为国际金融中心，香港受益于巨额外资流入，但也带来金融和房产市场的资产泡沫。这为后来国际游资的攻击创造了机会。1997 年 7 月 2 日，泰国已经发生了危机，香港的金融市场总体依然向好，8 月 7 日，恒生指数更破天荒地达到了 16673 点，房地产市场也欣欣向荣。

10 月 20 日，情况急转直下。新台币汇率当天突然暴跌 6.5%。之后国际投机游资又将矛头转向香港的联系汇率制。国际炒家先在货币市场上大量卖空港币，造成香港银行同业拆借利率在 10 月 23 日一夜之间从 9% 上升到 280%，并引起恒生指数连续暴跌，28 日已跌至 9060 点。大家开始意识到，这个世界上最自由而稳健的经济体可能也将面临严峻的投机冲击。

当时，索罗斯联合其他“金融大鳄”三管齐下冲击香港市场。首先，在货币市场上拆借大量港币，同时在外汇市场上利用远期合约抛空港币；其次，在股票市场上，借入恒生指数成分股票，同时在股指期货市场持续抛空恒生指数合约；最后，大肆散布香港经济不堪一击的谣言，动摇投资

者对港元的信心。

对冲基金的这场豪赌直指香港的联系汇率制度。这一制度事实上设定了一种自动调整机制：只要资本大量流出，香港就卖出美元，以维持港币兑美元的汇率稳定。但问题在于，卖出美元意味着收回港币，香港本地银根就迅速收紧，利率开始上升，这会对香港资产市场造成沉重打击。

国际炒家显然在资产泡沫中发现了这一机会，他们卖空本地股票同时卖出港币远期的双重操作手法，基本上能够两头获利——如果货币当局维护联系汇率制，那么本地股市暴跌，会使投机者在股市大赚一把；如果货币当局任由联系汇率崩溃，那么港币贬值及随之而来的本地股市崩溃更会使投机者在汇市和股市双重获利。

从 1997 年 10 月到 1998 年 8 月初，国际投机者在香港金融市场上翻手为云，覆手为雨。当时有人称香港已成了对冲基金的“超级提款机”。适时，亚洲其他地区危机日渐深化，处处风声鹤唳，香港本地最大的投行百富勤也已破产。多重冲击之下，香港遭受不小的创伤，到 1998 年夏天，资产市场价格已经跌去了一半，而失业率翻倍达到 5.5%，GDP 下跌 5%。

值得庆幸的是，由于有良好的监管和充足的资本，香港强大的银行体系（本地银行资本充足率高达 18%，坏账率只有 3.7%）成为香港经济免遭崩溃的重要防护堤。资产泡沫之前，银行已将房地产按揭贷款的杠杆率从七成降到五成，建立香港按揭证券公司也增加了银行流动性。从 1997 年 7 月起的 1 年内，外资银行迅速从香港撤走了 1230 亿美元，但香港银行体系基本上仍能够维持不错的流动性。

1998 年 4 月，香港特区政府及时地对金融市场的状况进行了详细评估，认为香港经济基本面良好，那么真正造成经济波动和联系汇率制动摇的原因就在于市场对香港的信心。因此，其反击策略一开始就非常清楚——维持市场信心。

1998 年 8 月初，国际炒家对香港发动新一轮进攻，恒生指数一度跌至 6600 点。随后，特区政府全面反击，从 8 月 14 日到 8 月 28 日，特区政府开始大举买入恒生指数的 33 只成分股。特区政府从股市、期市、汇市同时介入，陆续动用了 150 亿美元。特区政府纷繁复杂的反击技术其实非常简单，那就是：在市场不稳定时，中央银行要充当最后贷款者，源源不断地注入流动性，以恢复市场信心。通常，中央银行是通过债券市场来调控流动性，特区政府这次行动的不平常之处在于大量买入蓝筹股。这一非常之策取得了一石多鸟的效果。

一方面，外汇基金的投放很快平抑了对港币的恐慌性抛售。另一方面，流动性的注入使市场利率大幅下调。1998 年 8 月 28 日是许多期货合约的到期日，尽管对冲基金拼力一搏，但股指依然保持高位，港币亦岿然不动，市场利率也回到 1997 年 7 月的水平。在这次险象环生的攻防战斗中，香港特区政府取得了最终的胜利。

尽管这次非传统的入市干预行动在当时遭到了世界乃至香港舆论的广泛抨击，但正是这“完美一击”使得香港最终跳过了“一夜回到十年前”的经济深渊。这次香港保卫战的重要启示就是：非常之时需用非常之策，危急时刻，最大胆的行动反而可能风险最小。

中国：幸运属于勇敢者

1997年亚洲金融危机中决定不贬值，并实行盯住美元的稳定汇率政策，迫使中国进行结构性调整、税收制度改革、对国有企业进行重组，对银行的改革也提到日程

上个月（指2007年5月，本文发表于2007年6月——编注），英国《金融时报》的一篇社论谈到，1997年亚洲金融危机的原因，在于东南亚国家出现的新的庞大竞争者——中国，有几乎无限的生产能力，可以比别人低的价格进行销售。社论认为，亚洲金融危机的真正教训在于，中国的崛起意味着东南亚国家永远不可能在危机之后得到完全恢复。

对亚洲金融危机的解释通常有两种版本，要么指责受灾国家内部有问题，归咎于内因；要么认为是全球结构失衡引起，归咎于外因。危机往往并非单一因素引起，而是由内外因相互作用和共同影响，最终导致危机发生。中国在危机中确实扮演了一个引人注目的角色，但那是正面的角色，而不是相反。

认识问题往往需要在更广阔的图景中理解和获取事实的真相。危机之前，中国的经济规模并不大。1996年，中国的GDP仅占日本的四分之一，略大于"东盟+韩国"的五分之一；但"东盟+韩国"的出口是中国的2.8倍，是日本出口的四分之一强。危机爆发前，东盟和韩国已是成功的经济体，东亚经济群已经成为全球制造业供应链，而中国只是其中新兴的重要成员之一。

亚洲实行两个货币准则（美元和日元），这造成了亚洲经济网络的脆弱性。如果只有一个货币准则，亚洲这个供应链就是稳定的，这个准则就是

美元，因为美国是全球的最主要消费者。日本是供应链的“头雁”，如果美元和日元关系不稳定，压力就会传导到整个供应链。1994 年中国汇改之后，大部分亚洲货币都开始盯住美元，日元却独树一帜，任由汇率大幅波动，埋下隐患。强日元造就了东亚其他国家的繁荣，弱日元则有利于日本的增长，因为强日元意味着更多的生产、投资和出口转移到东亚其他国家，而弱日元则相反。

亚洲供应链的成功，是因为有日本先进的技术、其他亚洲国家便宜的劳动力和美国庞大的消费市场。1994 年北美自由贸易协议生效之后，墨西哥和其他拉美国家由于货币贬值，已开始增加对美国的出口。日元对美元也开始贬值，日本的出口重新转移回本国，中国的竞争也开始出现。但在那时，东南亚国家已经变得自满，同时，由于巨额资本流入和经常账户出现赤字，资产泡沫在 1996 年至 1997 年间已经形成，消费和进口的增长已超过出口的增长。最终，东南亚各国“短期借入，长期投资”和“贷外汇（美元或日元），投资本币”的双重错配导致了危机的发生。

中国崛起只是故事一角。效仿“雁行”模式，中国经济开始起飞，但中国之所以在危机中安然无恙，得益于两个因素。

——与遭遇危机国家不同，中国的资本账户有严格管制，游资很难对人民币进行攻击。实行了谨慎的对外金融政策，严格限制外债的规模，1997 年中国的外债只占 GDP 的 20%，大部分外汇敞口不是短期贷款，而是长期外国直接投资。

——中国在危机中扮演了一个负责任的大国角色，承诺人民币不贬值。这就避免了遭遇危机国家的新一轮货币贬值，尽管中国这一决定在当时并非没有风险。

幸运属于勇敢者。不贬值的决定和盯住美元的稳定汇率政策迫使中国进行结构性调整、税收制度改革、对国有企业进行重组，对银行的改革也提到日程。最终，中国在危机中进一步提高了生产率。

东南亚国家银行体系的崩溃以及由危机引发的政治不稳，导致出口迅速转移到中国。中国承诺人民币币值稳定赢得了国际信任，加上便宜的劳动力和国内巨大的市场，中国获得了巨额的外国直接投资。1997 年，中国吸引外国直接投资430亿美元。尽管人民币不贬值，但由于提高了生产率，中国出口仍保持了竞争力。

稳定的汇率政策固然是个约束，导致结构性的改革和重组的短痛，却可换来长期的竞争力。当然，更有弹性的汇率政策有利于经济体应对外部的冲击。但是，如果每个国家都一起贬值货币来解决短期竞争力不足，就会造成类似20世纪30年代各国同时贬值引致的全球通缩。

直到今天，亚洲金融危机对中国仍有诸多借鉴之处。中国正经历新一轮的固定资产投资快速扩张，资产价格压力初现，企业杠杆率居高不下，一些公司治理和公共治理的传统难题仍未解决。这些问题正是其他亚洲邻居曾经遭遇过的。

危机的根源在于，遭遇危机的国家在经济全球化时未能管理好自己的风险。亚洲从全球化中受益匪浅，但也应该对全球化的风险有更多认识，正如全球也应该对亚洲的风险有更多的认识。因为自己的危机而去简单指责外部世界是不正确的。

风险管理是国家治理的一部分。亚洲金融危机对中国最大的启示是：一定要构建起国家层面的风险管理框架，既从宏观上审视全球化风险，微观上（包括个人、企业和政府）也必须更好地理解各种风险及相互作用。这也是治理的技术问题。

裙带资本主义之祸

在金融全球化的时代，一个国家如果不能够快速建立全面配套的治理体系，即便只存在一两块“短板”，也容易遭受比过去严重得多的惩罚

亚洲金融危机爆发后，被视做罪魁祸首的“裙带资本主义”（Crony capitalism）开始成为媒体和学者们的一个时髦词汇。它还有许多别名，如“关系资本主义”“权贵资本主义”等。这个形象而含混的说法，在一定程度上生动刻画了一种亚洲特色的资本主义，它与盎格鲁—撒克逊式的自由资本主义似乎存在天壤之别。在日本、韩国、马来西亚等东亚和东南亚国家，政府官员和商人团体长期保持着一种互惠共赢的密切关系。这种模式在实现高出口、高增长的同时，也不乏腐败、关系、袒护、政治献金、内幕交易和垄断等降低效率的现象。

通常对裙带资本主义的最大批评，莫过于它造就的利益集团对社会福利的侵蚀。一旦既得利益者发现自己行动的成本由全社会承担，道德风险就会发生。具体而言，大企业集团往往过度负债、盲目扩张；为企业融资的金融中介，也没有动力进行有效的风险管理。国有企业和金融机构一起失去控制的后果，就是在金融危机发生时，即使像韩国这样的亚洲第二大经济体，也无法负担企业部门似乎突然涌现的巨额外债——最终企业破产蔓延成为国家破产。

裙带资本主义固然应该受谴责，但它并不是金融危机的唯一成因。作为更具建设性的批评意见，理应客观仔细地分析：为何裙带资本主义是亚洲各国公共治理与公司治理演进中不可避免的一个阶段？

其一，资本主义的亚洲变种在金融危机前30多年一直运转良好。正如新加坡内阁资政李光耀指出的，目前备受指摘的裙带资本主义的“原罪”，自20世纪60年代亚洲经济奇迹开始时就同步出现了。其实，裙带资本主义并非亚洲独有，美国在19世纪不是也有许多“强盗式资本家”，利用金钱和游说对政治家的决策施加巨大影响吗？问题的关键不在于有没有裙带关系，而在于这种关系亲密到什么程度，是否扼杀了商业竞争，降低了社会效率。

其二，对于一个刚刚起步的经济体而言，当资源、技术和企业家都极度匮乏之时，政府官僚们主动出击去寻找成功的企业人士，帮助国家实现发展目标，完全不足为奇，其好处是相互的。那些急欲开发新产品、投放新市场的企业家面对巨大的市场风险，当然很乐意政府出面协助克服资金和销路等难题。可以说，东亚奇迹的制度逻辑基础，就是深谋远虑的官员和富于冒险精神的企业家互担风险、共享利益的发展战略。这曾经造就了东亚经济异乎寻常的成功。但时间一长，这种特殊的利益机制开始助长这些既得利益群体滥用特权、排除异己、腐化沉沦，最终使得许多中小新创企业被屏蔽在发展大门之外。

裙带资本主义仅仅描述了亚洲发展模式痼疾的表面。事实上，即使在最发达的西方国家，目前也依然存在“政府与商界的不良结合”；裙带资本主义在某种程度上是一个世界性的现象。

在经济起飞阶段，“官商合作”的优势显然要远远超过良好治理的功效。但是，面对贸易全球化和金融自由化的新局势，亚洲地区这种传统的关系型发展模式已经难以为继，必须革故鼎新。这也正是经济发展的经典难题——过去成功的制度不能保证未来仍然适用。亚洲金融危机再一次说明。

治理结构因素的重要性，也可以从亚洲另外两个经济体截然不同的境况得到验证。中国香港和新加坡都是亚洲地区经济自由度和外资依赖度极高的经济体。在金融危机扩散时期，当其他国家如“多米诺骨牌”纷纷倒下时，它们两个却损伤不大，逃过此劫。这种与众不同的遭遇，正是得益于它们良好的基本面和有弹性的金融市场。它们也是最早全面实现生产制造、监管和透明度方面与国际标准接轨的经济体。

在全球化时代，检验一个经济体稳健与否，不仅要看其是否能实现可持续增长，还必须考虑其抵御外部冲击的灵活性和弹性。后者并非从天而降，恰恰是需要一国或地区的政府有意识地改善治理结构来逐步培植。而这一方面，正是一度辉煌夺目的亚洲发展模式的核心弱点所在。

在良好治理尚未形成、经济弹性依然不足的情况下，亚洲各个经济体却迅速放松金融管制、敞开大门欢迎国际资本，可以说这也正是亚洲奇迹大逆转的开始。换一种视角来看，20 世纪 90 年代末发生的这一幕悲喜交迭的正剧，对亚洲地区未尝不是一件因祸得福的好事。

危机迫使亚洲各经济体都开始反思和寻找更为平衡的发展模式，那就是：在保持经济高增长的同时，更重视执行会计制度与透明度的全球标准，建立良好的公司治理结构，构造公平的监管和法律框架，培育良性有序的行业竞争格局。

从“亚洲工厂”到“亚洲服务”

应对金融危机的正确做法，不是从投资依赖转向消费驱动，而是发展服务业

刚刚从距广州30多公里的顺德回来。那里曾经是秀丽的僻静乡村，今天已变成繁华的工业区，工厂林立，高速公路四通八达，可以说是整个亚洲经济的缩影。在过去几年间，亚洲各地建造越来越多的工厂，生产出廉价的产品，然后出口到发达国家。但是，随着金融危机逐步扩散到亚洲，亚洲人在担心，出口会进一步下降到什么程度。

近几十年来，出口一直是亚洲经济增长的引擎。早在19世纪，日本就首先认识到，如果国家的出口大于进口，就可以用赚取的外汇去购买国外先进的机器设备和生产技术，然后更好地参与国际贸易竞争。随后，一些日本学者率先提出了“雁行理论”（flying geese theory）：当某一经济体的生产成本条件改变时，某种制造业就会被迫转移到成本相对低廉的发展中经济体，整个产业迁移过程就像大雁在结队飞行时所呈现的“V”字形。具体到亚洲，日本作为“领头雁”，是最先完成工业化的经济体，然后是“亚洲四小龙”（韩国、中国台湾、中国香港和新加坡），接下来，产业链又进一步转移到“亚洲四小虎”（马来西亚、印度尼西亚、泰国和菲律宾）。

到了20世纪90年代，中国内地也成为全球供应链中的重要一环。目前，东亚集中在纺织品、电子产品和消费耐用品的生产上，印度逐步在IT软件服务方面成了全球供应链的一部分。

出口导向型制造业的成功，一方面，使得许多亚洲国家逐步积累财富，最终富裕起来；另一方面，人们也发现，持有大量美元却隐藏着不小的风

险。事实上，财富已体现为一张张纸币，它们可以在一夜之间大幅贬值。财富货币化的过程使我们变得更脆弱，而不是更安全。这就是说，当亚洲国家为了推动出口、赚取外汇而砍伐森林、破坏环境、污染河流，并最终因环境恶化而付出高昂的医疗费用时，换回来的只是一堆随时可能贬值的纸币。

英国《金融时报》已经发表了各类文章，思考资本主义的未来。那么，亚洲人是不是也应该在欧美客户深陷危机之时，深入思考一下亚洲供应链的未来呢？许多刚刚摆脱贫困的亚洲人不大可能成为大哲学家——他们更加关心自己的饭碗和孩子的教育。从整个亚洲来看，我能感觉到农村民众的不满。他们的孩子到城市寻求生计，有的却成为性工作者，有的则沉溺于吸食毒品。另一个侧面是，在许多亚洲城市，新建的大厦有着罗马风格的柱子和镀金的法式家具，不少公寓和旅馆看起来都像是世界顶级设计师菲利浦·史塔克用钢铁和玻璃设计出来的杰作。

虽然亚洲的中产阶级都向往拥有美国流行电视剧中那些千万富翁的大房子，但是，很显然，中国和印度的23亿人再也不可能享有那种生活方式。因为如果都像美国人那样生活，恐怕全球的资源早已枯竭。一项最新调查结果显示，如果亚洲的汽车和西方国家一样多，石油价格将不会是目前的每桶50美元（指2009年5月中旬的价格——编注），而会达到创纪录的每桶200美元左右。由于石油等各种原材料，在总体供应上仍然存在诸多瓶颈因素，如果不能运用市场手段和宏观经济政策对价格总水平加以有效引导，让人忧心的通货紧缩，就很容易转化为让人更加担忧的通货膨胀。

历史告诉我们，无节制的消费是在浪费我们自己有限而宝贵的储蓄。消费本身没有对错之分，但是，我们必须以一种生态上、财务上可持续的方式来消费。因此，当前，亚洲各国应对金融危机冲击，保持经济平稳较快增长的正确做法，不是从投资依赖转向消费驱动，而是要从那些消耗大量资源、产生污染的加工生产制造工业，转向发展高质量、低消耗的服务业。

粗略而言，服务业属于劳动密集型和知识密集型行业，它不仅能创造更多的就业机会，而且资源消耗较低，带来的污染也较小。我们改善健康和教育的服务质量，增加媒体和娱乐产业的供给，这样，并没有破坏环境，却强健了身体、丰富了精神生活。概言之，我们不能为了增长而增长，而是要在不破坏脆弱的生态环境的前提下，逐步提高生活质量。

不过，发展服务业并不能够一蹴而就，同样存在诸多先决条件。以欧美相对成熟的金融服务业为例，从本质上说，泡沫破裂涉及数量过度增长和价值过度下跌的问题。银行业在创造货币和信贷的同时，却忽视了人们更关心的其实是生活品质和诚实正直的价值观念。因此，要发展服务业，就必须具备诚实的价值观，就必须关注人类社会的生存状态。

人类所能创造出的最有价值的东西，应该是相互信任，以及为我们的家庭、国家和环境服务。真诚的信任和优质的服务，才会带来真正的双赢。不恰当、无节制地生产和消费，只能导致零和博弈，最终败坏的则是整个地球。当人们失去赖以生存的家园时，没有赢家。

日本资产泡沫警示

房地产泡沫就像房间里的大象——没有单独的政府机构监管，分离的货币政策和监管措施严重低估了房地产的重要性

国际上争议人民币有没有被低估，而中国真正担心的是，在人民币升值后，“广场协议”给日本带来的灾难性后果是否会在中国重演。

从 1985 年签订“广场协议”开始，日元对美元汇率从 240 ： 1 上升到 1995 年的最高值 80 ： 1，随后又下降到 1998 年的 147 ： 1。然后日美联合抑制日元贬值，阻止亚洲金融危机进一步恶化。

在那期间，日本严重的资产泡沫破灭，股市下跌超过 80%，房价下跌 60%，银行系统的危机用了 10 年才完全消除。日本政府债务高达 GDP 的 200%，是经济合作与发展组织（OECD）成员国中最高的。日本经济在近 20 年中几乎没有增长，而利率一直接近于零。

很多国外分析人士认为，中国的银行系统最近一年新增信贷接近 GDP 的 40%，由于乘数效应使货币供应量的增加达到 GDP 的 180%，所以中国现在也面临类似日本的泡沫破灭的危机。

那么，如何辨别事实，如何正确分析这个问题?

在 20 世纪 50 年代到 70 年代，日本经济高速增长，资本迅速积累，资产高度货币化，房价也不断上涨，和中国现在的情形很相似。

令人惊奇的是，日本的高度货币化并没有导致通货膨胀，所以在到达 1989 年泡沫顶点时，日本央行仍然不愿意提高利率。

另一方面，和美国次贷泡沫一样，日本没有足够的监管举措，阻止银行贷款给房地产。

太平洋投资管理公司的日本分析员光洋大关（Koyo Ozeki）于2009年12月写的报告很有启发性。他发现，在1985年至1990年间，占GDP近40%的银行贷款进入了日本房地产市场。其中，大部分贷款进入了商业地产，个人住房贷款只占贷款总额的20%。

他还作了三个国家之间的比较：日本（1985年至1991年）、美国（2000年至2007年）和中国（2003年至2009年）。在此期间，日本和美国经济增长约3%，而中国增长10%。中国和美国的房地产泡沫约是实际价值的2倍，而日本则达到5倍。

他认为，由于中国“需要大量新的住房以满足新的生活水平；要使房屋供给满足需求，可能需要较长时间”。“在可以预见的未来，增加房地产的贷款不会给金融系统带来威胁”，但“快速增长的贷款可能导致未来的坏账增加”。

那么，日本政策犯了什么错误，我们可以吸取哪些教训？

日本衰退最显著的特点是，它用了很长时间才使银行系统稳定。从1989年泡沫破灭，到政府被迫向第一个严重的破产银行提供财政援助，以避免银行系统崩溃，期间整整用了8年。

在日本央行工作过的博中祖（Hiroshi Nakaso），在2001年为国际清算银行写的分析报告中认为，这部分归因于没有人明白损失的严重程度，因为有大量的资产重组。野村证券首席经济学家辜朝明（Richard Koo）称之为“资产负债表的通缩”。

没有人明白，房地产泡沫会对银行系统资产负债表的影响有多大。我曾经说过，房地产泡沫就像房间里的大象——没有单独的政府机构监管，分离的货币政策和监管措施严重低估了房地产的重要性：公司和银行贷款的抵押品，以及地方政府的收入和家庭的财富。所以，当房地产泡沫破灭时，对家庭、公司、政府和银行带来的损失是巨大的，但是在会计上确认还需要一段时间。

光洋大关2008年发现，日本政府在很长时间后才意识到资产通缩，因为大多数人认为利率降低之后房价会回升。日本的银行通过持有公司股份，而具有大量潜在利润，因此大家认为他们能够承受资产损失。但是银行卖出的股票越多，股市价格就越低，这造成公众信心急剧下降，公司增长放缓。银行累计的坏账高达 GDP 的 25% ~ 30%，这还不包括已注销的占 GDP20%的坏账。

没有人知道，日本房地产泡沫究竟有多大。次贷危机前，美国房地产市场与 GDP 的比值是 225%。假设日本 1989 年也是这个比值，房价下跌 60%，那么财富损失就高达 GDP 的 130%。

因为这些是商业地产，大多数损失都由公司承担，无法负担损失的公司就把坏账转移给了银行。考虑到银行资本金不超过 GDP 的 10%，那么日本银行系统无法自己解决坏账问题，而不得不求助于政府财政，也就不足为奇了。

第四章
反思全球经济危机

与前一辑相比，本辑叙述的成分淡化，而思考的味道更加浓郁。

在这里，作者痛心地指出了旧商业模式的破败，为许多国家饮鸩止渴般的零利率政策把脉，无情地揭下“金融工程”的画皮，正告世人：勒紧腰带为时务。换言之，世界不可能回到从前，时代变了。

引人入胜的是，作者在揭示泡沫产生机理时，舍弃了理论上的坐而论道，张开了想象的羽翼。他虚构了一个香蕉王国，由一个金融工程师做派的猴子，游说励精图治的君王，“空手套白狼”般地制造了繁荣的景象。泡沫最终自然破灭了。作者一篇犹嫌不足，陆续写了多篇猴子的故事，可成一个系列。

对照现实，读者也许会惊悚：这个王国与今世何其相似？都说人在进化，但直到21世纪，人类的伎俩与灵长类“同族”其实无异。作者掷笔时，难免浩叹：猴犹如此，人何以堪？

尊重“不可能三角”

“不可能三角”的本质含义就是鱼与熊掌不可兼得。面对目前的经济迷局，何不以静制动？

我刚在河内参加了一个关于新兴市场的国际会议。最近越南的经济不容乐观，通胀率高达25%，年信贷扩张增幅超过50%，经常账户赤字超过GDP的10%，而股票市场已从峰值下跌超过50%（本文发表于2008年8月，指当时的情形——编注）。我认为，越南目前面临的经济困境和政策难题，其实和10多年前东亚诸国遭遇的“不可能三角”如出一辙。

这里所说的“不可能三角”，是诺贝尔奖获得者蒙代尔教授早在20世纪60年代就提出来的一个国际经济学理论。其基本思路是，一个经济体不可能同时实现以下三种政策/制度选择——固定汇率制度、资本自由流动和独立的货币政策，而只能选择其中的两项。

在亚洲金融危机爆发以前，日本之外的亚洲经济体基本上都实行联系美元的汇率制度，但与此同时，一些亚洲经济体在金融自由化过程中，迅速放松外汇管制，并尝试实施独立的国内货币政策（如上调国内利率至高出美国利率水平）——这完全是对“不可能三角”的挑战。其结果就是大量的“热钱”源源不断流入国内，造成本国股市和楼市的泡沫。

换句话说，“不可能三角”意味着：如果一个国家放任资本自由流动，那么，该国就只能控制本国利率或者控制汇率，而不可能两个同时控制。进一步来说，如果一国的央行试图控制利率，那么，汇率就必须根据资本进出水平做出自由调整；反之亦然。

但是，资本自由流动对一些小经济体而言意味着很大的难题。巨额的资本流入很容易造成本国的资产市场价格暴涨，并超出本国监管部门的控制范围。这就是全球化的代价。如果世界各国都放弃外汇管制，那么，从理论上说，资本自由流动、寻求套利的结果，就是同样的商品应该具有基本相同的价格（暂不考虑交易成本）。

现实情况是各国仍然存在程度不同的外汇控制、税收、交易成本和风险因素，这些因素使得全球价格不可能收敛到相同水平。尽管如此，这些理论思考还是有助于我们理解当今世界各国面临的经济难题。目前，货币政策和财政政策都是由各个国家来单独执行的，不存在全球统一的货币当局来负责全球通胀和货币稳定性的协调。

从1990年到2004年左右，全球的贸易和金融市场增长势头强劲，而通胀率维持在较低的水平。这一状况从2005年左右开始逆转。

由于新兴市场国家的经济发展和大量投资，全球经济的供求状况接近平衡。石油价格和其他大宗商品价格直线攀升，全球贸易条件在过去30年间首次朝着有利于大宗商品生产国的方向调整，全球变暖改变了食品供给。同时，由于美国的经常账户赤字巨大，美元作为全球主要的通货，看起来被明显高估了。

在这种状况下，全球各国货币当局仍然实施相对宽松的货币政策，忽略了实体经济已经传递出过热信号。许多小经济体的资产市场价格暴涨，而信贷扩张水平也高得离谱。全球贸易条件开始调整。产油国和大宗商品出口国意识到，它们正在出售不可替代的石油和大宗商品，换回不断贬值的纸币。于是，石油和大宗商品价格调高也就在情理之中了。再加上许多市场的杠杆率已经失去控制，最终，全球性的泡沫以次贷危机为导火索开始崩溃。

在我看来，“不可能三角”的另一层含义就是价格、数量和制度风险之间的三难权衡。一国政府能够控制本国的价格和数量（通过储备、外汇管制、战略储备等），但从全球来看，价格和数量都超出了任何一国政府的控制范围，因为资本流动会对此做相应调整。当马来西亚和印尼试图补贴国内的油价时，逃税走私活动就泛滥起来。如果要同时控制价格和数量，那么，相应的风险就是国内的机构可能经受不住外部的冲击，这就是我们在小经济体中看到的情形。

上述分析对于普通投资者意味着什么呢？现在，全球经济似乎有进入滞胀的趋势：一方面，石油价格节节攀升，造成全球性的物价指数上涨；另一方面，实体经济增长开始下滑。可能正是需要实体经济的衰退来最终刺破物价上涨的泡沫，这种周期性的调整对各个投资者而言都是一个痛苦的过程。

在这种形势下，就连“股神”巴菲特的伯克希尔—哈撒韦公司的股价也已经从相对高位缩水20%。对一般的投资者而言，当整个市场走低时，要想躲过冲击就尤为艰难；这也就是熊市时“现金为王”的道理所在。如果你实在想要买点股票，那么，可以看看那些能够很好对冲通胀的公司股票。

回过头来看，“不可能三角”的本质含义就是鱼与熊掌不可兼得。面对目前的经济迷局，何不以静制动？留得青山在，还怕没柴烧吗？

检视巨头之死

生死存亡之秋，管理尤为重要，关键要及时识别损失，断臂求生，保住核心竞争力

今年3月14日那个周末（指2008年3月14日，本文发表于2008年6月——编注），摩根大通宣布以每股2美元的价格收购美国第五大投资银行贝尔斯登。贝尔斯登的遭遇，让我想起了1997年香港本土最大的投资银行百富勤的破产，它们都倒在金融危机之中。

百富勤曾参与香港市场上众多举足轻重的并购活动。此后，百富勤先后进入债券交易和企业融资市场，并进军印尼等地。然而，就在印尼，百富勤犯了一个严重的错误——他们决定为一家名为“Steady Safe”的出租车公司提供短期过桥贷款。该公司的名义股东是总统苏哈托之女。贷款到期日在1997年下半年。他们原本计划让这家公司迅速上市，就能够顺利收回贷款。但到了1997年下半年，亚洲金融危机让这家公司的上市计划泡汤；加上印尼盾的大幅贬值，百富勤的贷款也因此无法收回。最终，百富勤破产倒闭。

百富勤违背了现代金融业的一些基本原则，它没能保持合理的资产配置结构，对业务所涉风险的尽职调查也不太充分。最重要的是，其在印尼的单笔贷款规模太大，超过了资本金；当这笔贷款收不回来时，资本金就被消耗殆尽，企业也就不得不以破产告终。

与百富勤的倒闭如出一辙，贝尔斯登也是此次次贷危机的牺牲品。有着80多年历史的贝尔斯登是华尔街老牌投行，其传统的投资银行业务和股票交易业务实力雄厚。由于过度从事衍生品交易，到危机前夕，贝尔斯登

表内业务的杠杆率达到30多倍，这还没有计算其表外资产。2007年7月，贝尔斯登旗下的两只对冲基金因投资次级抵押债券产品损失惨重，但它却没有及时补充资本金。于是，对冲基金等机构纷纷从贝尔斯登抽走存款和保证金，使其流动性迅速枯竭，贝尔斯登不得不向美联储紧急求助。2008年3月，在美联储的贷款协助下，这家投资银行最终被摩根大通收入囊中。

在贝尔斯登倒闭仅仅4个月后的7月中旬，同样在一个周末，美国政府又宣布救助美国两大住房抵押贷款融资机构——房利美和房地美，它们是美国政府支持的3A级公司（尽管已完全私有化），为近5万亿美元的住房按揭贷款提供担保，占据美国住宅按揭市场40%的份额。

虽然它们并没有直接参与次贷业务，但鉴于目前美国房地产市场价格不断下跌，如果美国的房地产市场继续下滑，这两家巨型机构将会面临更加惨重的损失。值得庆幸的是，2005年，美国监管当局就已经迫使这两家公司纠正了它们的会计违规行为，并要求其补充更多资本金，使它们在2006房地产市场高峰期没有过度发放贷款，相对降低了风险头寸。目前，这两家机构已被政府接管。

从理论上讲，政府为私营机构埋单，会产生严重的道德风险，但在当前市场危机的情况下，美国政府必须为所有的对美国金融系统稳定起举足轻重作用的机构提供融资，承担最后贷款人的角色。

无数惨痛的事例表明，在金融危机中，多家有着悠久历史且声名显赫的金融机构，因为经营不善而纷纷倒闭、被兼并或国有化。我们能从中吸取什么样的教训呢？可以看出，存在一条“不归路”。

首先，低利率环境会使金融机构倾向于提高财务杠杆率，扩大负债规模；其次，高杠杆率导致的高风险，在泡沫初期并不会立即显现，相反，高杠杆率初期会产生高利润，进而推高公司股价，这样，公司管理层会倾向于更高的杠杆率，冒更大风险，形成恶性循环；最后，不断提升的杠杆率，会加剧金融机构的资本充足率和流动性压力，市场对风险溢价的要求也随之增大，流动性就会更加紧缩，反过来又会加大风险溢价。

这种恶性循环最终会导致资产价格下跌，衍生产品价格由于较高的杠杆率甚至会加倍下跌。最终，人们纷纷抛售泡沫资产，转而购买流动性好、信用等级高的资产。危机总是出现在边缘地带，但很快会威胁到中心。

因此，生死存亡之秋，管理尤为重要，关键要做到及时识别损失，断臂求生，最终保住核心竞争力。

经济状况好时，人们会买很多东西，甚至是一些没必要的东西，因为可以分散风险，购买者也能够承担这些风险。但当面临绝境时，就必须集中精神，尽量发挥长处，避开短处，保持核心竞争力。仔细研究公司在市场逆境时的行为，会发现有些公司行为失当，不断卖掉最优质资产，以应对流动性和资本金的不足。而那些富有智慧的公司，会在逆境中反复检讨自己的经营战略，为市场行情的转变做好充分准备。它们会让自己瘦身，以保持核心竞争力，甚至敢于逆市低价购买优质资产，从而变得更大更强，展示了非凡的远见和决心。在市场混乱时，能够全身而退的就是大赢家。

静观国有化之果

新的半国有化银行体系意味着什么呢？它们将运行得更像公用事业机构

前一段时间（本文发表于 2008 年 10 月——编注），我在美国参加了 2008 年国际金融学会年会和世界银行等组织的几场研讨会，经历了有生以来最难忘的一个周末。这个周末让人恐慌之余，又略有振奋。

周五和周六两天，知名教授和银行家们都处于恐慌和绝望之中，讨论着这次自 20 世纪 30 年代以来最严重的金融危机。大家对当前领导力的缺乏提出了许多批评，在时间如此紧迫之时，欧洲仍不能统一行动。当时，大多数人都觉得，保尔森将 7000 亿美元援助计划集中在购买不良资产上是行不通的。但是，我随后就听到法国财政部长 Christine Lagarde 女士用流利的英语告诉大家，飞回巴黎后，她将如何促使欧洲人采取共同行动，并告诉银行家们不要绝望。

官员们意识到，周一开市前，政府必须传达一个强烈信息：有个计划可以让大家不再恐慌。星期天，我听到一位美联储高级官员果断地告诉银行家们，美联储将尽一切必要努力来保持银行间市场开放。

在一个集中了许多资深银行家的研讨会上，我发现没有几个亚洲人。日本人礼貌地提醒美国，他们是如何处理 10 年前的危机的；拉丁美洲人为他们受到危机侵袭，导致货币贬值和股市下跌而懊恼；欧洲人表示，他们的程序可能较慢，不过，仍能处理自己的问题；美国教授们则为保罗·克鲁格曼获得诺贝尔经济学奖而兴高采烈，但是，每个人仍担心着美国经济。

周二上午，《华盛顿邮报》的头条新闻是：“美国迫使九家主要银行接受部分国有化”；与此同时，《今日美国》宣布，道琼斯指数上升11%，为“史上最大反弹”。一些基金经理说，这个熊市中的反弹是个卖出机会，而不是买入的时机。但是，对于长期投资者而言，如果可以确认底部，这可能是个一生难遇的投资机会。

我们是怎么陷入这场混乱的？每个人都归咎于次级抵押贷款，它提供给没有还款能力的购房者。然而，我发现，真正的问题是美国抵押贷款合同里的无追索权条款。这意味着，如果不能负担抵押贷款，购房者可以放弃房子，银行将出售它；但是，如果房价低于抵押贷款，银行就要承担其中的损失。这鼓励购房者选择违约退房。银行大量出售违约回收的房产，又会导致房价进一步下跌，致使损失更多。这个恶性循环将持续到房价停止下跌为止。

顶尖经济学教授们都在说，贪婪和恐惧如何将我们带到这一步。但是，人们容易忽略的是，并不是大街上普通人的贪婪和恐惧把我们带入危机，而是少数华尔街人造成了今天的恶果。2008年10月的金融恐慌，将像1929年10月29日的“黑色星期一”那样被铭记。它将改变至少一代的政治进程。当保尔森救市计划送到国会时，政府以为计划可以快速得到批准；但是，结果却相反，愤怒的反对者否决了第一个提案。美国广大的普通劳动者认为，这种拯救说穿了就是“大人物在帮助他们的朋友们摆脱困境”。美国最大的工会组织劳联—产联（AFL-CIO）主席John Sweeney说：“现在只有一件事情可以确定，那就是，任何人，无论是政客、投资银行家、电视评论员还是经济学家，都再也不能面无表情地告诉世人：在美国，所有问题都会由市场自行解决。”

政治上对华尔街的强烈反对将会是巨大的。2008年2月，美国CEO平均年薪为1880万美元，增幅为20.5%，同期GDP增长却低于3%。不要忘记，安然公司的崩溃导致了严厉的萨班斯—奥克斯利法案的产生，用来整顿公司治理结构。具有讽刺意味的是，此次金融危机的产生根由，已经不是某个公司好像安然那样玩弄金融衍生工具和SIV（特殊投资公司）来隐藏利润，而是整个美国金融业在玩弄表外杠杆和衍生工具。

下个定时炸弹，可能是目前具有55万亿美元规模的CDS（Credit

Default Swap，信贷违约掉期）市场，其规模大于全球 GDP 的总和。据说，美国国际集团（AIG）担保了价值 4400 亿美元的这类合同。如果 AIG 倒闭，大批作为 AIG 交易对手的其他金融机构也将随之崩溃。

在欧洲和美国，新的半国有化银行体系意味着什么呢？它们将运行得更像公用事业机构，好像供电和供水公司。它们将因为保证支付系统正常运行和向公众提供信贷，受到严厉监管。这意味着它们的杠杆率不可能再高达 30 倍（如果将表外杠杆计算进去，雷曼的杠杆率可能超过 50 倍）。银行利润相应将大幅减少。政府注资，也意味着现有的股东权益将被稀释。如果政府购买了所有的优先股，现有股东将变成第一个承受损失的人。另外，红利支付也会被大幅削减。

我们正处在艰难时期，如何在熊市中投资的确是一个挑战，但是，危机也一直是勇者的机遇。对于那些想在夜晚睡安稳的人来说，现金为王。

揭开“金融工程”画皮

> “金融工程”的假设，是我们可以在今天消费未来的产出。但这种做法没有考虑真正的风险因素

在苏联计划经济时代，苏联工人曾说：“我们假装工作，他们（指政府）假装给我们发工资。”现在，西方金融工程师自称，他们在创造价值，政府也装作这种价值真的存在。

土木工程建造真实的建筑物，有的金融工程却在建造空中楼阁。我们可以看到，刚刚大学毕业的金融工程师的收入是土木工程师的4倍。为什么华尔街可以占所有公司利润总额的40%，而实体经济只占60%？答案是：今天赚走明天的利润，把成本转嫁给纳税人。

“金融工程”的假设，是我们可以在今天消费未来的产出。这是用极低的利率折现未来的现金流，但这种做法没有考虑真正的风险因素。通过有选择地使用公允价值会计准则，我们可以在今天表示明天的价值，可以消费未来。但是，公允价值也难逃经济周期波动，这意味着我们将为消费未来付出代价，纳税人、投资者和储蓄者都将受到惩罚。

有的金融工程师认为，他们能通过场外交易（OTC）将个人风险分散化（也称为公众化），从而将风险转移给公众。场外交易市场的信息，对监管者和交易者自身都是不公开的。他们这样说服每个人：分散风险就像播散肥料，对土壤是有利的。不幸的是，土壤慢慢变得贫瘠甚至有毒，同时，有人把土壤中肥沃的那部分拿走了。最后，只有华尔街大亨赢了。

他们已经通过政府的最终援助把风险社会化了，因为如果要私人清算庞大的场外交易，费用会高得无法估计。我们本来应该建立交易所和中心

网络，用以清算大宗的场外交易，以确保这些交易是透明的，交易双方有偿付能力，并且随时了解、控制和监管他们的信用风险。可是我们却看到，场外交易市场的平仓是在一个网络化的系统中进行的，并且这个系统将危害传播给实体经济。

这次全球金融危机的本质，是我们利用极低的银行利率制造了金融泡沫。利率是货币的价格，当名义利率低于自然回报率（资本的真实回报）时，就会导致金融资产的价格显著高于它们真正的价值。当年日本金融泡沫发生时，日元的利率不得不降低到几乎为零，以防止金融资产崩溃。

如果日本的股息率和长期利率接近全球利率水平——4%，而不是1.5%，那么，日本的股市和债券市场将大大低于现在的水平。可是，没有人想让损失立即发生，所以，在日本若干年的经济停滞和谁该为此承担责任的政治争论中，损失转移给了日本的储蓄者。

到如今，日本投资者仍然在为17年前的泡沫破灭所带来的经济低效率付出代价。许多节俭的日本家庭主妇为了增加收入，去进行日元—澳元的息差交易，因为她们自己的存款几乎没有利息。这不能不说是一出悲剧。

零利率补贴了投资银行和对冲基金，致使他们认为息差交易中产生的高额收益，是由他们神奇而“专业”的投资技巧带来的。于是，这些金融工程师就有胆量大举提高杠杆率，创造出能带来更多“虚拟价值”的新产品。其实，华尔街在复制日本20世纪的泡沫，而且，我们现在又通过降低利率来救助混乱的市场。

流动性危机经常是偿付能力危机的表现形式。其实，这不是因为流动性不足，而是对交易对手的偿付能力缺乏信心。目前，商业银行和投资者正在试图找出哪些资产是泡沫，哪些资产是真实的。只有当还债结束时，才能回归到现实中。例如，银行系统的杠杆率回到12倍左右，而不是30多倍。有两种还债的方法：一种是通过延长债务偿还期，假装泡沫仍然有利于经济；另一种是增加银行系统的资本。延长债务偿还期就是让泡沫不要破灭，这个方法愚蠢得就像丹麦王子命令潮水不要退去一样。

增加银行的资本金，实质上是将银行国有化。如果银行作为公共服务机构，它的破产将带来灾难性的后果，那么，不妨暂时将其国有化，前提是保持银行经营的竞争力和透明度。但是，通过国有化救助银行会带来政治经济问题，那就是如何在现有的股东和政府之间分担损失。

正如1993年到1998年间的日本选民，现在美国的社会大众理所当然地愤怒了，因为引起动荡的那些金融工程师希望公众来承担损失。不幸的是，这次没有别的选择，因为经济损失已经发生了，只是还没有在会计上确认。在历次危机中，如果想尽快渡过危机，就要尽快确认经济上的损失。从这个角度来看，每天都盯住市场没有什么不对，因为这样可以立即发现经济损失。

如果在经济发展过程中运用一种会计准则，而在经济衰退中转用另一种会计准则，那么，后果就是让全社会来承担少数人贪婪造成的损失。所以，重组银行的资本结构，才是应对危机的正确方法。

正视金融达尔文主义

危机是一个最为公平的竞技场，并以惨烈的方式决定市场竞争的结局

2008年是鼠年，这一年可能会被人们永远记住。最难忘的章节，一定落不下纳斯达克前主席伯纳德·麦道夫（Bernard Madoff）的惊天骗局。

特别可笑的是，麦道夫的侄女是他的合规部门的负责人，而他侄女的丈夫则是美国前证监会律师。不是有人在1997年指控亚洲的“裙带资本主义”吗？那么，麦道夫先生的故事应该算怎样的资本主义？

我收到过一条幽默的短信：“一年前，苏格兰皇家银行并购荷兰银行花了1000亿美元。今天，同样的价钱可以买花旗银行（225亿美元）、摩根士丹利（105亿美元）、高盛公司（210亿美元）、美林公司（123亿美元）、德意志银行（130亿美元）、巴克莱银行（127亿美元），还剩下80亿美元现金零头——用这些零头，你还可以买下通用汽车、福特汽车、克莱斯勒和本田F1车队。”（短信指2008年年底的情形——编注）设想一下，如果麦道夫先生的骗局可以继续下去，那么，他用500亿美元就可以买花旗银行、德意志银行和巴克莱银行，从而能够控制2万亿美元的金融资产——假设到那个时候谜底才被揭穿，结果将是多么可怕啊！

最近，我在巴厘岛一边度假，一边阅读两本关于金融演进的新书：一本是奈尔·傅格逊（Nial Ferguson）所著的新书《货币的兴起》（The Ascent of Money），另一本是Benoit Mandelbrot和Richard Hudson所著的《市场的不当行为》（The Misbehaviour of Markets）。我逐渐领悟到：现在，金融市场上几乎每个人都变成了达尔文主义者——那就是适者生存。

在过去一年里（指2008年，本文发表于2009年1月——编注），全球金融市场一共损失大约50万亿美元财富（其中，股市损失30万亿美元，房地产市场损失约20万亿美元），这等于全球一年的GDP。这一巨额损失，可以说正是自然或者上帝对人类过分投机行为的严厉惩罚。

但是，人类的这些近乎疯狂的投机行为究竟从何而来呢？麦肯锡公司的咨询顾问贝哈克（Eric Beinhocker）在他的《财富的起源》（The Origin of Wealth）中给出的一个有意思的解释是：人类追求财富的过程，和达尔文描述的物种起源与演化的过程极为相似，二者都希望不断繁衍下去。所谓财富，无非就是SMS，即Sex（性）、Money（金钱）和Status（地位）。

如果我们相信金融危机其实根植于人类基因本性之中，那么，危机就是对金融系统的清洗——适者生存，优胜劣汰。危机是一个最为公平的竞技场，并以惨烈的方式决定市场竞争的结局。

在美国，投资银行作为独立的法人实体的形式已经消失，它们已不得不转型为接受美联储监管的银行控股公司。

同样，在2007年，西方国家的流行话题，是谴责亚洲和中东的主权财富基金是多么不透明和邪恶。转眼间到了2008年，西方国家的政府反而拥有他们自己金融体系四分之一的资产，尴尬地成为世界上最大的主权财富基金。现在，在金融危机情势下，一转眼，似乎所有人都变成了国家干预主义者。

此次危机中最有意思的事情，是美国以闪电般的速度处理次贷危机的方法。美联储在一年之内就把利息降到接近于零，而当初日本央行花了10年时间才做到这一点。零利率政策会带来两种后果：第一，由于货币的价格不再是政策工具，就需要更多数量上的干预。看看美联储的资产负债表膨胀得多么快，看看美国财政的资金平衡表是如何变化的，就可以洞察其中的演变趋势。在1989年泡沫破裂之后17年的通货紧缩中，日本的财政状况恶化到赤字水平超过GDP的180%。这可以从两方面看，好消息是大部分债主都是日本自己的国民；坏消息是日本未来的几代人都带着“原罪”，偿付前几代人的债务。

第二，如果利率不能用来影响金融市场走势，那么，其他金融产品的价格就会遭遇压力，尤其是外汇市场。在日本的利率无法影响市场之后，日元汇率的确出现了大幅调整。不过，当汇率调整得过高或者过低，政府就会以口头声援或直接入市的方式进行干预。

从比较金融史的角度出发，更有助于理解金融市场的动荡。奈尔·傅格逊指出，在20世纪初的欧洲，在资产负债表的表外会计准则还没有广泛应用之前，许多银行的自有资本占总资产的比例超过25%。作为对比，现代银行业资本充足率的最低标准是8%；如果算上表外负债，实际的资本充足率不过4%。这意味着，如果市场波动幅度超过4%，整个银行体系按照盯市计价方式计算就破产了。

鉴于消费者和银行将会降低他们的负债水平，2009年显然是“去杠杆化”的一年。2009年也是牛年，而亚洲金融危机爆发的1997年也正好是牛年。但是，2009年会带给我们一个牛市吗?

勒紧腰带为时务

未来几年经济调整的艰难程度和长期性，要远远超出许多人的预测，未来几年勒紧腰带过日子，应该不失为一种明智的选择

2008年是非同寻常的一年。索罗斯认为，2008年标志着一个60年经济周期的结束，意味着一个新时代的开始，整个世界格局将发生剧变。

在2003年3月到2007年10月的大牛市结束之后，资本市场行情急转直下。从发达国家市场来看，美国股市平均跌了36%，日本跌了43%，欧洲跌了45%。从新兴市场来看，中国内地A股跌了65%，中国香港、泰国、中国台湾和新加坡股市跌了48%。从各经济体股市暴跌中，可以明白一个道理：股市之间是高度相关的。

2008年，没有哪一条投资渠道是完全安全的。这一年的股市整体波动率是2007年的2倍。如果你投资于以美元标价的全球债券，你的投资回报率要下降12.3%，可如果你投资于新兴市场的债券，你的投资回报率还会下降10%；如果你投资于对冲基金，你的投资回报率会下降23%。我原来猜测，黄金价格走势会比较平稳，但实际上，黄金投资者还是蒙受了3.6%的损失。与此同时，石油价格居然下降了58%。

损失大小取决于投资组合的具体构成。日本的资金流量显示，日本家庭平均持有53%的现金和存款（存款利率为零），8%的股票（跌了48%），7%的债券和共同基金（收益率不超过1.4%），32%的养老金和保险基金（2008年同样出现亏损）。

与日本人不同的是，美国人持有现金比例较低（只有13.5%），债券和

共同基金投资比例是21%，股票投资为33%，保险和养老金为28%。总体而言，美国人比日本人在家庭资产组合中持有更多股票，因而在2008年亏得更多。根据最新的美国居民资金流量表，从2007年12月到2008年9月，美国家庭财富缩水了7.1万亿美元，相当于美国居民总财富的11%、GDP的51%。在这些损失中，房地产缩水和股票投资（居民直接购买或通过共同基金、保险公司间接投资）损失占到了35%。

千万不能低估家庭资产负债表收缩的巨大影响，日本从1989年至今仍然陷在这一现象造成的泥潭之中。

在上个月（指2008年12月，本文发表于2009年1月——编注）举行的美国经济年会上，Carmen Reinhart和Kenneth Rogoff两位教授提交了一篇对过去历次金融危机的综述文章，文章中的数字让人非常震惊。纵观“二战”后的历次金融危机，房地产市场下跌时间平均为6年，下跌幅度平均为35%。如果历史会重演，那么，这次危机还远远没有探底。截至目前，美国房地产市场只下跌了20%，似乎还有15%的下行空间。

同样，历史上股票市场下跌的持续时间约为3.5年，下跌幅度高达55%。美国股市在2008年下跌了36%，可能还会继续下跌近20%。历史上，GDP下跌会持续两年，幅度为9%；失业率增长持续4年，达到7%。美国目前的产出水平还没有降到历史平均值；去年12月，美国失业率升至7.2%左右，仍然可能增加。

凭借大量便宜贷款支持高消费的日子，已经一去不复返了，美国人必须调整自己的消费方式。这种调整事关重大，因为美国消费总额占美国GDP的70%、全球GDP的20%。近几年，沃尔玛年销售额在4000亿美元左右，占到美国GDP的3%。但在刚刚过去的圣诞假期，其销售额增长平缓。在过去的五周内，其国外销售额甚至下降了10%。当然，也应看到，美国全国零售总额同期仍然上升了4%。

去年，美国全年进口总额为2.3万亿美元。如果一年后，美国消费者的财富缩水十分之一，那么，美国消费总额同期就会出现骤然下滑。

美国消费疲软，意味着亚洲国家必须立即转变自己的经济增长模式。过去20多年，亚洲国家建立起了一个以美国消费者为主要客户的全球供应链体系。随着美国消费趋于疲软，这个供应链必须调整。中国台湾地区2008年12月的出口额同比下跌了42%，这表明，那些大量依赖美国市场的电子产品出口商，可能会在2009年遭受重创。

上述所有数据和分析意味着，在未来几年，经济调整的艰难程度和长期性，要远远超出许多人的预测。但是，通货膨胀的确难以找到迹象，这还是值得一提的好消息。像中国这样强大而稳健的经济体，将能够很快从全球衰退中复苏，对此，我很有信心。尽管这样，我们必须看到，还有一段更加艰辛的日子要过。

数据背后隐藏着许多群体心理学的成分。如果每一个人都相信情况将会比较糟糕，那么，实际结果必然是非常糟糕。我们吃尽苦头才明白的一个道理正是如此：市场上行时容易出现超调现象，正如它在下行时常常出现超调一样。

我想，未来几年勒紧腰带过日子，应该不失为一种明智的选择。

谨防网络化危机

> 一个交易对手的失败或者一个产品的缺陷，就可以带来整个金融网络的风险蔓延

当前的金融危机可以概括为四个“过”：过剩流动性、过量信贷、过高杠杆、过度贪婪。

西方学术界的一派人士认为，当前的危机都是由亚洲的储蓄过剩所致。我认为，这个观点不堪一击，因为它就像一个银行家把过剩流动性归咎于他的储户一样。

资本主义认为，自利可以造就公共福利，但是，如果自利过度膨胀为贪婪，从逻辑上和道德上来说，这种说法就是不能成立的。这次危机本质上是资产负债表的危机，而资产负债表意味着，每一项资产，都对应一项负债，那么，每个储户就必然有相应的借款人。而且，这里存在两种借款人：还钱的和不还钱的。

金融市场有两个基本问题：信息不对称和委托代理。经济学家喜欢用大道理解释简单的问题，其实，这两个问题都可归结为一个词：信用，它是所有的市场甚至所有人类关系的基础。没有信用，就没有市场。这次危机导致全球银行业信用的全面崩溃。泡沫本来不该发生，但是，当全世界都想享用一场零成本赚钱的狂欢盛宴时，它不幸发生了。

泡沫只能通过银行增加信用贷款而产生，那么，银行为什么愿意增加信用贷款？因为银行发放贷款或者创造的新产品越多，银行获利就越多，金融工程师的奖金也就越高。储户信任银行，银行却出卖了储户的信任，用他们的钱去发放高风险贷款，然后，逼迫政府援助银行以保护储蓄者的

存款。

我认为，这次金融危机是网络化的信用危机，因为金融市场是网络化的。在全能银行制度下，商业银行开始覆盖证券业、保险业甚至对冲基金。网络的价值随着用户数量的增加而提高。因此，市场将由地域市场转变为空间市场，使银行变成能提供所有金融服务产品的“沃尔玛”。

顶级银行家没有意识到，网络也是“双刃剑”，有两面性：带来收益的同时也存在风险。网络扩张得越厉害，传染的风险也越大。从某种意义上说，网络的安全性取决于它最薄弱的那个环节，如果网络中的某个机体个体承担更高的风险和更高的杠杆率以提高赢利，那么，这同时提高了网络整体承担风险的成本，损害了其他人的利益。

在金融网络中，有六个信用原理。

第一，信用不是自然产生的，而是需要赢得的。最基本的信用存在于两个人之间，但信用不是完全对等的，一方必须付出更多以赢得另一方的信用。在商业中，创业者要赢得大家的信任，必须在别人之前投入他的资金以承担风险。没有人喜欢只让顾客承担风险而自己赢利的银行。

第二，信用需要相互学习。就像韩非子说的，“小信成则大信立”。信用就像反复的游戏，信用在实践中得以加强。这解释了为什么在金融市场中投资者教育是何等重要，也解释了银行和客户之间为什么不仅仅是信托关系，也是互为教育者和被教育者的关系。当银行认为顾客只是未受教育的傻瓜时，信用也就不存在了。

第三，信用必须不断加强。对于有价值的信用来说，缺乏信用的成本必然很高。“如果我被骗一次，是骗子的错。如果我被骗两次，是我的错。”投资者信任银行家、评级机构、审计师、独立董事和监管者，但是，没有人指出债务抵押债券的问题。如果连格林斯潘也太相信那些理应保护投资者利益的银行家们，那么，个体投资者还有什么机会不被卷入这个骗局中呢？

第四，信用需要透明。信用需要有公开的交流平台，让具有信托责任的一方解释具体的权利和责任。市场经济的基础是买方自慎，但是，卖方也有公开信息的责任。我曾经看到，一些投资者购买某种金融衍生品时，银行家甚至没有提醒，买方需要提供的抵押品的总额可能会超过他的个人资产。

第五，信用最初建立在双方基础上，但是，最终会成为多方之间的信用。没有监管的场外交易市场，实质上是专家之间的市场，包括银行和投资者的双边关系。每个人都认为，当前的抵押差额体系足够覆盖交易对手的风险，不幸的是，当市场过度膨胀和复杂时，一个交易对手的失败或者一个产品的缺陷，就可以带来整个金融网络的风险蔓延。

第六，信用必须管理。信用涉及双方利益乃至多方利益，必须得到恰当的管理，这是政府的责任。

一旦双方信用关系发生破裂，整个网络就在混乱和不确定中倒塌了，这些正是在金融业网络的核心发生的事情。对于那些复杂的交易，我们必须有集中清算制度，以控制系统杠杆率和交易对手的风险。

换句话说，我们不能让少数环节的信用危机引起整个市场的混乱。信用累积的速度很慢，就像爬楼梯，但是，崩溃的时候就像垮坝。记住韩非子的那句话："小信乱则大乱"。

寻求新思维

在网络化市场的新时代，你需要明白金融市场之间、金融市场和实体部门之间复杂的反馈机制

2009年1月27日，“达沃斯论坛”主席克劳斯·施瓦布说：“我们正经历一场金融危机，其后果将是一个新金融时代的诞生。人们开始意识到，需要对金融机构、金融体系乃至人们的思维方式作出重新审视。”

是的，许多人的思维需要更新。宣布8250亿美元的刺激经济方案不久，奥巴马新政府便指责中国操纵人民币汇率。这让我觉得不可理解。

应对危机一般有两种方法。最常用的方法是指责他人，转嫁危机，以逃避真实问题。拿自己惹出的麻烦去指责别的国家，这很容易做到，不过这不仅于事无补，还会引起更多的争论、误会和紧张。另一种方法是从危机中汲取教训，查找自己的错误，并且纠正错误，使其他人也懂得如何才能防止下一次危机。

但是，要找出错误根源是困难的，它需要一种全新的思维。事实上，我们正在遭遇的这场危机恰恰是僵化的旧思维创造出来的。在《谨防网络化危机》一文中，我提到，这次危机是信用的网络化危机：不仅储蓄者和散户投资者之间的信用体系已经崩塌，连重要金融中介之间的信用也荡然无存。信用的崩溃已经传递到实体经济，以致商品和服务的交易额急剧下降，将世界经济带入衰退。

从网络的视角出发，我们仍然可以看出几个分析危机的原理。第一，我们需要一个覆盖整个网络的系统性视角。以国家或地区的局部监管对待全球金融市场，就会产生许多盲点、缺口和重叠。第二，网络化的市场意

味着所有事物之间都是互联的，并且受复杂的溢出效应和反馈效应的相互影响。市场会受到周期性的冲击，而且这种冲击可以很快蔓延到整个网络。第三，经济体相互连接的程度直接影响了危机深化的程度，这意味着外围经济体对中心经济体的依赖程度越大，危机深化就越深。第四，金融系统已经复杂到使投资者、银行家和监管者难以理清其中的关系，所以，我们应该尽量使新的金融系统更透明、更易用，而不是无端增加其复杂性。在这次金融危机中，不发达的金融市场比发达市场蒙受的直接损失要小，因为后者使用了更高的杠杆、更多的金融衍生品，也造成了更高的复杂程度。第五，自我约束、外部监管和市场约束都没起到应有的作用，这表明每一级网络的职能和责任都没有清晰的定位。

监管市场的传统方法是以机构为基础，使得监管视角狭窄。这里有一个假设，如果网络中的每一个机构都是健康的，那么，整个网络也是健康的。然而，如果金融市场允许网络中的很大一部分不被监管，例如“影子银行”体系，它就会创造出引起泡沫和危机的过量杠杆。

所以，我们需要更多宏观、审慎的监管，这点已达成共识，但是问题在于细节的完善。我经常提到的一个观点是，你需要宏观和微观层面的审慎监管，但是，在网络化市场的新时代，你需要明白金融市场之间、金融市场和实体部门之间复杂的反馈机制，而这往往是传统理论和实践所忽视的。这些反馈效应是系统内固有的，不能被消除，只能被控制或管理。

网络化能带来好处，却也有易于传染的缺点。极端的自由市场主义者不喜欢孤立主义者（isolationists）的思路，但是，“防火墙”实际上是网络的重要组成部分，因为它们能抑制传染。在亚洲金融危机中，马来西亚成功地控制了汇率，以阻止资本外逃，应对市场恐慌。所以，我们需要思考，在不断演化和相互联系的市场体系中，如何更好地利用“防火墙”来阻止风险的蔓延。

危机总是复杂的。在大多数情况下，酿成危机的既得利益者往往对救援方案有重要影响，而且最抵触变革，因为新的规则会损害他们的利益。因此，随着危机逐渐退去，改革将会遇到越来越多的障碍。例如，如果房地产和股市引起的财富损失约等于 GDP 的 100%，而银行的资本只有 GDP

的10%，那么，西方银行体系破产的可能性就很大，这也解释了为什么银行家不愿意放贷。中国的经验显示，银行体系重建的准则就是实施资本重组，剥离坏账，改变激励和管理方式。但这必须和实体经济的变化结合起来，尤其是企业部门的改制重组。

这次危机的独特难题在于，在批发银行推动下，西方国家的家庭使用了较高的杠杆，享受了过度消费，企业部门的问题倒显得相对次要。因此，在后危机时代，我们需要同时改革实体经济扭曲的结构和金融体系自身。

如果我们认同实体部门的主要问题是西方家庭的过度消费，那么，解决这个问题就是有益的，而且很有必要，尽管这种着眼长远的举措在短期可能会很痛苦，尤其对于作为全球供应链制造商的亚洲经济体来说。

修补破败的商业模式

> 当前的救助方式，只不过是在用另一种形式的过度消费取代原来的过度消费

麦肯锡的咨询顾问贝哈克（Eric Beinhocker）2006年提出一个启人深思的观点：一个社会的财富创造取决于三大因素，即物质技术、社会制度以及企业的商业模式。

西方工业革命就是将先进的物质技术（科学和技术）、社会制度（比如有限公司制度和普通法体系）以及商业创新融合起来，创造出了强大的市场力量。

在当前金融危机日益深化的形势下，由于西方国家仍然拥有强大的科学技术和稳健的社会制度，这次危机只是证明了那种过度依赖消费者的商业模式的失败，这一失败正使我们处于一个漫长周期中的财富损失阶段。

投资银行和批发银行，通过资产证券化和市场化融资提高杠杆率进而放大赢利这种商业模式的失败，是这次危机的直接原因。这一失败也使实体经济的商业模式出现了问题：没有持续的信贷，信誉良好的实业企业和消费者，也就无法维持。

发达国家实体经济衰退又很快严重冲击了作为全球供应链的亚洲，这进一步说明，过度依赖美国消费者的亚洲商业模式也是有缺陷的。如果亚洲供应链的商业模式存在缺陷，那么，亚洲金融系统的商业模式的可持续性也是大可存疑的。

从本质上说，全球供应链模型相当简单。亚洲地区用自己的廉价劳动力换取美元，形成经常账户盈余；美国公司和投资者通过使用金融杠杆借

用亚洲的盈余资金，并且重新投资于亚洲，获得比亚洲企业更高的股本回报率。西方经济学家将这个链条称为“全球失衡”，我称其为“大廉价买卖”(Great Bargain)。

各自以低价格获得了自己需要的东西，对双方来说都相当实惠。只要终端消费者的财务状况保持稳定，这一商业链条就是可持续的。现在的问题是，作为终端消费者的美国，陷入了巨大泡沫和高得无以复加的杠杆率的陷阱，环境危机和资源消耗使得原有的消费模式难以为继，于是，当前的全球供应链模型也就持续不下去了。

所以，当前西方国家的经济金融救助方案的一个显著特征，是为当前的“去杠杆化”过程注入资金。这是在修补已经损坏的模型，而不是作出根本改革。危机是暂时的事件，重建和改革则是漫长的过程。这个过程包括成因诊断、控制损失、分配损失以及改变激励机制。当前的救助方案都不符合这四个要求。从亚洲金融危机的经验来看，成因诊断要从承认犯了错误开始，然后再努力改正错误。当前西方国家的做法，却是先把危机归因于局外人及其过多的储蓄，然后再堂而皇之地举起贸易保护主义大旗。

损失到底有多严重？救助措施到底有多少？据哈佛大学教授罗格夫和美国马里兰大学教授赖因哈特估计，历史上的金融危机导致房市平均跌35%，股市跌60%，这就意味着美国房市和股市还分别有15%和20%的下跌空间。这会带来45%左右的新的财富损失。美国银行的资本金只有GDP的10%，它们如何能承受这么多的财富损失？更重要的是，美国7000亿美元的金融援助计划，只相当于GDP的5%，这怎么能够填补巨额财富损失？所有这些都说明，损失控制微不足道，不能从根本上解决问题。

那么，损失被合理分配了吗？亚洲金融危机留下一个教训：一个经济体所遭受的经济损失，往往在企业、银行乃至政府的年度会计报告中得不到确认。1998年以后开始实施的公允价值会计准则，就是试图去改变这种反常现象。不过，监管机构的宽容，仍然使得一些银行可以暂时不确认那些已经发生并造成“准财政负担”的损失。日本就是此类负面典型。1989年经济泡沫破灭后，日本的房地产跌了60%，股市跌了80%，但是这些损失都被政府的负债替代了，而那些负债相当于日本今天GDP的195%。实际上，私人部门的损失被政府吸收，最终将由下一代人来承担。当前，我们不是正在全球推广日本模式吗？

最麻烦的是激励机制。目前的损失可简单归因于华尔街精英的贪婪。但是，大众却都在为此埋单。那么，当前救助措施的后果是什么？零利率政策，以致储蓄者进一步承受损失。这只不过是在用另一种形式的过度消费取代原来的过度消费。

这次危机的问题是结构性的，而非周期性的。我们需要用最好的社会制度研发科学技术，用以保护能源，实现可持续发展。科学工程师至少可以应对环境问题，改善社会基础设施；而金融工程师本该控制风险，却人为创造了更大的风险。我们应该向他们支付比科学工程师高得多的薪水吗？

如果我们不趁此次危机修补已经残缺不全的旧有商业模式，那么，我们的后代将不得不承担更大的损失。

看清猴子嘴脸

> 永远不要让猴子看香蕉；即便他们穿着阿玛尼西服，归根到底还是猴子

从前，有一个王国以生产香蕉闻名。这里的香蕉美味可口，得到每个人的喜爱，当地人甚至用它们作货币，交换其他物品。

有一天，一只叫阿猿的猴子来到这个王国，表示愿意看管这里的香蕉。当地人有所顾虑，因为："我们过去从来没有让猴子看管过香蕉！"但是，这只猴子与众不同，它积极游说人们："我以第一名的成绩获得香蕉理工大学的物理学学位，还获得了商学院的MBA学位，而且我在最好的商业公司工作过。你看，我还穿着阿玛尼西服。"人们听了它的自我介绍，觉得很有道理，他们不应该对猴子有偏见，也就同意让这只猴子暂时管理一小片香蕉园。

这只猴子的确聪明且有能力，在它的管理下，果园发展很好，香蕉产量稳定增长。与此同时，猴子注意到，香蕉容易腐烂，而且有好香蕉和坏香蕉之分。好香蕉是金黄色的，美味可口，最有价值；而坏香蕉比较硬，人们不愿意购买。不过由于没有分类标准，所有的香蕉混杂在一起卖，人们无法有选择地购买，这最终给果园带来了巨大损失，而且也导致市场交易稀少，流动性缺乏。

于是，这只聪明的猴子发明了第一种衍生产品。它将香蕉分为好香蕉和坏香蕉，然后用一片香蕉叶子代表10只好香蕉在市场中流通。人们赞叹到，多么聪明的想法，我们不用再扛着香蕉去市场交易了。无论何时，一旦我们需要好香蕉，只要拿叶子和阿猿交换就行了，而阿猿保证任何时候

都会和我们交易。从此以后，日积月累，阿猿成为这个王国最有钱的人，并且发起成立了一个香蕉银行，银行的口号是“拥有叶子就是拥有香蕉”。这样，每个人都很高兴，因为用叶子取代香蕉充当交易媒介后，交易便捷了很多，而且人们也觉得叶子越来越多，自己更加富有了。

阿猿颇具企业家精神，它通过兼并和收购不断扩张自己的事业。它首先通过公开上市（IPO）筹集资金，然后再新增发行香蕉股份，以购买更多的香蕉园。

过了不久，有一天，阿猿突然萌发了一个好主意。它可以不用一片叶子代表10个好香蕉，而是将好香蕉和坏香蕉一起打包，称之为“香蕉抵押债券”（简称BDO）。它促使香蕉评级机构给予BDO的信用评级为AAA，然后说服BIG保险公司为这些BDO提供违约担保，并且同时发行香蕉违约掉期（BDS），以保证债权人的利益。阿猿的侄子甚至创建了香蕉违约掉期市场，并给自己大量的期权作为回报。

又过了不久，有一天，国王决定派他的总督去检查和调研香蕉市场的运作情况和未来走势。阿猿给总督做了详细的报告，它做的幻灯片演示让人眼花缭乱。不过，其核心思想非常简单，那就是整个香蕉市场会自我监管，正常运转。阿猿还告诉总督，它如何在原来只有香蕉交易的市场上，创造了庞大的香蕉违约掉期市场和香蕉期货市场。当时看起来，整个国家的确因为香蕉市场发达而欣欣向荣，而所有人也都为自己财富不断增加而高兴不已。总督大人虽然不懂“香蕉抵押债券”和“香蕉违约掉期”究竟是怎么回事，但他又不想在众人面前显露出来。既然每个人都高兴，他就没必要询问更多的潜在问题和风险因素了。毕竟，这些香蕉产品的信用评级都是AAA。而且，值得一提的是，总督自己的侄子也在香蕉银行工作。

突然有一天，当地的香蕉得了虫害，形势不妙，于是有些人决定卖出一些香蕉抵押债券换取现金。一些大胆的对冲基金经理甚至开始卖空香蕉抵押债券。这些投机活动逐步引起了市场的恐慌。为了稳定市场，香蕉交易委员会决定暂时禁止卖空香蕉抵押债券，并且警告大家，不要轻信那些邪恶的谣言。然而，因为香蕉抵押债券的风险溢价已经增加，香蕉评级机构不得不降低香蕉抵押债券的评级，从AAA降到BBB，甚至垃圾级。这些连锁反应的结果是，一夜之间，香蕉市场崩溃，香蕉银行发生挤兑，王国不得不对其实施国有化。国王派来的调查员在清算香蕉银行时发现，银行里储备有很多叶子，但是根本没有几根好香蕉。

于是，国王派出皇家委员会调查这个事件。他们问阿猿的第一个问题是："香蕉市场出什么问题了？"阿猿回答："我是在创新，建立了领先的衍生品市场。我承认吃了一些香蕉，因为我有权支配我的奖金。我还支付了律师、债券经销商和香蕉评级机构很多香蕉。因为大家想要更多的香蕉，我又发行了香蕉抵押债券，以支持大家购买香蕉。当时每个人的状况都变好了，为什么大家现在要责备我？不要忘记，即使我正在接受调查，但我还是有权领取我合同期内剩下的奖金。"

在听了阿猿的陈述后，皇家委员会得出两个结论：一是永远不要让猴子照看香蕉；二是穿着阿玛尼西服的猴子归根到底还是猴子！

透视金融中心

> 成为金融中心要满足三个基本条件：较好的产权保护、较低的交易成本和较高的透明度

我们小时候常常认为世界是平衡的——正义消灭邪恶，资产等于负债，生活就像是一条简单的呈对称分布的钟型曲线。但这只是天真的想法，现实世界并非如此。例如，我们喜欢买东西，但除非迫不得已，我们不喜欢卖东西，这就是说，我们买多于卖。

金融世界中的风险也如此。乔治·索罗斯最近提出一个看似简单的原理，此前我都认为是理所当然的，但常识中往往蕴涵着不平凡的规律。索罗斯认为，金融市场之所以险象环生，是因为多头的风险（只买不卖）和空头（卖出或者借入你所没有的东西）的风险是不匹配的。如果你买了某项资产，那么你最多只会损失这项资产的价值，而且是在资产价格变为零的情况下。但是，如果你卖空一种产品，在平仓的时候，其所能带来的最大收益只是这种产品的原价，但其可能的损失或者可让你倾家荡产，或者让你欠下无法想象的债务。这就是金融风险的不对称性。

国际保险巨头 AIG 也没有注意到这个看似常识的原理，并因此付出了惨痛代价。如果保险公司为汽车或人寿保险，可以运用大数定理定价，只要保费收入超过赔付金额，即可赢利。但是，如果你为高杠杆的银行或借款人保险，正如 AIG 衍生产品交易部门在伦敦所做的那样，那么你的损失可能被其中的衍生产品放大。高杠杆在给银行带来巨额亏损同时，也将巨额亏损中的很大一部分转嫁给保险公司。想象一下，AIG 正试图为银行接近 3 万亿美元的损失提供保险。因此，AIG 最终需要的资金援助超过 1800

亿美元，而最开始这个数额是 100 亿美元。

回到国际储备货币的话题。当一国货币只在自己国家流通时，它只是从一个公民借给另一个公民，这纯粹可以看做是从一个人的左手倒到右手。如果有人不偿付债务，那么国家法律会保护出借人，即使企业因过度借贷而破产，政府也会干预，将债务国有化或向其他纳税人征税弥补债权人的损失。亚洲人没有忘记，在 19 世纪，西方列强频频用大炮和舰艇打开我们的国门，用武力强制我们偿付欠下的外债。欠太多的外债是要付出代价的，因为一国的中央银行不能印刷外国货币。

那么，为什么有国家想让它的货币成为全球储备货币呢？有两个原因。第一，获得铸币税。因为发行货币实际上就是无息借款，所有的央行都从货币发行中获得铸币税的好处。在某种意义上，铸币税是公民支付给央行的保险费，以让央行保证货币的价值。所以，全球储备货币的发行国就能享受更多的铸币税，因为外国人也持有它的货币。而且，国外持有的储备货币的数量可以是巨大的，正如当前其他国家持有的美元数量非常可观一样。

其二，建立贸易和商业服务标准，并带来巨大商业利益。在 19 世纪的英帝国时代，伦敦是英镑交易的金融中心，同时也是大宗商品、国际借贷、相关法律和商业服务的交易中心，英国从中获得了巨大利益。尽管英镑作为全球主要储备货币的地位被美元所取代，但 1960 年后伦敦成为离岸欧洲美元市场的中心，同时也是仅次于纽约的重要金融中心。最大的商业银行、经纪公司、基金管理公司和保险公司都同时在伦敦和纽约设有办公场所，因为这两个城市的语言、法律体系相同（都是英语、普通法系），商业惯例也非常相似。

那么，如何才能成为国际金融中心？在香港工作许多年以后，我才明白成为金融中心要满足三个基本条件——较好的产权保护、较低的交易成本和较高的透明度。

第一个条件是产权保护。其重要性可以说显而易见，也可以说并非显而易见。多数西方经济学家认为，伦敦和纽约拥有优秀的产权保护制度，因为它们有公认的普通法系以及卓越而公平的司法制度。但是产权保护不仅仅是法律的健全和执法的公正，还需要政治上的稳定、较低的国有化风险（the absence of nationalization）、合理的税收以及强大的军事力量。坦率地说，没有哪个成功的国际金融中心位于战乱频仍的国家。

第二个条件是低交易成本，这也很重要。如果监管费用过高、没有完善的通讯设施，那么就不能方便做生意，就不可能诞生金融中心。好的金融中心拥有方便的通讯设备、便捷的交通和良好的居住环境。另外，交易费用也和地理位置高度相关。纽约成为美洲时区的交易中心，而伦敦主导欧洲和非洲时区，这并不是偶然。亚洲为什么还没有出现占主导地位的金融中心，我将在以后的文章中分析其原因。

第三个条件是高透明度，因为只有依靠透明的信息，金融市场才能蓬勃发展。如果信息不够准确、及时和易于获得，那么投资者就不知道如何保护他们的资金，进而作出正确的决定。

大话猴子救市

只要继续印刷钞票，银行系统就能持续创造货币，因为我们发放的贷款越多，就能为银行赚取更多的利润

前文“看清猴子嘴脸”，讲述了一个猴子在香蕉王国经营香蕉银行的故事。那只叫“阿猿”的猴子创办了这个王国最大的银行，创造性地用香蕉叶子代替香蕉进行流通，方便人们交易，并且通过创新的金融工程发明了香蕉抵押债券等新衍生产品。但是，由于人们过度消费，导致无法还款，香蕉银行出现大量坏账，面临破产倒闭风险，国王现在不得不召集部长们商议该如何应对此次严重的危机。

“左”部长认为，香蕉银行太过庞大，风险难以控制，必须关门清算或者缩减规模。除此之外，他认为香蕉抵押债券市场投机性太大，香蕉信用违约掉期市场风险太高，必须严格监管。尽管银行的损失已然很大，但是关闭银行的成本比让它继续亏损下去的成本要低，正所谓“两害相权取其轻”。“俗话说得好，那些导致企业陷入困境的企业高管，往往很难带领企业扭转命运。”

“你说的对。”国王回答。

不过，“右”部长的观点相反。他认为，“既然王国有超过一半的公民都把存款放在香蕉银行，关闭它意味着大部分储户将损失他们的存款。这会引起极大的恐慌，国家也不能承受失去信誉的风险。唯一可行的办法是要保证所有存款的安全，接管部分不良资产，然后降低利率，使银行可以开始重新赢利。香蕉金融服务业已经变得如此重要，以至于这个行业甚至比生产和销售香蕉行业本身还要重要。香蕉金融服务业产生的利润占全国

所有产业利润总和的近一半，是主要的税收贡献产业。实际上，真正的问题不是出在香蕉本身，而是香蕉银行借了很多钱给低收入的人，供他们买房子，而这些老百姓没有足够的能力还款。如果香蕉银行收回他们赎回抵押品的权利，那么更多人将无家可归，这将导致更大的危机。”

“你说的也对。”国王听了之后说。

此时，王后变得非常疑惑，就问国王：“两位不可能都对吧？”

“你说的也是对的。”国王说。

“现在我们必须作出是否救助香蕉金融业的决定。香蕉金融业对国民经济贡献颇大，而且为王室提供了大量经费，所以我们必须救助。但是我们不了解这个产业的复杂性，到底该如何是好呢？”

“右”部长眼看自己的建议要被采纳，于是就推荐香蕉银行原CEO——阿猿担任此次救助行动的负责人。毕竟，只有他知道衍生产品市场如何运行。国王还记得那句古话：“偷猎者是最好的猎场看守人”，于是也就批准了这项人事提议。

一年以后，奇迹的奇迹发生了——股市重新繁荣，香蕉银行又赚取大量利润，每个人脸上都重新洋溢着笑容。但是“左”部长看到自己所提建议没有被采纳，毅然出家做了修道士，并不时预言整个香蕉世界将因猴子的贪婪而出现更为严重的危机。

看到繁荣再现，国王当然非常高兴，便举办了一场私人宴会，邀请貌似有着神奇魔力的阿猿解释他是如何创造奇迹的。

“其实很简单，”阿猿说道，他打扮得锃光瓦亮，穿着最新潮的意大利丝绸西服，“一旦陛下为所有存款担保，香蕉银行就肯定能够赢利。”

“但是你的银行坏账怎么办？”国王问。

“陛下英明。您知道，在新会计准则下，资产和负债必须按市值计价。由于我们购买了很多信贷保险，所以资产没有贬值风险。另一方面，我们的信用评级下降了，导致债券价格下跌40%多。根据新准则，我们的负债价值也下降了，那么我们可以把负债的减少作为利润。”

“你的意思是，市场预期你的破产可能性越大，你的账面利润反而越多？”国王喘息说。

“对，的确如此。当然，当我们的信用评级提高时，我们的利润反而会下降，但是我们借债的成本又降低了，对我们未来的利润改善也是好事。”阿猿得意地笑着。

“那么其中的奥妙究竟是什么？”王后不解地问道。

阿猿从容回答：“尊敬的陛下，只要我们王国继续印刷钞票，银行系统就能持续创造货币，因为我们发放的贷款越多，就能为银行赚取更多的利润，我们自已也能获得更高的奖金。要说奥妙，只有一处细节，但一般人都不会注意到。”

“究竟是什么？”王后急切地问。

“奥妙就在于，政府债券的三十年期利率低于香蕉银行的银行间拆借利率，这种情况以前从未发生过。债券利率的定价虽然具有很强的技术性，但是这种结果意味着，市场预期，在30年内，王国的破产概率高于香蕉银行的破产概率。”

“但是，一家银行的信用评级怎么可能比它所在的主权国家还高？”

“因为市场相信，陛下花了这么多钱救助银行，那么在一定时期内，比如30年，银行会比整个王国的财务状况更健康。但是陛下不用为这些市场预期所担心，因为，您知道，市场也有犯错的时候。”

展望后危机时代

请享受市场回升过程中财富增加带来的喜悦，但切记，退出和进入时机是最重要的

金融危机过后，世界大趋势是什么？从年初至今（指 2009 年年初到作者发稿之时，本文发表于 2009 年 11 月——编注），股票市场涨了 50% ~ 60%，黄金价格再一次站在历史最高位上，大宗商品（包括石油）价格保持稳步上升，每个人都似乎忘记了我们仍然处在一场危机之中。时值中华人民共和国 60 周年华诞之际，人民的消费情绪大涨，增长似乎又回到 8% 的轨道上。

后危机时代的第一个主要趋势是，西方金融系统去杠杆化过程将会持续。尽管银行在赢利，但是很多大的金融机构仍然需要补充资本金，遭受重创的银行仍然在希望增加新的资本金或者廉价出售资产。最近，花旗银行出售了其菲布罗商品交易部门；英国劳埃德银行在申请增加资本金，并低价出售一些资产；西班牙桑坦德银行精明地通过将其巴西子公司 IPO 上市，获得更多资金。尽管政府希望各家银行能够在这个时候放贷，但是银行家们要重新调整自己的资产负债表，以降低风险。他们首先要削减贷款，提高资本金，然后才能继续发放贷款。这种去杠杆化的效应在抵押证券市场上体现得最为明显，他们在买入证券化债务时非常谨慎，因为房地产市场前景和经济基本面仍然很不明朗。

第二个主要趋势是金融监管将会更加严格。无论从哪个方面看，金融监管者都将会谨慎起来，对于那些通过援助计划或大量存款担保，而被国有化的银行，监管者会严格限制管理层的奖金数额，以降低他们冒险的动

机，因为他们冒的风险越大，公司利润也越高，高管奖金也越高。在短期内，银行从高息差中获益，因为贷款利率没有降低太多，但是接近为零的存款利率使银行成本大幅度降低。而当银行竞争加剧时，息差又会逐渐变小。另一方面，贷款的增长将因更严的风险控制而受到制约。其结果就是，银行靠高杠杆赚钱的黄金时代已经结束了。

第三个主要趋势是美国经济仍然失衡，亚洲的全球供应链必须从出口导向转向内需导向。在短期内，亚洲出口企业的产品将会过剩，利润也将受到压缩。2009 年夏季亚洲国家出口复苏实际上是源于美国大规模的政府财政计划，例如“旧车换现金”项目。而且，危机时进口商削减了进口量，消耗了库存，但现在他们需要新的订单来补充存货。然而，当美国的失业率超过劳动力总数的 10%，消费者将开始存款并减少借贷，我们可以预计美国消费至少在未来几年内会保持疲软。因此，亚洲经济要持续发展，必须更多依赖本国消费，换句话说，要将商品销往人口稠密的国家，而不是借债消费的发达国家。

第四个主要趋势是新兴市场的股票都表现得非常好。因为英美日国家的零利率政策会将本国货币变成套利型货币，意味着短期投资者买入低利率货币，在利率较高（存款利率较高，或者股票市场增长前景看高）的新兴市场进行投机。澳大利亚元汇率已经从较低的 0.5 美元涨到 0.9 美元，因为澳大利亚货币当局提高了利率，这是继以色列之后第二个提高利率的国家。澳大利亚的出口以大宗商品为主，所以货币升值不会严重危及出口。强势的澳大利亚元会降低通货膨胀风险，因为澳大利亚进口了很多耐用性消费品及重型机械。最近，新兴股票市场的快速上涨表明，新一轮的泡沫正在酝酿，我们要注意防范风险。

第五个主要趋势是全球气候变暖。12 月，很多世界级环保问题专家将聚会哥本哈根，就如何处理碳排放及应对气候变化达成一个全球性的协议。1998 年 12 月在京都讨论碳排放量问题时，因为布什政府拒绝在协议上签字而没有形成共识。这一次，很多世界顶级科学家都认为，全球变暖真正威胁到世界农作物的生产。如同北极和南极的冰盖，以及喜马拉雅山冰川所面临的问题一样，一些地区将出现水资源短缺，另外一些地区将出现剧烈的气候变化。一些国家，比如马尔代夫，可能会被海水淹没。

气候变化所带来的威胁在于，由于大量投资能源、水和其他资源的新举措，工业生产和消费模式将会有一个结构性的变化。仍然使用能源消耗型方式进行生产的公司将成为最大的输家，而那些投资在绿色科技上的公司会成为赢家。昔日的霸主在未来可能会有恐龙一样的结局。

总之，现在的共识是，全球的权力均衡正发生改变，话语权已明显从富裕国家转移至新兴市场国家，比如中国、印度、产油国家，以及巴西、印度尼西亚和其他高速发展的国家。最近我看到一个预测报告，说在 2020 年到 2050 年的某段时间，印度和中国的 GDP 都会超过日本，甚至美国。但是，没有人知道未来会发生什么。

请享受市场回升过程中财富增加带来的喜悦，但是切记，退出和进入的时机是最重要的。

双重危机

气候危机和金融危机同源，都来自对自然资源的过度消费。出路绝不在于东方人消费

美国投资银行雷曼兄弟公司破产 15 个月后（雷曼兄弟公司于北京时间 2008 年 9 月 15 日宣布申请破产保护——编注），我们应该讨论如何在危机之后重建世界。令人不安的问题依然存在。我们仍旧在危机中吗？我们应该改革吗？哪些需要重建？毕竟，世界主要国家的中央银行都采取了救市措施，金融市场几乎已经回到 2007 年前的水平；商业银行已经度过危机；利率被降到接近于零。有人确信，2010 年是充满希望、经济增长的一年；有人则坚信，真正的危机还没有来到。谁对谁错？

一些事情在我们眼前更加清晰。在 2007 年至 2009 年间，我们应对了两个同时发生的危机：金融危机和气候变化。第一个危机导致经济体间决策机制的变化——现在由 G20 而不是 G7 来做决定。另一危机则通过哥本哈根会谈来解决。

两个危机有三个根本不同点。首先，金融危机主要在国家层面上来处理，气候危机则必须在全球范围内处理。其次，金融危机产生短期影响，需要立即采取行动；而气候危机有不确定的长期影响，人们不会很快感受到其灾难，也没有理由支持这一领域的变革。第三，哥本哈根谈判表明，权力已经转移到人口大国——中国、印度、巴西和南非，由这几个国家和美国达成协议。这显示几个大国主宰世界的时代显然已经到来。

气候危机和金融危机是有内在联系的，因为二者都是对自然资源的过度消费造成的。金融危机首先爆发，因为西方的过度杠杆化难以为继。气

候危机跨度很大，因为气候变化和资源缺乏可能需要 20 年到 30 年才能显现出来，那些深受其害的人才会支持变革。那时，或许一切都晚了。

废墟上的重建

2009 年我的一部分判断是错误的。当时我认为，全球性的变革将不如地区或国家层面的有成效。2009 年，全球和国家都比地区层面达成了更大的一致。但是，当经济开始复苏时，不同的观点开始出现。指责声再度甚嚣尘上。作为首先执行大规模有效经济刺激方案的国家，中国没有得到赞扬。相反，现在中国因人民币与美元的汇率稳定而备受非议。

因此，如果世界要平稳前行，必须做到两个方面的重建。第一个方面是全球金融构架的改革。这涉及反映国家经济实力变化的规则调整和结构调整。其次是东西方经济思想和经济思维的差异。这一不同会导致对危机认识和解决的巨大分歧。

显然，具体的重建比思想上的重建要容易。但是这两个方面不可分割。

重建全球金融体系

目前，各国之间唯一的共识就是全球金融体系有缺陷而不可持续。当然，国家层面上的错误和问题导致了全球金融危机的发生。但是，国家的问题有全球性的根源。根据“特里芬悖论”，主要外汇储备国家的中央银行必须采取可能与本国经济利益相悖的货币政策。作为储备货币的发行国，美国向世界提供充足的流动性，但其代价是越来越大的经常账户赤字。

作为世界最大的消费国，美国享有来自世界各地的支持。生产者（包括德国和日本）都愿意帮助美国维持其外贸逆差。不幸的是，2008 年美国过分地使用金融杠杆导致了金融危机。接着，美国需要通过家庭储蓄的增加和“去杠杆化”来改善资产负债表。

美国占世界经济体的四分之一，其消费的减少导致全球经济增长放慢，从而全球有时间来恢复地区和生态的平衡。

不幸的是，世界三大经济体（即美国、欧盟和日本）决心不惜代价来挽救经济。它们以公共部门庞大的财政赤字来吸收私立部门的亏损，以不可持续的公共部门的杠杆化取代了金融行业的杠杆化。恶化资产泡沫的过分投机没有被遏制，相反，投机者从中央银行得到融资成本近乎为零的资金。

这一对策复制了日本20世纪90年代的经济问题，从而引起大量利差交易，导致资本流向新兴市场。从根本上来讲，世界正在遭受“特里芬悖论”的后果。

对储备货币国合适的货币政策对世界其他国家是不利的。我不反对美国的近乎为零的货币政策，如果这些资金用来帮助美国受到重创的房地产业的话。但实际上好处都被华尔街的银行家攫取，他们正在给自己发奖金。

因此，应对西方的资产泡沫似乎需要东方也有资产泡沫。没有说出的前提是，如果东方人不再存钱，而是像西方人一样消费，世界将重返高增长道路。这一论调忘记了过分消费首先导致资源枯竭，而且推理过程有四个缺陷——消费偏好、价格扭曲、工具失效和制度偏差。

首先，结论认为新兴市场增加消费是解决全球经济失衡的正确办法。如果每个中国人或者印度人都像美国人那样消费的话，世界上将不再有任何自然资源。每一位经济和历史学家都知道，过度消费是玛雅文化和罗马帝国衰落的根本原因。

第二，如果没有基本激励机制的改变，特别是在价格方面，向低碳生活方式的转变将不会开始。大多数市场经济学家都同意，以化石能源为基础的全球经济对能源、水和电定价过低，主要是因为出于政治原因的政府补贴。不可替代的自然资源的价格过低，是目前的生产过程中浪费、低效的主要原因。

通过纠正价格扭曲、税收和补贴，同时教育公众接受低碳生活方式，世界才会可持续发展。假以适量的全球及地区性资助，低碳生活方式将能在各个国家实现。

第三，许多严肃的西方经济学家似乎认为，解决全球贸易不平衡的办法（也为了中国自身的利益）是重新调整汇率，而与其相左的论点都被扣以“误导”的帽子。

不幸的是，两个事实有力地反驳了这些经济学家。中国目前的国内生产总值为4.8万亿美元，而三大经济体（美国、欧盟和日本）的国内生产总值共为37万亿美元。如果人民币升值40%，中国的国内生产总值将增加1.92万亿美元，还不到三大经济体总量的5.2%。因此，依靠中国在短期内取代三大经济体作为全球经济引擎是不现实的。

另外，日本在1985年根据“广场协议”大幅升值日元以解决全球贸易不平衡。日美之间的贸易顺差并没有减少，日本却遭受了资产泡沫，进而伤害其金融系统，导致近20年的通缩。也就是说，对中国和世界来说，调整汇率的后果或许比问题本身更糟。

第四，布雷顿森林体系不是为恢复全球平衡而准备的，无法承担为全球整体利益服务的责任。相对于全球需求，该体系的资源太少。该体系的主要资源来自于其资本（主要是由西方国家出资），因此该体系全部的金融资源仅有债权国家官方储备的四分之一，不到传统的全球金融资产的0.5%。无论从定量还是定性分析，布雷顿森林体系不能成为世界的央行，起到最终贷款人作用，也不能采取金融措施来缓解全球不平衡或危机的后果。这些事务仍属国家范畴。

我认为，未来一年中国际金融体系的变化将很小，因为目前没有一个明确的集体愿景。一座风格统一的建筑需要一位建筑师。很悲哀，目前我们无人可企及经济学家凯恩斯的高度，并像他一样指引方向。

经济思想危机

总的来说，变革的最大障碍是经济理论的失败。没有一个理论可以准确地预测和解释双重危机。目前的经济理论充其量不过解释一个危机，并提及另一危机。历史上的危机很少被提前预测到。大萧条是在1929年就开始的，但凯恩斯的理论直到1936年才发表。他的理论挑战了新古典主义，

10年后才被逐渐接受，被用来解决周期性的经济问题。

对于人类和市场行为，我们需要复杂的、非线性的解释，包括不同的机构如何来应对不完整的信息。我们需要一个更具包容性的理论，可以解释人类之间的危机（金融危机）和人与自然间的危机（气候变化）。否则我们的反应将是盲目的。部分解决一个危机的方案可能会恶化另一危机。

因此，目前真正的危机，是过时的经济理论和不同的机构来应对复杂的问题。而某些问题影响全人类，其复杂性远非一个机构或者意见不一的国家所能解决。

坦率地讲，我们目前的经济理论不能充分解释气候变化，就像玛雅牧师们发现更多的祭祀不能带来雨一样。

双重危机不仅是关于人类面对自己的愚蠢，同时还要应对不断变化的自然母亲。西方线性思维在实际应用中表现为传统的自上而下的官僚做派，即处理最紧急的而不是最重要的；忽略困难的外部问题；为了短期利益牺牲长期利益。

在过度消费后，西方开始指责东方储蓄太多。指责者恰恰忘记了这些储蓄来自于为西方的生产所得，其代价是污染了东方人的家园，压榨了东方廉价的劳动力。如果西方不消费，东方将不可能有储蓄。双方都有所得，唯有自然母亲受到伤害。我们忽略了生态环境的恶化，因为传统的经济学理论和国家统计很难或不方便把这些包括在内。

因此，最迅速的解决办法不是要求东方人消费，而是从长远考虑人类的可持续性发展。我们都需要经济学领域的深刻变化，包括如何计算绿色GDP。这将有助于我们更加准确地来衡量非持续性生产和消费带来的后果。

思维方式的冲突

双重危机迫使我们思考面临的选择。我不得不说，危机不是塞缪尔·亨廷顿所说的文明的冲突，而是“短期、片面和线性”思维方式与“长期、系统及非线性”思维方式的冲突。第一个很容易被归类为西方的思维，而后一个则不仅是东方学者们的共识，越来越多的西方学者也开始接受后一种观点。

我请求发展中国家的人们开始认真考虑改变生活方式，从而有益于生态环境。

实际上，不太可能有一个人能看透我们面临的所有复杂问题。理解和解决问题的过程将是多领域的，需要各个领域的专家，包括物理、生态、哲学，甚至行为科学。

环境变化将影响我们全人类的未来，而不仅涉及某个国家。很不幸，在哥本哈根的谈判是发达国家和发展中国家之间的对立。控制人口增长和消费水平是解决气候变化的关键。气候变化是未来才发生的灾难，仅考虑眼前将于事无补。我们必须为了后代来应对这个问题。

世界正处在变革的前沿，西方和东方的杰出政治家需要共同努力。当世界呼唤历史性的重大决定时，全球政治家通常都言辞华丽，但裹足不前。历史表明，模棱两可的决定通常会为各个国家赢得时间，来考虑到底该怎么做。但是，时钟不会停下来。

回顾历史，我意识到历史上的转折点出现在动荡时期之后。混乱通常由战争或深刻的思维冲突来解决。因此，必须对旧的经济思想进行创造性的破坏，才能重建一个新的思想框架。

发起思想革命的时刻已经到来。这场革命是关于如何正确应用科学技术来促进可持续发展。如果我们不能在全球范围内实现这个目标，我们必须在国家和社会的层面来实现。人征服其他人不难，难的是征服自己和自己的贪婪。

谁为狂欢埋单

当前危机的损失会通过未来通胀、税收、失业和消费缩减等，由全球共同承担。持有美元资产以将承受美元贬值的损失

雷曼兄弟已经倒闭16个月了，但现在的经济形势仍不明朗。

最近我发现一个很奇怪的现象，在政府用大笔资金和零利率政策救助那些金融机构之后，这些金融机构又在2009年取得了创纪录的赢利。与此同时，美元的不断贬值和庞大的利差交易给新兴市场制造了大量泡沫。

截至2009年11月末，道琼斯指数上升了20%，上证A股指数上升了80%多，英国富时100指数上升了30%，金价上涨了60%，石油和金属价格上涨超过45%。发达国家工业产值和GDP的增长率仍是负数，美国的失业率已超过10%，欧洲失业率接近10%。而中国经济增长率已回到8%的水平。因此有些经济学家鼓吹危机已经结束了。还有些人认为，我们浪费了这次良机，因为遏制金融市场动荡的努力已取得巨大成功，这会降低全球各国进行市场改革和经济法结构调整的决心。

然而，华尔街的盛宴还远未结束，因为他们手中的酒杯还没被拿走。华尔街银行家2009年的奖金甚至要高于2007年的峰值，而这距离政府援助还不到一年。有人认为，实行零利率政策使得更多的泡沫添加到这个酒杯中，促成了他们的高绩效和高奖金。

这场危机将一直是争论的焦点，或者因为政府果断、迅速地应对危机，或者因为大众被短暂的复苏所迷惑，因为短暂复苏会掩盖后面更严重的实体经济危机，而这场危机持续时间将更长。

现在看来，这次金融危机的发生可归因于两个“过”：过量金融工程和

过度消费。发达国家有过量的金融工程，而且大多数是有杠杆的。而过量金融工程和高杠杆是由过度消费导致的。另外，过度消费还会引起全球气候变暖。

在2008年，当石油价格达到每桶147美元时，各国央行行长们就在讨论，油价是否会导致全球通胀。但是数月之后，世界就陷入了通货紧缩。

新兴市场有充足的生产能力，其中一大部分产品都出口给发达国家。随着西方国家的“去杠杆化”和消费缩减，导致新兴市场的出口减少，生产能力严重过剩，这只是经济结构重组的开始。

如果经济结构重组导致大量失业，那么政府要稳定民生，贸易保护主义又要开始盛行。这其实就是20世纪30年代发生的故事，历史又一次重演。

有了零利率政策，世界成为一个巨额的利差交易场所，投资者又一次陷入贪婪和恐惧。贪婪使得更多的人参与到这个动量游戏中，但随着价格越来越高，恐惧也油然而生。迪拜债务危机证明，房价不会永远上涨，这也警醒了银行中有大量房产抵押的国家。

那么，谁在为危机埋单？

金融危机发生，是因为资产价格泡沫破灭给私人部门造成大量财富损失。在1990年至1997年，日本损失估计达到GDP的2.7倍，长期经济缓慢增长，政府财政赤字达到GDP的200%。

经济增长缓慢在零利率环境下是可以持续的，但日本民众承受了大量损失。股市、房地产的低收益率和存款的零利率，使很多人的退休金没有保障。

如今，在全球零利率政策下，全世界都在为华尔街造成的损失埋单。

谁又从零利率中获利？

虽然存款利率降到零了，但企业仍以较高的利率借款，因为低利率是为了补贴银行系统，使它们拥有很高的存贷利差。美国政府30年按揭贷款的固定年利率仍是5%，可以说非常高，尤其是当你可能失业的时候。

如果目前财政赤字超过GDP的10%，那么美国政府的资产负债表规模就要扩大到3倍，经济合作与发展组织（OECD）以实际值估计的货币供应量增长就会达到2002年以来的最高点，这意味着未来会发生通胀风险。

这也解释了为什么黄金、大宗商品和房地产的价格涨得这么快，因为它们为更多的储蓄者所青睐，被当做抵御通货膨胀和美元贬值风险的工具。

当前危机的损失会通过未来通胀、税收、失业和消费缩减等，由全球来共同承担。美元是主要储备货币，持有美元资产的人将承受美元贬值的损失。

关于通缩与通胀的争论从来就没有停止过。经济学家如保罗・克鲁格曼和努里尔・鲁比尼认为世界面临通缩的压力，而像索罗斯和巴菲特等投资家则担心通胀的风险。

有一点毋庸置疑，大多数国家共同承担了这次危机的损失。所以，请寄张新年贺卡给华尔街那些获得高额奖金的银行家们，提醒他们，全世界都在为他们的狂欢埋单。

“上帝的银行家”

投资银行如果进行自行交易，那么他们就不能利用公众的保护伞为自己赚取巨额利润

最近，华尔街银行家高额奖金引起了公众声讨。为什么我们如此不满？我们不应该嫉妒他人赚钱的能力，但那些坐拥高额奖金的银行家赚钱的方法让我们非常恼火。

这些银行在金融危机后滥发奖金的行为，就好比一个人得了心脏病，你把他带到医院，为他支付医疗费，然而几天后，他举办一个聚会，你又要为他埋单。你会后悔当初本不该救他。

但是，华尔街的一些顶尖银行家却不这么看待这个问题，他们说：“我们非常重要……我们帮助公司筹集发展所需的资金。公司的发展可以创造财富，从而创造就业机会，带来更快增长和更多财富。这是一个良性循环，我们为社会贡献了价值。”西方媒体界称他们为“上帝的银行家”。

2009 年，在危机严重时期，政府除了救助这些濒临破产的银行别无选择，因为银行的倒闭会严重损害实体经济。

美联储降低了利率，为所有存款提供担保，并让投资银行转型为银行控股公司，使它们可以接受低利率的贷款。政府现在似乎已经成了“相互关联而不能倒闭”问题中的人质。一些银行家们也深谙其中奥妙：如果我从银行借 1000 美元，如何归还那是值得我自己担忧的问题；如果我借了 10 亿美元，如何归还那就是值得银行去担忧的问题了。

亚洲金融学者和从业者在评论这次危机时，似乎很难避免不批评我们的老师。毕竟，我们都是从西方世界学会了现代银行和金融监管的科学。

那么老师究竟哪里错了？西方的金融监管者总是第一个告诉银行家们，“了解你的客户，了解你的风险”。但是事后来看，我们的老师反而忽视了他们自己的建议，因为他们根本没有意识到，那些对于零售银行有效的传统的监管工具和监管流程，对于已经演化到批发银行的巨头来说，早已不适当。

这些批发银行都有大量的衍生产品负债，并且隐藏在不被监管的影子银行体系之中。

西方老师犯的第二个错误也是认识盲点导致的。他们没有意识到零售银行和批发银行的一个基本区别是委托代理问题。

从历史角度看，银行之所以被监管，是因为他们是公共存款的代理人，是连接储户与公司和个人借款人的桥梁。各国对零售银行的监管都很严格，并由政府提供明确的安全保障网络，因为倒闭会导致人心惶惶，并相互蔓延。

随着时间的演进，在激烈的竞争之下，传统的零售银行不能从利差中获取足够的利润，所以他们不得不尝试进入批发银行领域。他们把贷款打包成新的衍生品工具，然后通过出售获得资金，同时他们还进行自营交易。

慢慢地，他们不再完全是客户忠诚的代理人，更多时候是自己利益的代理人。这种巨大的变迁源于一种新的银行经营思潮的驱动——银行应该是全能的，是为客户提供“一站式”服务的金融超市。

作为对比，西方监管者总是认为，不应该监管对冲基金，因为他们是投资者，用自己的账户和自己的钱进行交易，所以他们的倒闭不会导致系统性风险。然而，当投资银行用自己的账户交易时，他们实际上是在和客户竞争。他们究竟是代理人（应该被监管的），还是委托人（不应该被监管的）？

这里的确存在委托人和代理人的利益冲突。没有人对商业银行传统的合伙制提出质疑，因为如果商业银行因自营交易而亏损，那么损失是由合伙人承担的。但是，当投资银行成为上市公司，并且是一些衍生产品的发起人和做市商，那么它们的低资本充足率，就可能使整个金融体系非常脆弱。

政府应该为银行的自营交易担保吗？如果你接受这个观点，那政府为什么不为你我个人的自营交易提供担保？

在此次金融危机中，为什么没有一个主要的大宗商品操盘手得到政府担保，反而一些投行获得了保护伞？而且，有些公司自营交易可获得政府担保和低利率贷款，而有些公司则不具备这些条件，这显然不是一个公平竞争的环境。

现在并不是考虑到银行太大而不能倒闭，而要把银行按照《格拉斯—斯蒂格尔法案》进行拆分；真正的问题在于投资银行如果进行自营交易，那他们就不能利用公众的保护伞为自己赚取巨额利润。

最后，借用老子的名言，对于银行而言，赚大钱若烹小鲜，不能太过。"上帝的银行家"忘了本，就不能怪政府对他们下手。

香蕉王国“猿氏法则”

今天受欢迎的政策在明天看来可能是错误的，暂时的过度消费意味着明天要挨饿

香蕉王国面临严重危机。在救助香蕉银行失败后，政府给银行注入大量资金，经济有了短暂复苏。但现在又重陷衰退，失业率居高不下。

绝望中，国王召见了智者猴子。

“大师，请指点我该如何走出目前的困境？”国王问。“请记住黄金法则，”智者说，“有黄金的人统治世界。”

“你说的对，”国王承认，“我们花巨资救助香蕉银行，使王国陷入债务危机。而银行家现在却比以前更富有，几乎成为了我们王国的主要贷款人。”

“那么，现在的统治者是你国王还是银行家？在你可以统治猴子之前，你必须知道猴子的本性，”智者说，“你得记住猿氏法则。”

第一条法则是，“永远不要让猴子照看香蕉。”

国王说：“那个猴子聪明、很有能力，而且穿着得体。它毕业于最好的商学院，可以把问题解释得如此清楚，使我不得不相信他。”

智者笑道：“但是猴子银行家有没有和你这样说，‘一分钱，一分货’，便宜的猴子是管不好香蕉的。”“是的，因此我给他很高的工资和奖金。”

第二条法则是，“昂贵的猴子仍然是猴子。”

“那么，危机的发生一定是香蕉衍生产品引起的。这些衍生品危害极大，我们应该禁止发行衍生品。”国王说。

“衍生品看起来很复杂，但是也很简单。你不应该去看香蕉叶子，而是

去看香蕉树。香蕉去了哪里？究竟谁吃了香蕉？香蕉衍生品只是工具，你不应该归咎于那些衍生品。”

“你说的对。但是我救助银行有什么过错吗？”国王问。

“每棵树都有生命周期。当一棵树把土壤中所有的养分都吸收完，它也要死亡了。树死后，它把养分返还给土壤，又可以培育新的树。生活是残酷的，但是每一个生命终止之后，又有新的生命诞生。现在，你救助了一个病入膏肓的树，这棵病树要从土壤吸取越来越多的养分，以致新树无法获得足够的阳光和养分。”

“但是我这么做是为了所有人好。”国王申辩。

智者点头道：“你有好心，但是好心不一定有好的结果。猴子清楚地知道，制造钱的秘诀是低买高卖。当你救助他时，你就在高买低卖。如果你总是在高买低卖，你如何获胜？”

第三条法则就是，“当你救助猴子时，已经不再是猴子的问题，而是你的问题。”

“我现在明白了，这一切都是猴子的错。”国王说。

“不对，”智者坚定地说，“猴子生来并没有好坏。它们喜欢香蕉也没有错。你让猴子去管理猴子，因为你认为猴子才最明白自己群体的行为。但是管理产生的问题，不能由管理者本身去解决。他们会设法保护自己的利益。”

“所以，如果你大意，猴子会成为香蕉王国的主人，而不是你，我的陛下。”

第四条法则是，“没有永远好的猴子，也没有永远坏的猴子，只有永远的利益。”

国王承认，“工具和猴子都是不可以依靠的。我仍然要责备猴子，它们造成了现在混乱的局面。”

智者忧虑地摇着头，长叹一口气。

“阁下，是你允许猴子照看香蕉的，是你任命一只猴子管理其他的猴子。所以，当现在香蕉都不见了，应该是你还是猴子负责呢？”

第五条法则是，“你要为你自己的错误承担最后的责任。”

国王终于明白过来，“你说的对，大师，那么我应该怎么做？”

“你的大臣们只推出那些受欢迎的政策，但是今天受欢迎的政策在明天看来可能是错误的。如果猴子吃了所有的香蕉，那么就连培育新香蕉树的种子都没有了。如果没有香蕉树，那么每个人都会挨饿。所以，暂时的过度消费意味着明天要挨饿。”

第六条法则是，“为了大善，你就必须残忍。为你的人民做必要的事情，即使这意味着要牺牲掉你自己。”

至此，国王终于如醍醐灌顶，彻底明白了智者的忠告。他主动把王位让给了他的儿子，并且要求新国王和新国王的子女发誓学习“猿氏法则”，并作为祖训，世代相传。

新国王做的第一件事是开除了猴子银行家，清理银行系统，使香蕉种植逐渐恢复。

而这位老国王跟随猴子智者的脚步，上山出了家。

好戏正在上演

美国最近关于金融危机调查的听证会，揭示了华尔街的高人们往往“说一套做一套”

诸位，请允许我来描述这场举世瞩目的戏剧，看看华尔街如何引致了这次全球金融危机。这是一个巨星云集的舞台，演员队伍规模庞大，从名流到罪犯。从来没有这么少的人能从各方赚取如此巨额的收益。

看看上帝的银行家们（God’s Banker）怎么说：“我们也没有躲过房地产抵押贷款灾难，我们确实亏了钱，只不过通过做空又赚回了比损失更多的收益。”

美国金融危机调查委员会和负责调查金融危机的美国参议院小组委员会几乎每周都会传唤华尔街的明星们，看看他们的调查结果吧！

参议员小组委员会主席、民主党参议员卡尔·莱文(Carl Levin)说：“投资银行（例如高盛）没有安守做市商的本分，受利益驱使而大量推销其高风险、复杂的金融产品，并最终引发金融危机。”

高盛2009年年度报告指出，该公司“并没有在住房相关的金融产品上下赌注以赚取巨额净收入”。但莱文说：“这些电子邮件显示，高盛通过在抵押贷款市场上投注赚取了大量资金。”

这些公开听证会所揭示的，是贪婪的华尔街以其不断扩张的野心对全世界犯下的欺诈罪行。投资者直到现在才意识到那些做着自营交易（proprietary trading）的高人们往往是说一套做一套。

如果大家相信他们，一味买进并推高了市场，那么这些高人很可能趁机高位卖出，导致市场下跌。这就是所谓的“风险对冲”。

2010年4月是残酷的月份，特别对于华尔街来说。

4月7日，美国金融危机调查委员会（FCIC）着手调查证券化问题，以格林斯潘的证词为开端。4月13日，参议院小组委员会质询了四个主要问题之一，“美国金融机构如何转向高风险借贷战略以迅速赚取暴利。”同一天，美国证券交易委员会指控高盛欺诈。

在4月16日举行的关于监管者职责的第二次听证上，该小组委员会揭示了“监管者如何在知情并了解风险的情况下坐视不管，相互推诿”。4月23日的第三次听证调查评级机构的职能，27日的第四次听证调查投资银行家的角色。事后证明，华尔街的银行家们虽然总能很好地把握住政府的动向，但显然低估了公众对他们的愤慨及其自身的脆弱性。

审议评级机构的部分最有启发性。全球的评级业务主要集中于三家评级机构——穆迪、标准普尔和惠誉。大多数投资者依赖于评级机构来评估投资组合，特别是债券投资的质量。随着“巴塞尔协议”的问世，银行监管者也借助评级来评估资本风险权重是否合理。

因此，如果一家银行打算持有垃圾债券，那么相应的资本要求将会提高。当然，养老金和货币市场基金使用信用评级来区分安全和高风险的投资。

过去10年里，三大评级机构将AAA的信用评级给予了住房抵押贷款支持证券（RMBS）及债务抵押债券（CDOs）——正是这些产品助长了衍生工具市场的泡沫。2000年至2006年间，投资银行承销了接近2万亿美元的抵押贷款支持证券，其中4350亿美元是由次级抵押贷款支持的。

2002年至2007年间，这些评级机构的收入从一年30亿美元翻了一番。但问题的核心是信用评级机构存在内在利益冲突——它们以“公共品服务”收费。

投资者以为他们所购买的是AAA级、超级安全的证券，但事实上，在AAA级次级房产抵押证券中，2007年发行额的91%和2006年发行的93%都被降为垃圾级。正是对这些证券评级信任的瓦解，导致了市场流动性的大量撤出，并最终引发2008年的金融市场崩溃。

这只是华尔街丑闻的开始，下一场演出还会更精彩。

新蛮人的侵害

> 如果金融体系的守护者仍然相信“不管代价如何，贪婪总是好的”，那么最完美的金融体系也无法起作用

1987年，好莱坞拍了一部非常成功的电影，名叫《华尔街》。著名影星迈克尔·道格拉斯饰演男主角戈登，一个非常有钱、强势而又冷酷无情的证券经纪人，他在剧中有一句名言是“贪婪是好的”。

今年夏天，道格拉斯主演的《华尔街2》将与观众见面。读者不必期待《华尔街》的续集。随着美国针对华尔街银行家行为的一系列听证会召开，读者已能感觉到，戈登的形象不再只是电影中的人物，而是真人秀。

美国参议院小组委员会调查发现：

第一，2004年至2007年间，一些投资银行家通过将高风险的房地产抵押贷款证券化，出售给投资者，获取丰厚的佣金。天真的投资者出于对这些银行家和信用评级机构的信任，误以为购买的是上等、安全的资产。

第二，投资银行家事实上放大了风险。他们把一些房地产抵押贷款支持证券“再证券化”，创造了债务抵押证券（CDOs）出售给投资者，他们则通过使用信用违约掉期或指数交易来对冲风险。许多交易员知道他们销售的产品质量极差。

第三，正是因此，投资银行看空这个市场——在买入相关产品的同时，卖空了更多的产品。这样一来，当CDOs市场突然崩溃的时候，投资银行借助自己的净空头头寸，仍然获利不菲。

第四，对投资银行来说，为客户服务和自营交易存在显而易见的利益冲突。在这次金融危机爆发前，许多投资银行并没有告知它们的客户，它

们自己也在同一个市场从事巨额自营交易。

其中，有些产品在设计的过程中，就为一些特殊客户提供了做空机会，投资银行却又鼓励另一些客户在不知情的情况下做多同类产品。我想，亚洲国家或地区的金融监管部门应该仔细审查一下：上述产品究竟有哪些曾经或正在本地销售。

由于并不知道投资银行家们正在出售的其实是有毒的金融产品，许多投资者的利益受到极大的损害。一些地方政府财政部门、基金公司、养老基金和保险公司也加入了受害者名单。最终，广大的纳税人和储蓄者不得不为这些损失埋单。

在一些激进的评论人士看来，这些听证会最终造成了双赢的结局。投资银行家表明了至少自己的行为不是非法的；而参议员们以此为契机，则使金融改革法案更快地得以推进。

我们应该仔细区分合法行为和适当行为的界限。以雷曼兄弟为例，在倒闭前，该公司通过臭名昭著的“回购105”交易不断粉饰自己的流动性状况。在2008年9月，雷曼兄弟报告的流动性头寸达到400亿美元，相当部分是粉饰的结果。

人们对银行家的信任等同于对守卫国门的战士的信任。20世纪80年代，有一本著名的描述公司入侵者的书——《门口的野蛮人》，后来还被拍成电影。这些华尔街的入侵者，在投资银行家的帮助下，充当了破坏长城的匈奴人的角色。

美国财政部长盖特纳在一次听证会中指出，当大型金融机构承担了过度的风险时，一个自然的倾向是把风险转移，剥离这些大型金融机构的风险，达到金融稳定的目的。问题在于，正是这种思路诱发这次金融危机。

这次金融危机的重大教训，就是试图把为企业融资和对冲风险提供服务的高风险业务转移到传统银行体系之外，转移到不受监管的平行金融系统。这不仅不会让整个经济更加安全，还可能会给经济带来更大的风险。

如果金融体系的守护者仍然相信“不管代价如何，贪婪总是好的”，那么最完美的金融体系实际上也可能无法起作用。如果整个金融体系缺失了信任和诚实，任何监管体系都难以防范这些新蛮人的侵害。

第五章
破解货币之谜

本轮金融危机似乎宣告了美元的末日即将来临。在“大国意识”与“复兴意识”的双重激荡下，不少国人跃跃欲试，似乎一夜之间，人民币便可取而代之了。

且慢喧嚣！作者当头棒喝：一种货币成为世界货币是需要诸多条件的。正如《审视储备货币得失》一文所示，目前，这些条件人民币并不充分具备。与其临渊羡鱼，不如退而结网。《探究日元败因》一文显然也是写给那些过于激动的国人的。

对沸沸扬扬的汇率问题，作者也着墨不少。他将最能反映市场供需变化的浮动汇率比作跳华尔兹。

只是，在阴谋论者一片“货币战争”鼓噪声中，优雅、浪漫的华尔兹能翩跹起舞吗？

共绘东亚货币“蛇形曲线”

东亚的各个中央银行只需要承认这个“蛇形曲线”的存在，并且达成某种协议，以确保在整条“蛇”受到袭击时，其他“部位”能够及时予以支持

全球金融动荡已经提醒东亚地区：到了该反思本地区货币体系和金融架构的时候了。

关于东亚货币合作的讨论往往会停滞不前，这主要是因为东亚地区和欧盟有很大的不同。没有统一的货币，各国的政治差异很大，使得东亚地区目前还没有经济一体化协议，更不用提货币一体化了。可以理解的是，每一个国家都不愿意在跨国货币合作方面，放弃自己在汇率决定和货币政策方面的主权。尽管如此，欧洲货币一体化的历史仍然可以给东亚地区诸多启示。

首先，我们可以回顾一下亚洲金融危机之后，东亚地区在货币合作方面已经取得的进展。

亚洲金融危机后，东亚经济体迅速启动了国际收支平衡表的重组，改革各自经济金融系统的弱项。目前，几乎所有的东亚经济体都已经采纳了浮动汇率制度，只剩下香港还在维持联系汇率制度。今天，东亚地区的外汇储备已经超过了 3 万亿美元，这些储备投放在美国和欧洲的金融市场上。这一局面已经部分造成了全球失衡，更大的问题在于，在这种全球金融新秩序下，全球仍然没有一个统一的中央银行和金融监管机构，以应对类似 1997 年那样的危机。

有人建议亚洲也应该构造一个“亚洲货币单位”（Asian Currency

Unit）。我倒是觉得，东亚的九个经济体（印尼、中国、中国香港、韩国、日本、马来西亚、菲律宾、新加坡和泰国）已将它们的货币按照“蛇形”（snake）结构保持动态平衡。这种结构，类似于欧洲在20世纪70年代建立的非正式的欧洲货币体系“蛇形曲线”。

这种汇率变动的逻辑是显而易见的。

东亚货币同步变动的主要驱动力，来自亚洲制造业的全球供应链结构，正是这一结构推动了亚洲地区的贸易一体化。在亚洲金融危机之前，东亚地区的货币都是盯住美元的。当时，美国是亚洲产品的最终消费者，美元也是亚洲地区贸易与投资的主要结算货币。

随着20世纪80年代后期日本崛起为世界第二大经济体，日元似乎可以挑战美元的地位。1985年的“广场协议”促使日元一次性升值，这一举措使得日本的国际收支出现了短暂的泡沫，不久，日元又开始大幅贬值的过程。日元最终并没有成为东亚地区的主导货币。

亚洲金融危机对东亚经济体造成了巨大的冲击，这就如同一队有序飞行的雁阵突然遭遇了老鹰的袭击，雁阵一乱，每只大雁就被各个袭击。鉴于此，目前东亚经济体不再单单将美元作为参考货币，它们也会关注欧元；更重要的是，东亚经济体开始尝试与本地区的其他货币保持联系。

目前，全球汇率制度正在从一种储备货币制度，转向两种储备货币甚至多种储备货币的制度。东亚地区面对的一个艰难的选择是，究竟该采取哪种汇率制度？

一个务实的答案是：不应该维持某一种固定模式，而应该根据彼此的货币如何变化来应对。目前，处在全球供应链上的东亚经济体相互盯着对方来制定汇率政策。事实上，这就是一种亚洲的“货币蛇形曲线”（Asian snake），只不过没有正式的文本协议而已。

那么，正式的协议是否有必要呢？最有效的规则是所有人都遵守它。东亚的各个中央银行只需要承认这个“蛇形曲线”的存在，并且达成某种协议，以确保在整条“蛇”受到袭击时，其他“部位”能够及时予以支持。这种合作模式，既能够应对全球金融危机的冲击，又不会损害各个经济体的主权。

如果东亚各个经济体的政府和决策者能够在思路上实现这种突破，那么，下一步就可以建立某种正式的货币合作协议框架；这实质上可能就是亚洲货币基金组织（Asian Monetary Institute）。可以用以强化地区对话，保持本地区各个中央银行在制定汇率政策方面的灵活性。最终，也有助于形成亚洲地区的央行——在本地区某个经济体出现金融或者国际收支危机时，能够充当最后贷款人的角色。

这种制度建设框架，因为没有僵硬的规则条文，较容易启动，并且在后续工作实践中逐步调整。通过这种“货币蛇形曲线”，东亚的央行可以学会共处，并共同应对潜在的投机性袭击。通过更强的监管合作，东亚地区也可以一道识别本地区的偿付风险。

地区间和全球性的合作比以往任何时候都显得更为迫切。10 年前的那场亚洲金融危机，虽说是一场地区性的悲剧，但从全球范围来看，不幸中的万幸在于，亚洲的危机只是全球经济金融边缘地区的危机，欧美这些中心地带在当时仍然相当稳健。10 年后的今天，我们开始遭遇了真正的大不幸。眼下是讨论地区间和全球经济金融架构改革的时候了。

汲取白银教训

从中国历史上采用银本位制付出的代价来看，一个国家不能实行自己无法控制的货币制度

在解释中国近代经济衰落时，历史学家黄仁宇经常提到这样一个观点：清朝政府对货币政策和财政政策缺乏理解与掌控，最终无法与西方世界竞争抗衡。从本质上说，中国近代的货币政策（如果有的话）松紧程度或多或少与当时的白银供求相关。事实上，自明朝以来，银本位就开始成为中国主要的货币制度。

现代经济学家和金融学家们不太熟知的一个重要近代史实就是，差不多在明朝时期，全球已经出现了第一次严重的贸易失衡。当时中国向西方世界源源不断出口瓷器、丝绸和香料，换回高额白银"储备"，形成了对西方国家巨大的贸易顺差。到了明万历年间，朱明政府实行重商主义，鼓励出口赚取白银，以支持军费开支，打击犯边的满族人。其结果是，西方国家的白银被大量运到中国，导致本国货币供应量下降，引起通货紧缩。为了实现贸易平衡，抵制白银外流，西方国家开始出口鸦片到中国。

从 1809 年到 1842 年间，鸦片入侵损害了中国的生产力，致使出口下降，并引起更多失业，加上清政府自身的腐败和自然灾害，以及白银的大量外流，使得清朝逐渐走向衰落。上个月（指 2009 年 6 月，本文发表于 2009 年 7 月——编注）在美国波士顿，我买了哈佛大学亚洲研究中心出版的一本新书——《"大萧条"中的中国》，作者是经济史教授城山智子（Tomoko Shiroyama），该书描述了 1929 ~ 1937 年间的货币改革如何改变了中国的命运。

1867年，在巴黎举行了一个货币改革的国际会议，以推动国际货币标准由金银复本位制向金本位制转变。这项货币改革措施在1910年被英国和法国进一步推动，最终除中国以外主要的大国都实行了金本位制。当金本位为大多数国家所采纳时，白银就开始贬值。白银贬值实际使中国获得了出口优势。

从1890到1930年间，白银贬值促进了中国的出口，推动了长江三角洲地区的工业化进程。在这一时期，一些中国银行和外资银行开始在贸易融资领域大量开展业务，并广泛进行白银外汇交易。当有出口盈余和白银流入时，银行就有钱借给商人，用作贸易和房地产融资，因此增加了货币供给。而当白银外流时，银行就必须紧缩信贷，从而打压房地产价格。所以，中国商业银行的信用乘数取决于全球的白银价格。换句话说，当时中国的货币政策完全依赖于全球白银供求的均衡结果，政府无法控制货币供给量，况且政府也不懂所谓的现代货币政策。

从1929年到1931年，世界上大多数国家都处于“大萧条”中。由于这些国家采用金本位制，货币供应量增长有限，加上贸易赤字带来黄金外流，导致了通货紧缩。而中国由于采用银本位，刚开始并没有通货紧缩。1931年9月以后，大多数国家放弃了金本位制，并且使货币贬值以提高本国在贸易中的竞争力。这样，中国在坚持银本位情况下，白银对其他国家货币急剧升值。升值的后果是白银大量外流、贸易赤字和国内通货紧缩。美国在1934年又颁布了《白银采购法案》，以保护白银在美国的价格，这使得中国的情况进一步恶化。白银外流意味着货币供应量下降，银行必须回收国内的贷款，以保证流动性。这个“去杠杆化”过程加剧了危机，就和当前危机下银行“去杠杆化”带来的后果一样。那时，上海的房地产业因流动性不足，陷入了危机，并导致银行业出现整体性危机。

换句话说，坚持银本位制度使得中国在“大萧条”中承受了更大的损失。因为中国政府无法控制国际上白银的供给和需求，致使国内的经济增长和投资完全取决于国际银价。

在1934年的银行危机以后，国民党政府不得不改革货币制度。在1935年11月4日，中国放弃了银本位制，建立中央银行，但是并没有把中国的货币“元”和在亚洲影响最大的三种货币英镑、美元或日元挂钩。更重要的是，中国没有引进外汇控制机制。这是一个根本性的错误，因为一旦抗日战争爆发，财政支出超出控制，币值就不能保持稳定，带来高通货膨胀，最终将严重损害政府的信用。

历史是一面镜子。从中国近代货币制度的选择中，可以吸取重要的政治经济学教训。只有政治稳定，才能带来一国的货币和汇率稳定。除此以外，还需要有独立自主的政策工具（包括银行信贷纪律），以维护国内的财政货币政策的连续与稳定。一个小的经济体如果没有自己的信用体系，可以通过将本币和主要贸易伙伴的货币挂钩而获得信用。但是，一个大的经济体就不能这样，他们必须要考虑长期的政治后果。从中国历史上采用银本位制付出的代价来看，一个国家不能实行自己无法控制的货币制度。进而言之，如果由一个全球央行统一制定一种“世界货币”标准，会更有利于其成员国保持本国货币的稳定性吗？这仍然是一个很值得深思的问题。

认识货币衍生性

货币不可能变得比创造它的实体经济还要强大，过多的货币不能让我们变得更富有

我的一个泰国朋友曾经询问我对人民币成为全球储备货币的可能性有什么看法。事实上，亚洲货币在全球储备货币体系中的角色，是我一生都在思考的问题。当我早年在香港金融管理局工作时，我就在想，港币有没有可能成为国际储备货币。由此出发，我进一步反问自己，既然日本已经是世界第二经济大国，那么日元为什么始终不能成为主要的国际储备货币？为什么欧元能成功而日元却失败了？这是一个很复杂的历史故事，很难在一篇专栏文章中详述，这里我只能选择其中的几个要点来阐述其中的道理。

首先，要回答国际储备货币的问题，我们必须要回归基本原理。我们必须知道货币是什么，货币为什么这么重要。经济学家会告诉你，货币有三种基本职能：支付手段、价值尺度和价值贮藏。牧师可能会告诉你，货币是万恶之源。而所有人都知道货币意味着权力，但是货币也可以是负债。在你艰难地向别人借钱时，你才能知道谁是你真正的朋友。

实际上，货币是实体经济的衍生品——货币只是代表你用它所能购买的商品和服务的数量。货币本质上是你用来交换其他物品的工具。和所有工具一样，货币的善恶取决于你如何使用它。善者，可以用于慈善事业，帮助穷人；恶者，则无度挥霍，甚至用于战争。你的财富对你来说是资产，但它同时也是别人的负债。例如，你钱包里的纸币就是中央银行的负债，而你持有的支票和汇票是发行票据的银行的负债。

货币既是资产，也是负债。这种双重性质意味着，货币在创造权力的同时，也被赋予了相应的责任。一国之内，中央银行是惟一可以印钞票的合法机构。但是，国家发行政府债券，或者商业银行投放信贷都可以创造货币。实际上，由它们创造的货币供应量要远远大于央行发行的货币数量。在一个市场经济体系中，如果货币供应量增长得太快，超过实际产品的增长速度，那么就会发生通货膨胀。

货币供应量构成可以通过央行的资产负债表进行分析，但是很少有人会去关注它。其实，大多数央行的资产负债表都比较简单。央行的负债主要是央行发行的货币、金融机构和政府的存款。央行的资产由外汇储备（其他国家的负债）、政府债券（政府的负债）、央行给金融机构和私营部门的贷款（金融机构和私营部门的负债）构成。如果把央行和商业银行的资产负债表合并，你会发现，它们的负债基本上就是我们所说的“广义货币”——流通中的现金和银行存款。所以，政府发行债券，外汇储备增加，或者商业银行贷款增加，都会使货币供应量增加。

上述有关货币的基本原理告诉我们，商业银行的信贷投放越多，货币供应量就越多。信贷增加，意味着更多的人或政府愿意借钱消费或投资，也就会带来更多的就业机会和更高的收入。但是由于生产能力有限，我们不可能消费得太多，这也是为什么必须控制信贷额度的缘由。

我们已经认识到，货币是实体经济的衍生品，那么，我们来看看衍生品有多么危险。第一级衍生品是与实体物品直接挂钩的，例如货币有黄金支持。接着，我们又在第一级衍生品的基础上创造新的衍生品——贷款。贷款是建立在借款人的净资产基础上的二级衍生品。然后，资产抵押债券是三级衍生品，CDO（债务抵押债券）是四级，CDO2 是五级，依此类推。当你交易互换期权（swaption）时，你甚至都不知道你所买进或卖出的衍生品背后的标的资产是什么。这意味着，衍生级数越多，产品越复杂，透明度就越低。

我们都知道，如果标的资产陷入困境，相对应的衍生品的价值也很可能会大幅下跌。所以，如果实体经济是脆弱的，金融系统也一定是脆弱的。反过来，在标的资产之外之所以能够出现新的衍生品交易，关键就在于交易双方在传统的相互信任（物物交换）之外又提升了一层信任（虚拟交换）。可以说，每一级的衍生品本质上都是更高级的信用。这种信用创造的结果就是，信用体系的崩溃也会伤害实体经济。这就如同一只小狗可以摆动身体摇动尾巴，而它的尾巴反过来也能摇动身体，也即，次要部分可能支配主要部分。

为什么我们需要认识到货币是一种衍生品？因为它告诉我们，货币不可能变得比创造它的实体经济还要强大，过多的货币不能让我们变得更富有。显而易见，发行货币创造了控制资源的权力，更进一步，成为储备货币也就意味着拥有了支配全球资源的能力。但是要想成为储备货币，必须要其他国家愿意广泛使用你的货币。不过，如果你的经济基础并不稳固，那么成为储备货币就不是幸事，而是祸根。

探究日元败因

波动性太大，导致以日元交易费用不低，虽然拥有较高市场透明度，但难以成为储备货币

目前，日本经济总量位居全球第二，仅次于美国，其2008年GDP是4.8万亿美元，美国是14.3万亿美元。由于持续的经常账户盈余，日本拥有世界上最多的外汇净头寸。外汇净头寸是指外汇资产超过负债的部分。2008年9月底，日本外汇总资产达到5万亿美元，外汇净资产为3.1万亿美元。相比之下，尽管中国有更多的外汇储备，但外汇净资产却少于日本。

在20世纪60年代，日本经济以年均10%的速度增长。到了20世纪70年代，日元开始升值，同时发生了全球石油危机，导致日本经济增长率一下子降到5%左右。但是，更可怕的事情还在后面——巨大的股市和房地产泡沫，发生在1985年"广场协议"之后。"广场协议"使日元汇率由1985年的239 ∶ 1上升到1992年的128 ∶ 1，升值将近1倍。此后，日元继续升值，到1995年达到80 ∶ 1的顶峰，然后开始逐渐回落，到1998年7月降到147 ∶ 1。此后在日美联合干预下，日元才没有继续贬值。

经济学教科书告诉我们，一国若有持续的贸易顺差，那么其货币应该升值。有趣的是，虽然日本经常账户持续保持盈余，但日元波动幅度却较大。事实上，日本必须输出大量的资本，以维护日元汇率相对稳定，保证日本产品竞争力。在20世纪80年代，日本开始试图使日元国际化，让日元成为国际储备货币，将东京建为全球金融中心。然而，自1992年以来，日本经济增长率最高不超过2%，17年的经济低迷使日元地位逐渐下降，同时在东京股票交易所上市的外国公司数量也减少了。

日元为什么没能成为国际储备货币？毕竟，日本积极推动日元在其他国家的使用，包括提供大量的低利率政府援助贷款。日本的银行在20世纪80年代建立了许多海外分支机构，也发放了大量日元贷款。这些措施最初是有效果的，由于日元利息很低，起初很多国家借进日元，但是他们很快发现，美元兑日元汇率的高波动率使其面临很大的汇率风险，而规避汇率风险也是一笔不小的成本，所以借日元并没有给他们带来很大好处。

日本积极推动日元成为储备货币，试图将东京建成国际金融中心，这都是日本的国家战略。面临人口老龄化趋势，日本希望从一个单一出口制造型国家，转变为能从现有庞大储蓄财富中获得长期回报的多元化国家。如果日元成为国际储备货币，那么日本央行可以获得铸币税好处，而且，东京作为全球金融中心，许多业务将在那里进行，东京可以获得服务性收入。

不过，尽管日本有可观的财富和强大的产业优势，并且积极推动日元国际化进程，但日元仍然没有成为主要储备货币，这令人费解，也值得我们思考。成为国际储备货币需要三个基本条件——稳定的币值，较低的交易费用和较高的透明度。遗憾的是，日元波动性太大，导致以日元交易费用不低，虽然拥有较高市场透明度，但是日元只满足一个条件，显然无法成为国际储备货币。

日元的高波动率由几个因素引发，其中错误的政策是最主要因素。首先，日本作为主要的日元输出国，意味着日本境外流动着大量日元。虽然日本投资者购买美国国债，能获得比日元高4%的利息率，但是如果日元一年贬值4%，那么收益还是为零，而这种事情还经常发生。

20世纪90年代，泰国借了很多日元，因为日元利息低。不过由于日元升值，其实际偿付的债务却可能增加，所以与借泰铢或美元相比，借日元不能得到更多好处。但是，如果借款人的收入是日元，那么他借日元就理所当然，因为可以用未来的日元收入支付债务，避免了汇率波动。另一方面，由于日元的长期升值趋势，日本出口商喜欢以日元结算出口商品，以美元结算进口商品。这样，他们收入的是没有汇率风险的日元，支出美元，则在日元升值时就可以减少支出费用。

这实际上相当于把汇率风险转嫁到借款者身上，增大了日元的波动性。

因为日元开始升值时，借款者和投资者都卖美元，买日元，以避免遭受美元贬值损失，使得日元汇率大幅度震荡。

只有当一个国家具备多样化的金融和实体资产，并且这些资产具有良好流动性、能产生有吸引力的收益率，那么这个国家的货币才能成为储备货币。日本巨大资产泡沫破灭以后，金融资产和房地产市场急剧下滑，而且在零利率政策下，日本的债券、股票和银行存款的收益率都很低，由此导致日元资产在国际资本市场中的吸引力逐渐下降。日元占整个外汇市场的比重从1998年的20%，下降到2007年的13%。其中，1999年欧元的诞生，也进一步削弱了日元作为国际储备货币的地位。

抗衡美元

> 当我们探讨储备货币的角色时，不能仅仅局限于货币或金融的问题，而要看到全局的各方面，包括政治、军事、经济等方面

作为世界最大经济体，欧盟 GDP 占全球总量的 30%。欧盟由 27 个国家组成，但欧元区只有 16 个国家，这表明不是每个成员国都想将欧元作为流通货币。

欧元货币体系现在已经很成熟了，以致有些人甚至忘了欧元是 1999 年才启动，欧元现钞 2002 年才开始流通，而欧盟成立于 1957 年。这意味着，欧洲花了 40 年时间才建立起自己的货币体系。在 20 世纪 80 年代，国际投机者大量抛英镑、买马克，欧洲货币体系面临严峻考验，各国中央银行动用大量货币对抗投机势力，以维护欧洲货币体系的汇率稳定，但最终以失败结束，国际投机者从中赢利了数十亿美元。

欧洲货币体系的那次失败，不能完全归咎于外部投机者，其失败的种子在诞生的第一天起就埋下了。维护这个体系最大的难处在于，要协调欧洲各国的货币政策和财政政策，要在保证公平的同时维持各国的货币稳定。

建立单一货币区的主要前提之一是要有完善的补偿机制，因为统一的货币政策不可能完全适合所有国家的经济状况，必然要有国家为此承担一定的损失，因此需要对它们予以补偿。德国马克曾经长期走强，因为德国的经济实力雄厚，而且由于吸取了 20 世纪 30 年代和“二战”后恶性通货膨胀的教训，德国央行采取很严厉的措施控制货币发行量。德国在欧洲货币体系中处于主导地位，英国一直不愿意加入欧元区，因为英国公民认为，

他们不应该失去独立的货币政策。

欧元诞生的另一个关键前提是《马斯特里赫特条约》。该条约规定，所有成员国的财政赤字不能超过 GDP 的 3%，而且必须有相应的赤字偿还政策。迄今为止，欧盟成员都遵守了这些规定，尽管有些大的成员国曾经接近底线，但终究没有越过。欧洲的货币政策都由欧洲中央银行制定，欧洲央行是根据 1992 年《马斯特里赫特条约》的规定于 1998 年 7 月 1 日正式成立的，其职责和结构类似于德国联邦银行的模式，但独立于欧盟机构和各国政府之外。

自欧元流通以来，欧元兑美元汇率从最低时的 1 欧元兑 0.82 美元上升到最高 1 欧元兑 1.60 美元，现在的汇率是 1 欧元兑 1.42 美元。从这方面看，欧元是成功的。但是，根据国际清算银行（BIS）的数据，欧元占世界外汇流通的比例近来略有下降，从 2001 年的 38% 下降到 2007 年的 37%。而根据国际货币基金（IMF）统计，在 2009 年一季度末，全球共有 6.4 万亿美元的外汇储备，但是确认的外汇储备有 4.1 万亿，其中美元占 64.1%，欧元占 26.3%，英镑占 4.4%，日元占 2.5%。这说明欧元已经成为全球第二大储备货币，而日元还远远排在第四位。

那么，亚洲应该如何借鉴欧元的经验和教训?

首先，欧元是欧洲政治一体化的主要手段，而不是经济一体化的工具。欧盟之所以成立，是因为欧洲国家试图结束欧洲各国长期存在的“以邻为壑”政策，这个政策最终导致世界大战发生。欧盟成立的关键前提在于欧洲大陆两个最大的国家和曾经的敌对国——德国和法国，同意就长期的和平与繁荣建立政治联盟。而在亚洲，不存在这种基本的共识和相互的理解。

第二，欧元实际上是许多货币的联合体。它取代了德国马克、法郎、意大利里拉、比索等货币，也就是说，它是建立在这些货币基础之上的，并且致力于成为领先的国际储备货币。实际上，欧元在内部各成员国之间采取固定利率制，而对外则是浮动利率制，例如美元对欧元就是浮动汇率。

第三，欧洲有规模经济优势。其稳定的欧洲市场容量高达 18 万亿美元，而且，相比世界其他国家，欧洲的经常账户赤字保持在很低水平，其净国际资产负债表的赤字只占 GDP 的 10%。

欧洲一体化的顺序是，首先政治一体化，然后实体经济一体化，最后是金融一体化和统一货币。但是，金融一体化在欧洲进行得并不彻底，因为出于国家安全考虑，他们会保护高度国有化的银行系统。然而，亚洲既没有政治一体化，也没有金融一体化，仅有的区域整合是贸易一体化。

总而言之，尽管受到盎格鲁—撒克逊国家的怀疑与批评，欧盟一体化还是成功的，而且欧元成为全球储备货币体系中美元的有力竞争者。但是，欧元的弱点在于欧盟没有自己的军事力量，因为欧盟不是军事联盟。敏锐的市场观察者会发现，如果欧洲国家和临近国家的军事关系变紧张，例如巴尔干的军事冲突，那么欧元对美元的地位就会削弱。而当人们谈论美国的军事行动对美元的影响时，一般是指美国在处理某个地区或国家的军事冲突，其不会对美国本土造成威胁。

因此，当我们探讨储备货币的角色时，不能仅仅局限于货币或金融的问题，而要看到全局的各方面，包括政治、军事、经济等方面。

审视储备货币得失

> 任何货币要成为储备货币，都不是政策上的问题，而是市场的问题。归根结底，市场将决定一国货币是否成为储备货币

最近（指本次全球金融危机爆发以后——编注），一些学者在激烈争论人民币是否应该成为国际储备货币。对此，我感到非常奇怪，因为目前中国仍然实行外汇管制，人民币不能完全自由兑换，因而不具备成为国际储备货币的前提条件。

我在前文中，讨论了日元和欧元国际化进程中的经验与教训。对于一国主权货币而言，成为全球储备货币有利有弊。首先，最明显的好处是铸币税，但是，在几乎零利率的世界中，铸币税的收益实际上很小。第二个好处是，储备货币国家能够集中全球的金融交易，创造更多商品贸易和服务。作为国际金融中心的纽约和伦敦就受益匪浅，那里交易的金融产品绝大部分是用本国货币计价的，其不但可以收取手续费，还能免除汇率波动风险。第三个好处，是储备货币国能够借以提高自身信用和声誉。

但是，储备货币也是一把双刃剑，有可能伤及自身。成为国际储备货币，就意味着外国人持有大量本国货币，而且货币可以自由流动。因此，中央银行要有能力稳定币值，保持汇率稳定和低通货膨胀率。

币值稳定的要求，也就给国际储备货币提出了难题，这被称为“特里芬困境”。1998 年，当美联储意识到世界正陷入一场全球危机时，它降低利率，向美国乃至全球经济注入流动性。美国之所以能那么做，是因为其经济基本面好，美国消费是全球增长引擎，降低利率能促进消费。

但是，持续的赤字使得美国过度借债，而这是不可持续的。原因在于，

在资本自由流动的世界中，任何央行企图提高利率控制国内借贷的做法，都会使“热钱”大量流入，导致更大的资产泡沫。如果采用灵活的外汇政策，那么，提高利率将导致货币升值，刺激进口增加，使得经常账户赤字恶化。弥补这些赤字一般靠短期资本流入，不过，一旦短期资本流入减少，就会被迫发行更多货币支持贸易赤字，这将引发通货膨胀。

换句话说，“特里芬难题”意味着作为储备货币的国家将承担较高的成本，因为当世界需要更多流动性时，储备货币国必须增加赤字，以增加全球货币供应。但是，如果储备货币国赤字太大，就会导致金融危机。

那么，创造全球央行和全球监管者可以解决这个问题吗？答案是否定的，因为如果我们有全球的统一货币政策，鉴于世界各地情况千差万别，那么，总有部分国家和地区是受益者，另一些则是受损者。因此，全球央行成立的前提是，存在一个全球财政机制，能够向受益的国家合理征税，用于补偿利益受损的国家。如果没有这样的财政补偿机制，就没有哪个主权国家愿意放弃自己的货币政策，转而去服从全球央行的政策安排，却又得不到任何财政补贴。欧元和欧洲央行之所以能诞生并发生作用，就是因为欧洲有这样的财政补偿机制。

任何货币要成为储备货币，都不是政策上的问题，而是市场的问题。归根结底，市场将决定一国货币是否成为储备货币。日元经验表明，如果汇率波动很大，国际市场就不会广泛使用这种货币交易。因为在零利率政策下，日本中央银行不能使用利率工具稳定汇率，所以，日元汇率完全被投机力量所主导，其中很大一部分投机是利差交易。连同其他原因，日元的高波动性使得日元没能成为主要的国际储备货币。

目前，中国已经在香港和上海设立了试验性的人民币结算中心，这是为了更好满足市场需要，推动人民币国际化进程。如果贸易双方愿意以人民币结算，那么，人民币结算中心将极大便利中国与其他国家的贸易往来。中国和几个国家央行签订了货币互换协议，使得贸易结算更加方便，也推动了人民币在其他国家的使用。

有些人认为，丰富的外汇储备是成为储备货币的前提条件。中国央行曾经以月进口为单位，计算外汇储备量。但是，这种计算方法已经过时了。

2008年，全球商品出口总额是15.8万亿美元，而当年日平均外汇交易就达3.2万亿美元，全年总交易额高达800万亿美元。这些数据说明，决定汇率的主要因素不是商品贸易引起的外汇兑换，而是资本流动产生的外汇交易。

换句话说，人民币开放的一个条件是，汇率能否保持长期稳定。这需要非常熟练灵巧的货币政策，以抵御投机资本的攻击，同时要有强大的财政实力，以及完善和稳健的国内金融系统，可以充分吸收外部市场的冲击。在全球零利率时代，要稳定金融市场是不容易的，因为存在大量高杠杆的投机资本，由于利率接近为零，投机资本的成本很低。但是，汇率不稳定给经济带来的成本却很高，其损失是难以估计的。

汇率“爵士乐”

汇率的根本问题在于，我们没有汇率定价标准。黄金不是好的储备货币，因为它供应有限，而且囤积黄金可能导致高度通缩

我和妻子都喜欢音乐，不久前我们换了一个扩音器，那些好久没听的音乐光盘重新发出了美妙旋律。聆听着爵士乐萨克斯管演奏家科尔曼·霍金斯的独奏“Don't Blame Me”，感受他在音乐中释放的激情，我仿佛回到30年前热情洋溢的夜晚。

爵士乐是美国音乐的精粹，它起源于非洲民间音乐，融合了欧洲的古典风格。其最大魅力在于它非常自由，不受各种音乐规则约束。

爵士乐领奏多以一个简单主题开始，不断创作完善，直到形成复杂的赋格曲，最后会有不同的乐手和乐器围绕相同主题进行演奏，就像大海中的波浪，时而风平浪静，时而波涛汹涌。它可以是美妙的和声，也可能是混乱的杂音，非常个人化。汇率和爵士乐有什么关系呢？

很多古典经济学家认为，汇率就像古典音乐，必须能用一个理论进行解释。在过去20年，几乎所有国家面临汇率危机时，“华盛顿共识”提出的解决方案都是，要么坚持固定汇率，要么采取浮动汇率机制，而且是不控制浮动的汇率。现实中，绝大多数国家采用有管理的浮动汇率制，因为采用固定汇率成本太高。

香港通过货币局制度，把港币和美元的汇率固定在7.8 ：1的水平上。我从香港的联系汇率制度中领悟到，汇率实际上是货币当局的规定。

固定汇率意味着，整个经济必须根据汇率进行调整。你必须减少财政赤字，以防投机商冲击汇率。你要防止出口商说服政府贬值货币，以提高

出口的竞争力。你要努力提高生产效率，否则会在国际市场中被淘汰。

针对固定汇率的批评一直很多。首先，你不能制定独立的货币政策，而必须跟随绑定的储备货币国家的货币政策。第二，固定汇率制会引来投机，尤其当这个国家的财政赤字或经常账户赤字很大时。索罗斯和其他对冲基金就投机了一些国家的汇率，因为这些国家的政策与汇率背道而驰。第三，对于中国这样的大国，竞争者会认为，固定汇率给中国创造了低价竞争优势。

采用浮动汇率制也有缺点。如果是小国，如新西兰，可能无法控制汇率。越试图提高利率控制通胀，越多"热钱"就会流入，导致货币升值，出口受到影响。

浮动汇率为对冲基金和货币投机者提供了息差交易机会，比如通过澳元和新西兰元等。而散户投机者，如众所周知的日本家庭主妇渡边太太（Mrs Watanabe），则可能在息差交易逆转时被套住。

英国央行行长默文金最近承认，在全球化时代，货币政策失去了原有的效果。大量资本流入和流出，使任何货币政策效果大打折扣。这也是为什么很多央行家认为，货币政策或利率不是治理泡沫的有效工具。

汇率其实是资产的价格，因为持有外汇就像持有股票、债券和房地产。你可以买进或卖出外汇，以使资产价值最大化。现在的投资是全球化的，但是根据默文金的言论推断，投资成本却是本地化的。在资本自由流通中，所有人都希望资产价格上升，本国人也希望汇率升高，所以资产泡沫已成为常态。

不幸的是，当资产泡沫破灭时，基本上是本国人承担损失，因为当局必须处理破产银行的不良资产、挽救衰退的市场、降低失业率和应对通货紧缩。所以目前出现这种状况：每个人都责怪央行、监管者或政府允许泡沫发生，但是在泡沫不断扩大的时候却没有人想制止价格上涨。

汇率的根本问题在于，我们没有汇率定价标准。黄金不是好的储备货币，因为它供应有限，囤积黄金可能导致高度通缩。这是20世纪30年代的教训。

把美元作为储备货币，解决了货币基数不断增长的问题，它可以满足全球流动性的需求，但是当美国的货币政策过于宽松、利率很低时，全世界就陷入金融工程推动的高杠杆陷阱。

“巴拉萨—萨缪尔森（Balassa-Samuelson）效应”理论认为，一个国家的经济增速超过货币储备国，其实际汇率应该不断上升。换言之，其通货膨胀应该比美国高，不论是消费者物价指数还是资产价格。

这正是我们在新兴市场看到的。它们有廉价劳动力和过剩生产能力，消费者物价指数没有上涨很多，但毫无疑问，房地产价格比收入上涨速度要快。

所以，我们正在面对自己创造的音乐。我们是否能够演奏自己的爵士乐——解决目前困境？

与汇率跳华尔兹

> 对于公司或政府，当支出大于收入时，无论固定汇率还是灵活汇率都无法掩藏其债务，真相终会被公众发现

货币一般有三种基本职能：交易媒介、计价单位和价值储备。当我们谈论汇率时，其实是指国内货币与一种基准货币的价值之比。

我们一般使用美元作为基准货币，因为美元是全世界最广泛使用的储备货币，占全球外汇交易和外汇储备的三分之二；且相对其他货币，美元价值更为稳定。

但是，随着美国不可持续的经常账户赤字和不断增长的外债，美元面临结构性贬值风险，这使全球范围内的不确定性增加。

然而，真正的问题是，所有的汇率都是相对值，不是绝对值。汇率的值并不是基于实物，而是相对其他纸币的价格计算出来的。

如果我们用金属作为标准，例如黄金，当全球对流动性的需求增加，而黄金供应量却不能相应增长时，就会发生通货紧缩。而且金本位过于严格，因为所有的货币都和黄金挂钩，当一国有财政或贸易赤字时，就有相应量的黄金流出政府或国内。

用纸币的优势在于，货币的供应可以根据国内或全球的需求调整。货币主义者认为，通货膨胀本质上是货币问题，由于发行货币太多而导致。货币增发的渠道有财政赤字的扩大、银行信贷的增加和国外资金的流入三种。

你可以开动印钞机发行国内货币，但是你不能印外币。换言之，你可以通过印钞票让国民承受通胀税，但是外国投资者可以抽走资金避免货币贬值。外国投资者一旦停止投资和借款，你就将陷入财政危机或货币危机。

货币政策的底线是，在长期内，你的支出不能超过你的收入。因此，传统的经济学家认为，灵活的汇率政策可以减少宽松的货币政策带来的代价，从而可以用这种简单的方法解决赤字问题。灵活汇率制度下，每天的汇率波动实际上有助于国内商品的价格调整，但是最终，你总会依赖于用改变汇率的手段解决过度消费的问题。

这正是希腊悲剧的原因所在。希腊是欧元区成员国，必须遵守《马斯特里赫特条约》。条约要求成员国停止印发过多货币，以确保欧元的价值稳定。条约规定，区内各国必须将财政赤字控制在 GDP 的 3%以下，将国债与 GDP 的比率保持在 60%以下。

希腊在 2009 年的财政赤字是 GDP 的 12.7%，国债目前达到 GDP 的 120%。过去 10 多年中，它们用各种手段隐瞒赤字，包括和投行做掉期交易。在 20 世纪 90 年代，国际投行在日本用高超的手法，帮助日本企业和银行掩藏它们的损失。今天，它们已大胆到帮助政府“美化”财政数字。

对于公司或政府，当支出大于收入时，无论固定汇率还是灵活汇率都无法掩藏它的债务，真相终会被公众发现。在固定汇率下，因为要执行严格的规定，所以债务会很快显现出来。灵活的汇率制度试图用弱势货币鼓励出口。但是如果政府通过发行货币以促进出口，那么外国投资者迟早会停止投资或借贷。

希腊原以为，由于身处欧元区，其他欧洲国家会援助它，即帮忙偿付希腊的过度消费。但是希腊不能让欧元贬值，所以必须调整财政或就业政策。那么，固定汇率就最终迫使希腊进行结构性调整，因为欧洲国家把这种调整作为援助希腊的前提条件。

不能认为汇率只是双边的，即货币 A 与货币 B 之间的关系。在亚洲金融危机之前，东亚国家的货币基本上是以美元为基准，有些是固定汇率，有些是浮动汇率。然而，各种货币之间都有某种比率。

例如，1997 年危机之前，马来西亚的林吉特与美元的汇率大约是 2.5 林吉特换 1 美元，同时 1 美元可以换 25 泰铢、25 菲律宾比索和 25 台币。可见，林吉特与这些亚洲货币的汇率大约是 1 ∶ 10。这使东亚各国之间的贸易非常方便。每家央行都知道，如果货币的汇率相对美元和邻国有变动，那么就会带来贸易竞争的问题。

亚洲的货币格局可以形容为“互相跳着华尔兹”，这种格局根本上是由亚洲全球供应链形成的，除非遇到严重危机，否则是比较稳定的。在亚洲金融危机后，当大多数货币都采用浮动汇率时，亚洲又出现了这种格局，因为亚洲作为全球的供应链，要求各国间的汇率保持竞争性的稳定。

总而言之，汇率根本上反映了实体经济的强弱。你可以用浮动汇率演奏短暂的爵士乐，但是如果你过度消费，最终还是要偿还的。

欧元“货币战争”

> 政府主导和自由市场的两种观点没有对错之分，只有在这两种观点不断碰撞，而且没有哪种观点永远主导的情况下，市场才能稳定发展

希腊债务危机引发了两种经济思想的碰撞。一方面，国家主义者相信，政府仍然是新世界秩序的主导者。另一方面，自由市场主义者相信，世界是无边界的市场空间，市场比政府更有影响力。实际上，自由主义者会嘲笑守旧派，尤其是嘲笑那些相信政府比市场有效的官员。我之所以提出这个观点，是因为欧元创始人之一的前意大利财政部长托马索·派多·亚夏欧帕（Tommaso Padoa Schioppa）最近发文捍卫欧元，批评市场投机者的观点。投机者认为“欧元区不是也永远不可能成为一个政治联盟，因为欧洲国家不愿意形成政治联盟，各国政府不想交出权力”。

那么，这些市场攻击者是谁呢？托马索把它们比做军队，其“队伍就是成千上万的交易室，连接全球网络，昼夜不停地战斗。它的目标是由三大评级公司选出的金融产品。它的高昂士气来自坚定的信念：我们是最了解市场的人”。

谁是防御者呢？欧盟和其成员国政府，它们下决心调控市场，使市场屈从于政府的指令。欧元作为一种货币，不允许失败。然而，市场投机者认为，欧元注定会失败，政府顽固的抵抗只会给投机者创造更多的赢利机会。

究竟谁是正确的？我最近被邀请在新加坡的投资大会上演讲，大会有3000多名全球投资者参加。研讨会在滨海湾金沙酒店举行，那里是亚洲最大的赌场所在地。我不禁在想，在古代，居民建造最伟大建筑是为了献给

上帝。后来，这些建筑被献给领袖或英雄。今天，最宏伟的建筑是银行、股票交易所、赌场。

在过去，货币是政府创造的，欧洲的官员和专家仍认为政府应该控制货币。毕竟，货币太重要了，不能完全任由市场控制。银行也太重要了，不能完全由银行家控制。新的市场投机者认为，政府不能阻止市场行为，市场的力量对资产负债表影响太大。他们说的是对的。

在20世纪80年代末，全球金融资产总量是GDP的108%。到2008年年末，包括银行资产、债券市场、股票市值总额和外汇储备在内，所有金融资产总量已达221万亿美元，是全球GDP的3.6倍。央行控制的外汇储备只有7万亿美元，全球政府外债有32万亿美元，包括担保银行资产的51万亿美元。投机者知道，政府欠着投资者的债，于是政府已被金融界绑架了。

托马索认为，市场并不理解，在复杂的机构中寻找有共同利益基础的最佳权力配置，是个很痛苦的探索过程。“从这点上说，在后西伐利亚体系（post-Westphalian）的建立中，欧元的诞生只是一个插曲——但却是最重要的。”

显然，我们不能牺牲公共利益，来满足投机者的贪婪。但市场投机者就是我们这代人创造出来的。我们这代的基金经理、投资银行家乃至散户都在过去20年中成长，从不断膨胀的资产泡沫中分享食物链的价值，这正是因为央行和财政部允许市场以巨大的道德风险获取利润。如果市场有震动，央行就会以著名的“格林斯潘对策”降息，或者财政部通过财政注资或国有化银行存款和损失，把私人部门的损失由公众承担。

这些机构投资者、基金经理、分析师、研究员，他们正是一群凭市场波动和动量交易获利的泡沫推动者。高额的奖金回报，使他们基于对复杂信息的简略分析就做出预测，如果市场往那个方向走，他们就赢了。如果他们预测错了，公众承担损失。经纪人成了游戏的主宰者，许多监管者和官员还停留在幻想中，认为是自己在控制市场。

欧元保卫战的最大问题在于，欧盟官员构建了假想的“马其诺防线”，而财政缺口已经超出预期。这不是说，他们的防卫是错误的，而是手段和技术太落后，因为他们想通过帮助救助对象来防卫。那些试图通过低利率以维持财政债务的举措，正在为投机者提供弹药，因为他们的息差交易依赖低利率。为陷入危机的政府和银行担保的额度越高，投机者对欧元的攻击就越多，也有更多的套利机会。

总有一天，这些官员会意识到，他们需要创造的不是大型金融机构主导的金融市场（金融机构太大而不能倒，这些机构实际上也是主要的动量交易经纪商和市场融资者），而是更公平的竞争环境和多样化、充分竞争的机构，他们可以对市场有不同的观点。

总之，政府主导和自由市场的两种观点没有对错之分，只有在这两种观点不断碰撞，而且没有哪种观点永远主导的情况下，市场才能稳定发展。欧元“货币战争”已开始。

第六章
击水全球化浪潮

作者画了两个同心圆：亚洲和世界。主题则是一个：一体化。

但现实又令作者慨叹“行路难”：无论是亚洲，还是世界，都被贸易不平衡、资本的不平稳、发展的不平稳所困扰。

发展中国家投身一体化，本是为了消除种种不平衡，但是，它却同时在扩大着不平衡。这是摆在新世纪人类面前的一个悖论。

如何破解这个悖论，取决于全球的协调应对之策和各国自身的方略。全球一体化并不必然引致“自由而繁荣的国度”。

从西雅图街头的骚乱，到多伦多G20会场外的抗议，全球化与其质疑者总是如影随形。化解质疑，还需实绩。

金融危机突显了全球化机制的软肋，但是，这是前进的动力，而非后退的理由。人们需要认真对待作者提出的议题：需要全球财政体系，需要真正的全球央行，迎接“不可想象”时代……

无论如何，核心的一点是，以开阔的胸襟，迎接下一轮伟大的全球化浪潮。

关心亚洲自己的不平衡

亚洲需要集中精力处理自己内部的不平衡，更有效地利用储蓄与投资余额，并使之最终转化为消费

随着中国越来越国际化，区域及全球的发展对于中国也越来越重要。日本的经济与市场走出底谷，信心逐渐恢复；中国与印度的经济快速发展；中东石油市场异常繁荣；东亚及澳大利亚出口强劲。所有这些都有助于形成一种认知：亚洲市场到了进一步一体化的时候了。

亚洲正在受到非议——储蓄过剩、消费不足、出口太多。在政治不稳定的环境与金融危机中成长的亚洲人，很奇怪地发现储蓄不再是美德。亚洲的储蓄今天（指作者发稿时，本文发表于 2006 年 1 月——编注）在美国的投资已达 2.5 万亿美元，弥补了美国经常账户的赤字。

今天，我们将大量的经常账户盈余换成美元，美国则通过摩托罗拉、沃尔玛、通用汽车等公司的直接投资，或高盛、富达及对冲基金的证券投资，使这些资金回流到亚洲。在这个美国强势的时代，世界还得重复过去的说法：美国打喷嚏，日本感冒，亚洲其他地区则得肺炎；不同的是，病毒是全球性的。

亚洲过度依赖出口推动型增长的政策导致全球的不平衡，也使美国施压要求亚洲解决。因此，亚洲应该致力于发展国内的消费市场，减少对出口的过度依赖。

同时，由于亚洲的金融体系效率不足，不得不利用美欧的金融市场来为其贸易融资及官方储蓄——甚至长期的保险储蓄——提供媒介作用，这要求我们加强内部的市场建设，更有效地利用储蓄与投资余额，并使之最

终转化为消费。

一些观点认为，这就是全股权回报掉期，对所有各方都有利。但另有人认为，这不可持续。

有三个结构性的理由说明，亚洲不能通过增加国内消费来应对居高的储蓄率。

首先，亚洲人口结构中年轻的劳动力增加，而且大部分地区仍然相对贫困。

其次，亚洲也有其自己的内在不平衡。在制造业上过度投资，在社会基础设施方面则投资不足。亚洲金融危机迫使政府集中力量把市场改革好，而亚洲各处的基础设施建设更是刻不容缓——不平等现象日益严重，卫生、环境和教育方面的投资不足已使社会面临不稳定，甚至受到疫症及恐怖主义的威胁。

第三，务实的亚洲各国政府清楚，他们的财政与货币工具还未成熟到可以“微调”国内消费水平。有一个比喻说，亚洲的经济就像一辆只有刹车和加速器的汽车。一旦经济起动，只有通过硬着陆才能控制得住。因此，建设一个有深度的金融市场，包括强大的退休和社会保障基金是消除国内不平衡的首要任务。

亚洲的学术界与政策制定者已经意识到，亚洲需要一个强有力的区域一体化市场，以使储蓄更有效地支持对社会基础设施的长期投入。

亚洲在金融上如何一体化？亚洲在贸易上的一体化已经进行了，区域内的贸易已超过总量的一半，尽管大部分贸易的目的地是在亚洲之外；由于过去5年签订的双边自由贸易协议，亚洲的贸易壁垒已经非常低。但亚洲的金融市场仍是封闭的，相互间的封闭性超过了美洲和欧洲。促进亚洲金融一体化的主体是跨国银行和投资公司，而不是本地的银行、保险公司和证券公司。后者由于内向性的本地观和相互防范的监管壁垒，其眼界还是局部的。

此外，亚洲债券基金措施很重要也很必要，但目前对进一步一体化所发挥的效果并不显著。亚洲货币基金或亚洲借贷安排的努力，基本上停留在官方层面，私人部门和产业并未积极参与。例如，交易所交易基金已成为常见的资产组合投资工具，但亚洲投资者无法通过当地的交易所买到，只能通过私人银行才能在纽约买到。

要想对基础设施提供长期的融资，每个亚洲市场都应建立基准收益曲线。但是制度性障碍则阻碍了这一关键性要素的发展。如果不能很好地解决这个问题，亚洲大量的储蓄就无法进入亚洲市场。

要解决这个问题，亚洲各市场的监管者的一项工作，就是要制定一个共同的金融市场标准，包括市场准入、信息披露、投资者保护、监管合作等监管标准。有了这样一组共同的标准与规则，亚洲金融市场的价值与作用就会随着认可、使用、遵守这组标准的参与者的增加，以指数倍地增长，并随着使用者的增加和价值的增长，影响力也迅速提高，并以此来改变一个低效率的现状：亚洲各国和地区都有各自的资本市场、各自的网络与标准，却相互分割，互不通用。因此，亚洲各国和地区的小网络就无法形成区域性的大网络而构成合力，形成与欧美相抗衡的第三资本市场时区。现在，是集中精力处理我们自己的不平衡，而非对全球不平衡进行指摘的时候了。

亚洲金融一体化行路难

亚洲各国提高自身金融体系的效率和稳定性，可能是比金融一体化更为迫切的要求

随着中国和印度的崛起，谈论“21世纪将是亚洲世纪”的人在增多。一个认知正在形成，即这一前景有待于亚洲进一步一体化。但是，亚洲进一步一体化是否可能?

亚洲分成日本、中国、东盟和印度四个主要的经济集团；此外，俄罗斯和中东也会宣称自己是亚洲的一部分。是否还要包括澳大利亚呢？许多亚洲人可能并不同意，因为澳大利亚缺少历史意义上的“亚洲性”。

讨论一体化，必须考虑历史和政治的因素。20世纪80年代末，马来西亚前总理马哈蒂尔提出没有美国参与的东亚经济合作组织时，有两个重要障碍：

其一，它使人们想起二战时日本提出的“东亚共荣圈”概念；

其二，美国不愿被排斥在任何亚洲区域合作之外。

因此，最终建立的是亚太经济合作组织，成员包括美国和所有太平洋周边的经济体。一些亚洲观察家认为，亚洲金融危机，暴露了亚太经合组织难以提供有效行动机制和防范措施的局限性。

实际上，区域经济一体化有四条路径，即政治路径、贸易路径、通过金融一体化和货币一体化。

欧洲选择了政治途径，并使货币一体化先行于金融一体化；之所以能够如此，是因为德国和法国这两个最大的经济体致力于推动一体化，将德国纳入政治统一的欧洲，有助于避免未来的战争。创造欧元是为了促进政

治、货币的一体化，最终实现金融的一体化。

美洲则选择了贸易一体化的路径，在20世纪90年代初成立了北美自由贸易区。但在1994年墨西哥比索危机之后，美国国会禁止美联储成为拉美经济体的最后贷款人，这意味美洲的主要货币——美元、加元和墨西哥比索——各自独立浮动，只是美元在区内影响力最大而已。美国似乎并不想看到美洲的美元化。

亚洲内部由于历史上存在很大差异，政治路径似乎遥不可及。但亚洲与欧洲之间的不同远不止此。在欧洲，最大的经济体——德国占欧共体国内生产总值的22%，占金融资产（总的银行资产加上股票市值和债券市场规模）的19%。而在亚洲，日本占整个亚洲国内生产总值的57%，金融资产的65%；换言之，日本金融资产是亚洲其他地区金融资产总和的两倍。在国民收入和金融资产方面，日本与亚洲其他地区的差异仍然是巨大的，更不用说中国和日本政治发展上的差异及各自的看法了。

也许有人会指出，亚洲贸易已有54%是在区内发生的。但是，亚洲内部对最终产品的需求仍然不强，不足以创造一个强劲的亚洲内部市场。出口仍然是亚洲经济增长的重要引擎。

一些专家认为，亚洲一体化有三个方面好处：一是可以产生区域内外的压力，推动区域内国家进行一些必需的改革；其次，亚洲储蓄过多，金融市场效率不高，一体化可使亚洲的储蓄应用效率更高；第三，一体化的亚洲在全球贸易、国际政治与经济秩序的讨论中分量会加大。

但由于两个方面的原因，亚洲的一体化进展缓慢。

首先，由于美国和欧洲在国际事务中的影响力巨大，亚洲如果选择封闭式的一体化，将得不到支持。欧美只会支持那些有助于进一步全球一体化的区域性一体化。

更重要的原因在于，亚洲进行经济一体化的经济力量不足。欧洲之所以能实行经济一体化，是因为欧共体为推动一体化，愿意付出国民生产总值的1%——欧盟委员会的每年预算是800亿欧元，其中约一半用于欧共体成员的农业补贴。亚洲国民生产总值合计是7万亿美元，有哪一个经济体愿意付出700亿美元为亚洲的一体化融资？我甚至看不到哪个亚洲大国愿意每年拿出其国民收入的0.5%来促进亚洲的金融一体化。当然，小的经济体是愿意通过合作来获取好处的。

总之，亚洲进一步一体化的想法是在亚洲金融危机之后，出于抵御危机再爆发的目的而产生的；其目的是扩大市场的规模，增加金融体系的稳定性，而不是出于政治上或经济上的考虑。亚洲金融体系一体化的程度不足，合作的程度也不足，所以，每一个市场都很容易受到外部与内部的冲击。由于来自国际货币基金组织援助的成本在政治上过于高昂，有人认为，为稳定亚洲经济和市场，本地区需要进一步金融一体化与货币一体化。

我对此不敢这么肯定。亚洲金融市场与美国和欧洲的金融市场相比还相当落后，效率甚低。要稳定经济和市场，亚洲各国提高自身金融体系的效率和稳定性，可能是比金融一体化更为迫切的要求。

经济全球化下的风险管理

全球金融市场的网络效应使我们必须从全球化的视角进行风险管理，关注个人投资者、公司、行业、国家、区域和全球等各个不同层面的问题和挑战，审视自己可能面临的各种冲击

亚洲金融危机的正面影响之一，是各界人士开始呼吁提高透明度、推动国际会计准则和企业、金融机构乃至政府相关披露准则的改革。这源自于金融市场的一个基本性缺陷——信息不对称。

信息不对称对金融市场的借款者、贷款者和投资者都会造成低劣的风险管理。作为借款者，亚洲大多数企业在危机前均未充分理解借贷期限和借贷货币双重不匹配的风险；提供贷款的银行、监管机构和政策制定者当时也没有发现这一点。面对突然的资本流出，遭受危机的国家既无流动性也无外汇储备，只有束手待毙。国外贷款者和投资者同样没有理解他们所进入的新兴市场，一旦泰铢贬值，最好的避险策略就是“走为上”，恐慌进一步加剧了危机。信息不对称使各方均做出了错误的假定和判断。

信息披露以及相应的风险管理表现在三个层次。第一，是否存在必要的信息以支持充分的决策；第二，是否具备对信息进行分析的能力和技术以实施风险管理；第三，在不确定条件下做出艰难决策的意愿。传统的风险管理强调前两个层次；世界各国已经极大地改进了会计准则和信息披露准则，并采纳了不少现代风险管理技术。但解决第三个层次的问题还需要经验和智慧，因为在复杂、含混、不确定情况下做决策更像一门艺术而非科学。

危机之前，虽说亚洲金融系统的透明度已有极大提高，实际有效汇率、

私营部门的短期外债、经常账户收支平衡表和银行资产负债表都有统计，但这些信息并没有适当地整合到市场风险评估中去。危机之前，克鲁格曼和国际清算银行（1996 年度报告）对亚洲资产泡沫均表示担忧，可惜都被一再忽略。

风险管理是治理问题的核心部分。亚洲遭遇危机国家所犯的错误，不仅是某些风险管理技术的缺失，更重要的是应对风险的宏观结构和设计有问题。虽说全球化已经创造了一个无国界的市场，但许多亚洲经济体的政策制定、立法和市场实践仍延续过去的模式——局限于本国，不能放眼世界。在全球化的今天，任何经济体都不能再保持静态的、局限于本国的视角，而应该代之以动态的、全球化的、互动的视角。

贸易自由化、金融自由化、创新以及信息技术的发展推动了全球一体化经济网络的形成。许多经济体开始作为一个局域网，被粗糙地链接到一些高度相互依存的全球网络中。我们不能再将每一个经济体看成“孤岛”，而应将其视做全球经济网络的一部分。任何外部冲击和风险都可能以传染的方式在网络中广泛扩散，类似于电网，一旦突然出现高压电流，各种电器设备可能遭受严重损害。因此，为保证安全用电，需要配备保险盒。

同样，从应对全球风险的角度出发，一个经济体也必须设置抵御外部冲击的保险装置。但实践中，很少有经济体能够做到，因为经济体往往存在很强的路径依赖，最大的风险是我们看不到、没有经验并且不能预见危机的发生。

亚洲金融危机起源于日本经济“泡沫”和随后的“通缩”。为避免进一步“通缩”和保持出口竞争力，日本投资东南亚，大量短期借贷制造了“泡沫”。当东南亚“泡沫”破裂时，大量资本外逃，日本银行和其他国家贷款者纷纷抽回借贷资金，加剧了当地经济崩溃。风险管理是理性地管理不确定性以防止损害发生，可惜的是，市场并不总是理性的。

风险管理本质上是市场参与者基于自己对市场状况的解读而做出相应的决策。宏观的发展趋势其实有微观的起源。凯恩斯很早就理解了决策的复杂性。他指出，挑选股票就像在选美中预测冠军，最笨的人挑选他认为是漂亮的选手，十有八九会错；稍聪明的人会选择他认为是大家公认不错的选手；但最高明的人则会分析出大多数人认为是大家公认的选手。全球金融市场在深度和广度方面扩展如此之快，以至于许多人难以理解，更别说管理其中的风险了；而 1997 年时的市场参与者、交易产品及其变化数量比凯恩斯时代更是不知道要复杂了多少倍。

全球金融市场的网络效应使我们必须从全球化的视角进行风险管理，关注个人投资者、公司、行业、国家、区域和全球等各个不同层面的问题和挑战，审视自己可能面临的各种冲击。很多时候，我们不能很好地识别和管理风险，是因为左手不知道右手在做什么，也就是说，越专业化，越变“井底之蛙”。

更严重的是，“直筒”式的官僚体制使得本位主义盛行，信息在不同部门间很难共享、行动相互分割、争权夺利，造成了整个行业和国家层面的风险很难得到识别，管理的交叉重叠与漏洞百出最终产生了许多盲点，“从而对一些新兴的风险因素无以应对”。

探寻全球失衡根由

全球失衡，实际上是国际货币和全球治理背离的直接结果

最近有两个外国朋友问我，对中国人民银行行长周小川关于创建一种世界货币的呼吁有什么看法。关于美元国际地位是否下降的问题，金融行业的专业人士已经在互联网上掀起了激烈的讨论，而我这两个朋友不是金融业人士，一位是医生，一位已经退休，他们分别来自美国和英国，由此可见普通民众对这个问题也非常关心。

我需要仔细阅读周行长的文章后才能回答朋友的问题。一份投行的研究报告称，中国人民银行正在对全球金融架构做一系列的研究，周行长的这篇文章只是迈出的第一步而已。中国正向世界发出自己的声音，因为随着经济总量的不断增长，中国要改变新兴市场的心态，要逐渐在全球金融架构中扮演重要角色，承担全球社会责任。周行长提出了一个很好的问题——我们是应该持有某个国家的货币，例如美元，还是应该拥有一种世界货币，由某一个全球性的机构管理发行，而不是由某个国家控制。

事实上，这个问题传统上被称做特里芬难题（Triffin Dilemma），是由耶鲁大学的罗伯特·特里芬教授提出。“特里芬难题”是指任何一个国家的货币如果充当国际货币，则必然在货币的币值稳定方面处于两难境地。一方面，随着世界经济发展，各国需要的国际货币增加，这要求发行国以国际收支逆差方式来供给货币，结果导致该货币贬值；另一方面，作为国际货币，其币值又必须保持稳定，这就要求该国国际收支不能持续逆差。最终的结果就是，国际货币发行国处于一种左右为难的困境。

20 世纪 60 年代，布雷顿森林体系尚在运行之中，其时美元与黄金挂

钩，兑换价为35美元每盎司，美国拥有世界最多的黄金储备。由于美国在60年代陷入越战泥潭，贸易赤字和财政赤字同时出现，美国的黄金储备不断流失。作为当时最好的国际货币经济学家之一，特里芬就对美元能否保持全球储备货币地位提出了质疑。

由于庞大的军费开支，美国的印钞厂开足马力印刷美元。当时法国总统戴高乐一针见血地指出：美国国际收支赤字是“不流眼泪的赤字”。随着美国深陷越战泥潭，财政赤字巨大，国际收支不断恶化，美国的黄金储备不断流失，美国对支撑美元与黄金挂钩体制愈发吃力。1971年8月15日，美国不得不宣布停止美元与黄金挂钩，采用浮动汇率制。这直接导致了美国70年代的高通货膨胀率，直到后来美联储主席保罗·沃尔克采用高利率政策，才将通胀抑制到正常水平。

在世界货币历史中，用纸币替代黄金是一个巨大的进步，它解决了货币供给问题。如果黄金供应是固定的，而全球经济在不断增长，那么将发生通货紧缩，商品相对黄金的价格会下降。理论上，只有黄金供应量的增长和全球商品的生产率保持一致，才不会导致通胀或通缩。因此，用黄金作为货币只会使黄金生产国受益，而其他国家必须用商品换黄金。然而，如果以主权国家货币取代黄金，那么这个国家货币量的增长就必须和全球经济增长一致，以保持全球流动性和稳定通胀。货币发行国就此享受了铸币税的好处——通过发行货币直接获得相当于币值的收入，而印刷纸币的成本可以忽略不计。

如果货币发行国的通胀率与世界其他国家不同，那么要保持全球流动性，货币发行国的货币政策就必须适应全球的经济形势。这样一来，全球货币发行国的角色能带来诸如铸币税的好处，但同时也要支付成本，因为发行国在为世界印钞票，而不是为它自己。

因此，一种国际货币的发行国为全球利益牺牲了自己的政策独立性，其以获得铸币税和外国资金流入作为回报。而随后，货币发行国中央银行实际成为全球的中央银行。货币发行国的经常账户赤字必须与全球其他国家新增国际货币的数量相等，这相当于银行发放货币满足市场流动性。随着其他国家对流动性的要求越来越高，货币发行国的贸易赤字也就会不可逆转地越来越大。这就是全球失衡的源头。然而真正的风险是，发行国的贸易赤字如果过大，外资将撤回投资，最终引发巨大的货币贬值和全球通缩。

因此，全球失衡实际上是国际货币（Global Money）和全球治理（Global Governance）的直接结果。我一直认为美联储实际上就是全世界的央行，因为只要美元还是全球储备货币，美联储就将是美元的最后借款人。亚洲地区一直以美元作为主要结算货币，因为我们都信任美元。但是在亚洲金融危机中，美联储拒绝借钱给亚洲国家，这意味着亚洲不能再依赖美国。那次危机后，亚洲得出唯一的符合逻辑的结论是，自行建立充足的外汇储备体系，而不要依赖其他国家。从这种意义上说，亚洲金融危机以及此后亚洲地区的政策反应，加剧了全球失衡。

如果要在美元之外寻找一种替代性国际货币，而且美联储不再是全球央行，那么国际货币基金组织（IMF）可以担任这个角色吗？

迎接“不可想象”时代

巨人的时代已经结束，迎接我们的是维基百科时代，没有任何一个人比所有人的智慧还聪明，每个人都可以参与创造我们的社会

最近我认真阅读了一本书，书名叫做《难以想象的时代》[哈契特（Hachette）出版社，2009年]，作者是美国学者乔舒亚·库珀·雷默。当我看到这本书时，立即想到了雷默2004年在英国著名思想库伦敦外交政策中心发表的那篇著名文章——《北京共识：对中国力量的影响力的理解》。他写这篇文章时正和约翰·桑顿共事，桑顿当时是高盛前总裁，后来辞去总裁职务成为清华大学的客座教授，后来又担任了华盛顿智库布鲁金斯学会的主席。

雷默可以称得上是“神童”，他把物理和生物等不同学科的知识串联起来，讲述了一个中国崛起的故事。他借用“华盛顿共识”的说法，创造了“北京共识”概念。雷默的文章引起了中国精英们的重视，他们想知道这个年轻的外国人如何总结出这样的共识，而他们自己都还没有发觉？不过，“北京共识”并没有得到广泛认可，因为还没有人提出一个公认的能够解释中国经济发展的理论。

现在，雷默在基辛格顾问公司工作，每年在纽约和北京各待一段时间。基辛格被认为是自梅特涅（Metternich）以来最伟大的外交理论家和实践者，和他共事一定让雷默受益匪浅，因为他写的这本书跨越恐怖主义、硅谷、间谍、物理和任天堂，解释了这个时代为什么是不可想象的。他以带有戏剧性的手法，讲述了一个生动的故事——在这个时代，不可想象的事情是

如何不可避免地发生的。

书中阐述的原理出奇地简单：最聪明的知识分子还在使用过时的工具，学习过去的思想。最糟糕的是，他们只对能够理解的问题感兴趣，而忽略不懂的东西。这里引用雷默书中的一段话，“我们的很多领导者缺乏表达能力、创造性和革命精神，而这些是时代需要的。在许多情况下，他们被权力、地位和威望严重腐蚀。换句话说，在很大程度上，我们把自己的未来交给了这些被目前景象所迷惑的领导者。”

换言之，这并不是不可想象的时代，而是一个不愿想象与相信的时代。

雷默这本书的中心思想是简单而不普通的常识，“在充满惊奇和创新的变革时代，你需要像一个革命者那样去思考和行动。”

西方的婴儿潮一代经历过 1968 年的街头示威，然后成为推动经济发展的主力军，但他们不明白的是，互联网彻底改变了这个世界。在我们父辈一代，只有不到千分之一的人上过大学。今天，已有 20% ~ 30% 的人接受高等教育，那么社会应该谴责教育质量下降吗？从对年轻一代大学生公平的角度来讲，其不应该受到谴责。每一代人中都会有相当数量的天才和傻瓜。婴儿潮一代虽然造就了极大的繁荣，但同时也创造了巨大的泡沫，这个泡沫的崩溃在过去一年多时间里，已经让一半的养老金灰飞湮灭。这要感谢格林斯潘先生。

科技的发展改变了我们的生活方式。互联网和手机极大方便了我们的沟通，使普通人也可以组建民间智库，其数量远远超过传统的权力中心，因为权力中心往往只是由少数精英构成。这是人际网络的效应。为了说明人际网络的重要性，雷默描述了黎巴嫩真主党（Hezbullah）如何使用人际关系网络骗过了以色列最好的间谍卫星，让他们的地面进攻陷于停滞。他还使用了任天堂的例子，说明任天堂游戏机 Wii 是怎样击败索尼 PS3 和微软 Xbox 的，尽管后者拥有更先进的技术。任天堂成功的原因在于，他们在开发技术时，充分考虑了人们的心理需求。在消费时代，抓住消费者的商家才是最后的赢家。

今天，大多数大公司和政府机构都不明白这一点，他们并没有和公众保持紧密联系。日本公司制造出了非常先进的汽车和照相机，远远超过普通人的需要。但是，我只想要一个按快门就可以照相的傻瓜式相机，不需要有6000种组合以及高速、变焦和高像素。知识精英们还认为报纸仍然对人们有很大影响，然而，现在最及时的消息是通过互联网和手机短信传播的。

雷默在书中提出了很多令人困惑的问题，这些问题显然都没有简单的答案。因为科学知识发展越来越精深，传播也越来越快，已经难以出现从前那样的科学巨匠。尽管每年都有人获得诺贝尔经济学奖，但没有人能达到凯恩斯在经济学领域的地位，他的思想在20世纪30年代曾经统治了整个经济学界。现在的美国总统经济顾问萨默斯也没有获得诺贝尔奖，而且还受到几个诺贝尔奖得主的猛烈批评，因为他提出的经济救助计划似乎还没有发挥作用。

巨人的时代已经结束，迎接我们的是维基百科时代，没有任何一个人比所有人的智慧还聪明，每个人都可以参与创造我们的社会。全球都在摸着石头过河，以度过当前这个急剧演变而不可想象的时代。

需要真正的全球央行

IMF 的处境其实很尴尬，它无法命令那些大股东，而大股东才是维持全球金融稳定的关键

我去波士顿参加一个会议，讨论全球的金融危机。由于波士顿和哈佛大学所在地剑桥城离得很近，于是我就去了哈佛大学库伯书店（Harvard Coop bookstore），买了几本在亚洲买不到的书籍，顺便浏览了在亚马逊网站上看不到的一些新书。

哈佛的那些大师，都可以做我的老师的老师，坐在他们中间，在他们的智慧面前，我觉得自己很渺小。哈佛大学前校长萨默斯就是一位大师，他现在是美国总统的首席经济顾问，负责制定美国经济刺激计划。现在，全世界已经意识到，如果美国经济未能复苏，那么全球经济将很难恢复。但是从全世界范围来看，中国经济有可能最先从这次危机中恢复过来。

在前面文章中，我允诺要解释 IMF 在世界经济中扮演的角色，这里我将阐述 IMF 的职能和作用。其实，大多数人不清楚特别提款权（SDR）和 IMF 究竟是什么。在亚洲，IMF 因为试图挽救亚洲金融危机而闻名，但它更让人印象深刻的是，其给亚洲各国的建议，非但没有缓和危机，反而加剧了通货紧缩。

但是，在这次全球金融危机中，迄今为止，IMF 并没有为美国、英国、欧盟等西方大国提供资金援助，也没有提供有价值的建议，虽然这些国家的银行在危机中损失惨重。IMF 的援助都给了经济规模较小的国家，这些国家重复了亚洲国家在亚洲金融危机中的错误，借了太多外债，以致于超出了自己的支付能力。

为了更好地认识IMF，我们要了解一点它的历史。1945年，著名的布雷顿森林会议建立了两大国际金融机构，即国际货币基金组织（IMF）和世界银行（World Bank）。前者负责向成员国提供短期资金借贷，保障国际货币体系的稳定；后者通过提供中长期信贷来促进成员国经济复苏。那时，美国财政部经济顾问哈里·怀特和英国经济顾问梅纳德·凯恩斯之间存在分歧。怀特建议成立美国主导的世界金融机构，而凯恩斯想要组建一个全球中央银行和全球发展基金，为此他们展开了激烈的争论。最终，美国财政部占了上风——一个主权国家发行货币的权力太重要，不能把它让给一个全球代理机构。因此，货币发行权仍然为主权国家所有，但是显而易见，美元在二战后完全处于国际货币体系的主导地位。

现在的全球金融架构是在美国主导的世界秩序下建立的——美国一方面通过美元提供货币流动性和保持币值相对稳定，另一方面用核保护伞保证世界的和平与安全。作为交换，其他国家则开放贸易和投资，遵守自由贸易的准则。布雷顿森林体系开启了自由贸易的大门，打破了英帝国的关税壁垒。战后的全球经济发展，都是按照布雷顿森林体系设计的战略来进行的。但是，当前的这场危机暴露了这个体系的缺陷。

那么，IMF能成为世界央行吗？一个国家央行的定义一般是：发行货币，保持货币和金融体系稳定，维护国内的支付系统，充当政府的金融顾问。对照这个定义，我们就可以清楚地分析IMF的现有角色。IMF不是全球货币的发行者，虽然有稳定全球货币的职责，但是并没有阻止最近的系统性金融震荡，而且也不承担维护全球支付系统的职责。它监督各国对国际性标准的执行情况，对成员国提供建议，并确实就最近的危机提出了有价值的警告，但是这些警告都被忽略了。所以，IMF不是全球央行，也无法履行央行的责任。

事实上，IMF甚至都算不上各国央行的央行。总部在巴塞尔的国际清算银行才是央行的央行。

IMF有3500亿美元的资产（其中资本金2250亿美元），拥有2600名员工，总部在华盛顿。2007年危机爆发时，IMF几乎没有借钱给它的成员国，同时解雇了许多有经验的职员。到2009年，它又争着要发放贷款给几个危机中的国家，而且G20会议刚刚同意将它的资本金增加到1万亿美元。但是，这些钱对IMF来说足够了吗？IMF刚刚宣布，西方国家的银行损失了4.2万亿美元，跨境银行损失了4.5万亿美元。对IMF来说，这新增资本金是有积极作用的，但是就拯救整个银行系统这一使命而言，任务还相当艰巨。

IMF的处境其实很尴尬：它有职责维护全球金融体系的稳定，但是它无法命令给它提供资金的那些大股东，而这些作为大股东的国家才是维持全球金融稳定的关键。IMF因为给小国开出的药方过猛而受到批评，但是它却不能给这些大国开出相同的药方。显而易见，这并不是一个公平的世界。

需要说明的是，我并非要全面否定IMF的价值。事实上，IMF并没有引起金融危机，与此相反，它可以在化解危机的过程中发挥很大的作用。IMF是全球短期借贷资金的重要提供者，但是，只要它还是由作为大股东的几个国家控制，它就不可能成为真正的全球央行，而现在世界最需要的，就是一个真正的全球央行。

对比两轮失衡

"大萧条"也是一个网络危机，因为在大西洋两岸之间，冲突和政策误解来回传导

在诺贝尔文学奖获得者艾略特（T.S. Eliot）的著名长诗《荒原》中，有这么一句话：4月是最残忍的月份。但是今年的4月（指2009年的4月，本文发表于2009年7月——编注），似乎把春天的气息带到了股市，每个国家的股市都在上涨。悲观主义者说，这只是熊市中的反弹，不足以扭转整个市场大势。但是，对于在过去一年损失持续增加的投资者来说，股市暂时的反弹也是一个大好消息，而且是很有必要的。

今年春天，我和太太到欧洲度假。我们没有去浪漫之都巴黎，而是去了法国的第二大城市——里昂。里昂是法国美食的天堂，因18世纪的丝绸产业而闻名，同时它距离法国最好的葡萄酒产地很近。在里昂，我们不仅品尝了芬芳美妙的白色勃艮第（Burgundies），还享受了萨维尼 -Beaume的神秘深度。Beaume带着红色和感性，比波尔多葡萄酒更让人捉摸不透。在这里，你还可以品尝添加了奶酪的法国长面包，吃起来香酥鲜脆，美妙无比。

亚洲人钦佩美国人的权势、德国人的效率、英国人的聪明和法国人的浪漫。法国人以浪漫闻名，但是我承认，我从没有买过法国公司的股票。因为每个人都知道，法国人追求最好的生活方式，以至于他们的公司很可能没有达到最佳的运营状态。然而，迄今为止，美国、英国和德国的银行均损失惨重，而法国除了法国兴业银行由于交易员违规导致较大损失，其他银行的损失要比其国外竞争对手好很多。

亚洲人和法国人的关系很好，因为他们都非常注重饮食，喜欢讨论吃。

即使正在享用美味佳肴，他们还要抽空讨论下一顿吃什么。法国菜没有日本料理的精致、意大利面的朴实，但是让人吃起来津津有味，而这正是亚洲街道里的饮食摊小吃所拥有的——快乐地享受美食，吃了还想再来。

旅行的时候总是读好书的最佳时间，如果你想知道"大萧条"时期，四大央行的行长如何重建世界金融体系，那么你应该看 Liaquat Ahamet 这位投行家用中国历史传统笔调所写的《金融君主》（Lords of Finance）。西方历史学家和中国历史学家最大的不同在于，前者重点叙述重要的传统和宏大的趋势，例如《启蒙时代》，而中国史学家自司马迁以来，总是极力描述个人塑造的历史。

在《金融君主》中，Ahamet 讲述了四个央行行长之间的精彩故事。这四个行长分别是纽约联邦储备银行的本杰明·斯特朗（Benjamin Strong）、英格兰银行的蒙塔古·诺曼（Montagu Norman）、德国国家银行的赫摩特·斯查特（Helmut Schaht）和法国央行的赫伯特·摩雷（Herbert Morel）。回溯到 20 世纪的二三十年代，可以发现，那时的格局与 2000 年以及现在的情形是多么相似，又多么不同。相似之处在于，20 世纪二三十年代，美国长期贸易顺差，欧洲长期贸易逆差，同时第一次世界大战后美国拥有世界 80% 的黄金，而欧洲实际上已经被战争拖累到破产的边缘，所以这就造成了大西洋两岸的极大失衡。而今天，同样也存在全球失衡，只不过这次发生在太平洋两岸，而且美国是贸易逆差，而亚洲地区是贸易顺差。

那时和现在的不同之处在于货币的本位标准。20 世纪 30 年代实行的是金本位制。英国错误地回到金本位制，并且采用战前的固定汇率，试图恢复它在国际金融体系中的地位，但那时纽约已经成为主要的金融中心。德国由于无法偿还它对法国、英国和美国的赔偿金，只好大量借外债，主要从美国借钱。在战胜国中，法国货币被英国低估得最严重，但实际上法国经济表现最好，因为其汇率相对更低，有利于出口。

格林斯潘在 9·11 事件之后降低利率，以刺激经济复苏，而事实上却推动了 2001 年以来房地产泡沫的形成。和格林斯潘所犯错误一样，1928 年美联储也降低利率，以缓解欧洲带来的通货紧缩，结果却是加剧了 1929 年的股市泡沫。在"大萧条"中，给美国银行带来的第二波冲击是，澳大利亚和德国银行在20世纪30年代的破产。它们的破产使得纽约货币中心银行借给它们的钱无法收回，遭受了巨额损失。由于金融交易的网络效应，这又给美国其他地区性银行造成了损失。在金本位制度下，银行的损失、黄金的外流会加剧国内通货紧缩。

在20世纪30年代，央行不明白金本位对国内信贷的重要影响，因此没有快速降低利率，从而加剧了大萧条。现在的美联储主席本·伯南克是经济史学家，他没有重复这个错误，但是仍然没有及时阻止实体经济的衰退。

事后来看，“大萧条”也是一个网络危机，因为在大西洋两岸之间，冲突和政策误解来回传导，且以错误的正反馈效应不断加强，愈演愈烈，最终以第二次世界大战结束。今天的全球失衡是三方之间的，不仅仅存在于大西洋两岸，也包括太平洋两岸以及亚洲和欧洲之间。

谁又将成为这场新“三国演义”中的赢家，仍是未知数，让我们共同期待。

再看全球失衡

> 应该把日本危机和当前全球危机，理解为资产负债表危机。传统理论侧重于对货币政策和金融方面进行分析，但是没有足够关注现实世界的状况和经济结构的差异

经历过1998年亚洲金融危机的人知道，对于市场中的大投机商来说，货币投机是非常有利可图的，而且外汇交易是场外交易，不受监管。

即使在今天，我不会鼓励任何人去购买累积外汇期权产品（Accumulator），这种交易完全是在汇率的波动性上下赌注。这些产品被谑称为“我以后杀死你（I will kill you later）”——你的保证金账户上可能永远没有足够的资金来支付需要不断追加的保证金，然后你的交易对手就可以取消你的保证金赎回权，而你将损失所有的保证金。所以，在购买任何产品之前，要仔细阅读合同，确保合同卖方向你披露了充分的信息，你应该知道当产品价格到达某一位置时，你所需要支付的保证金数额。

据我所知，目前还没有一家央行公布过外汇市场内部交易或市场操纵的案例。由于外汇交易案件往往涉及跨国交易，如果其中一家央行或金融监管者不愿意协助调查工作，那么调查取证就很难完成。这次金融危机使全球金融监管者相信，无担保卖空对危机而言是雪上加霜，危害极大，市场并不像自由市场主义派所声称的那么完美，市场也有很多不足之处。

外汇市场的问题在于，大市场中的一笔不起眼的小交易，在小市场中可能引起大波动，所以一个或一群大投机商可以较快地推动小市场中的价格，直到监管这些市场的央行愿意合作，阻止市场操纵行为。然而，直到最近，主要央行还是倾向于不干预市场。

最近我参加了新德里的一个智库会议，让我意识到全球失衡又一次成为热门话题，因为有些人又在谴责亚洲储蓄太多，他们认为这是金融危机爆发的原因。

如果你对全球失衡问题感兴趣，那么你可以看看两位著名学者的辩论，他们是斯坦福大学教授唐·麦金农和IMF前首席经济学家迈克尔·穆萨，辩论的内容已作为国际清算银行的工作论文发表（http：//www.bis.org/publ/work277.htm）。麦金农认为，中国应该维持固定汇率，保持货币政策稳定，集中动用财政政策解决收支盈余问题。而穆萨则认为，人民币应该重新估值，以调节全球的贸易失衡。

这场争论提出了另一个问题，就是美国的经常账户赤字是否是结构性的，能否通过美元贬值解决赤字问题。传统经济理论认为，这意味着非美元货币应该升值。因而，持这种观点的人认为，亚洲货币应该大幅度升值。

野村证券首席经济学家辜朝明（Richard Koo）在他的新书《宏观经济的圣杯：日本经济大衰退启示录》中，非常有说服力地提出，我们应该把日本危机和当前全球危机理解为资产负债表的危机。1985年“广场协议”签订后，日元对美元大幅度升值，但这对美国经常账户赤字几乎没有产生任何影响，这意味着赤字是结构上的原因，货币政策不能解决问题。

这又回到“特里芬难题”，即储备货币国面临货币政策目标与全球对其货币流动性需求之间的平衡难题。我们现在陷入了一种矛盾的困境：全球储备货币的主导性越强，全球的经济增长越快；但是储备国的赤字越大，这种形势就越不可持续。所以，在全球化资本自由流动时代，储备国的货币政策不会那么有效。但是，如果储备国不愿意使用财政政策回收流动性，那么经常账户赤字就是多种政策共同作用的结果。许多西方学者谴责我们的高储蓄率，而不去反省储备国的货币和财政政策，是毫无道理的，我们对此要保持警惕。

这也是诺贝尔奖获得者蒙代尔和其他学者所一直主张的，即应该有单一的全球储备货币，而不是由四种主要的储备货币构成IMF的特别提款权（SDR）。单一储备货币意味着，全球将使用一种货币，所以各国就不会将贸易赤字归咎于其他国家的汇率问题，可以避免货币升值或贬值的争议，就像加利福尼亚州不会把它的贸易盈余或赤字怪罪于田纳西州。

单一货币体系要求由全球央行发行单一货币、全球监管者统一监管，并且有全球的税收机制向受益者征税，以补偿利益受损者。这些听上去很美好，但前提是主权国家愿意放弃制定货币政策的权利，目前看来，这是不可能的。目标与现实之间还有很大的距离。

当前的全球衰退已经使美国的经常账户赤字比例降低到 GDP 的 3%，但美国财政赤字却不断增长，政府融资需求也越来越大。

辜朝明（Richard Koo）的新书对我们理解当前经济形势非常有帮助，书中解释了世界变得多么复杂，而日本的经验表明，资产负债表危机理论使传统经济理论显得不那么适用。我相信，传统理论侧重于对货币政策和金融方面进行分析，但是没有足够关注现实世界的状况和经济结构的差异。

需要全球财政体系

> 我们有全球化的经济，但是没有全球化的货币政策、金融监管和财政体系。征收周转税或许是全球财政改革的第一步，即按商品生产或销售量流转额征税

这次金融危机沉重打击了全球监管的传统理念和模式。英国央行行长默文·金（Mervyn King）有句名言：国际性银行可以作为全球企业存在，但其破产却将给某些国家带来影响，因为某些庞大金融机构的规模甚至超过主权国家，在国家层面上对金融机构的监管已经失效，而且没有适用全球监管的法律。

这种全球合作机制建立在主权国家自愿参与的基础之上，它们之间既高度关联又相互独立。金融危机之后，这种全球机制正受到越来越多的质疑。

二十国集团（G20）加强了全球监管的合法性，但他们讨论的焦点问题不是如何去完善全球监管体系，而是由谁承担损失以及谁在监管体系中占主角。

现在，世界陷入了集体行动的陷阱。没有哪个国家采用紧缩的货币政策，因为担心"热钱"的流入会使货币政策失去效果。没有哪个国家愿意采取严厉的金融监管，因为担心金融业务被转移到其他金融中心。没有哪个国家会大幅度提高税率，因为担心巨大的租税套利。

从事后来看，全球不均衡是由"特里芬难题"的放大效应导致的。"特里芬难题"是指，全球储备货币的央行面临两难的困境，即货币政策既要保证全球流动性，又要满足国内需求。

当储备货币的国家过度消费，其央行应该执行更紧缩的货币政策，但

是由于全球的货币自由流动，货币政策的效果大大减弱。当四个储备货币国家的央行都面临不断增加的财政赤字和大量复杂的金融工程，这些金融工程隐蔽地提高了系统的杠杆性，于是这些在全球体系举足轻重的国家就制造了全球信贷泡沫，并且融资利率只能越来越低。

现实状况是，我们有全球化的经济，但没有全球化的货币政策、金融监管和财政体系。

有专家建议，通过发行全球货币或建立一个全球监管机构来进行全球治理。但前提是要有全球的财政体系。欧元体系的建立与运行表明，某些国家的条件不适应统一货币政策，它们要为此承担损失，那么必然需要对这些国家进行财政补贴。

英国金融服务管理局主席特纳（Lord Adair Turner）提出了另一种解决办法。既然金融部门是个“永久繁荣机器”，且蕴藏了巨大的道德风险，那么征收周转税或许是全球财政改革的第一步，即按商品生产或销售量流转额征税。

周转税有许多优点。第一，它对使用者才征税，而且比其他税种的税率递减幅度小。

第二，周转税可以是反周期的，根据市场的投机热度决定税率的高低。当泡沫破灭的风险增加时，周转税率提高，促使公司投资于更安全的资产上。它是资本充足率的有效补充。

第三，周转税可以为全球的公共品提供资金。

第四，周转税可以减少金融机构的利润，也就限制了公司给高管支付过多奖金的能力。

第五，周转税的信息收集系统对全球金融交易有全面的数据，能帮助监管者监控过度投机、市场操纵和内幕交易。

那么，政府征收的周转税能有多少呢？国际清算银行每三年公布一次的调查数据显示，2007 年全球外汇年交易额约为 800 万亿美元，再根据世界证交所联合会的统计数据，全球股市交易量每年有 101 万亿美元，除了债券市场和场外交易，每年全球金融交易额约有 900 万亿美元。如果周转税率为 0.005%，那么周转税总额可达 45 万亿美元，这几乎和每年援助非洲的 50 万亿美元相当。

目前，全球公共品的资金来源渠道有股权融资（反映世界银行或 IMF 的投票权）或政府直接拨款。但这都是不可持续的，我们需要全球的税收为全球公共品提供资金支持。

但是，要运行周转税，首先得 G20 就所有国家征收单一的税率达成一致。其次，需要有共同标准的财政模型和税收机制，以促进未来在货币政策和金融监管上的合作。周转税可以通过国家层面，以买方支付的原则征收。征收的税可以被用于设立一个全球的基金，允许各国政府使用部分款项应对国内的经济问题。

全球周转税可以先用于支持全球性的公共事业，像创新教育，然后再用于应对有争议的问题，像气候变化。全世界的问题就是全球范围内的公地悲剧，虽然不可能在短时间内建立一个全球的财政体系，但是我们应着手考虑这个问题。

东西方思维方式的差异

如何在主观和客观两种法律体系间运转，是所有政府面对的治理国家的关键问题

人类是社会化的动物。一个社会的行为与其中单个个人的行为并不完全相同，人们要想在一起生活，需要遵循一些共同的规则。不同的社会，基于各自独特的经验、历史和文化，最终形成了不同的社会规则，包括各种准则、宗教礼仪、规章制度乃至正式的法律。它们维护了社会的正常运转，例如，法律在界定和保护财产权利等方面发挥着重要作用。

西方文明主要发源于海洋，而东方文明则起源于内陆。这种地缘差异对社会思维方式有很大影响。

西方的崛起很大程度上基于通过海军力量攻占新的大陆和市场。欧洲国家之间的竞争和通过海军对新大陆的攻占，促进了新思维方式的形成和科技创新。航海家们不停挑战未知的大陆。中国人称外国人为“洋人”，从阴阳的视角，西方人也是“阳”性的——扩张性、性格外向的或雄性的。

大陆国家则向着其边界扩张，例如中国，北至西伯利亚的蛮荒之地，西至沙漠戈壁，南至喜马拉雅山和热带雨林，东至太平洋。历史上，中国社会更多关注内部的稳定和现状的延续，中国人的哲学历来是保守性的、内向的或阴性的。

历史和地理环境的差异，造成了法律发展的根本差异。盎格鲁—撒克逊法通常被称为普通法，即习惯法和判例法。与之相反的是，大陆法系，包括法国、德国和中国法，主要是成文法，由立法机关制定。

盎格鲁—撒克逊普通法通常被认为是“活法”，是发展变化着的，不同

层级的不同法官的判决形成了后来法律判决的依据。而大陆法系的变化常常由革命推动，或由于立法机关认为法律已过时或不能被执行。这些变化大多由危机引发。实际上，成文法和普通法也常常互为渊源。

英国人认为其不成文宪法要优于美国和许多其他国家的成文宪法。英国的普通法规定了君主、行政官、立法机关和司法机关的行为准则。法律争端有枢密院裁决，枢密院是英国最高的司法机关，由女王任命。英国普通法由社会行为规范的潜规则构成，如制衡、公平和透明的思想观念。普通法的不成文的性质，使得处理不断变化的情形时更加灵活。

英国的公务员不解决财产权方面的纠纷，因为财产权是受法律保护的。纠纷通常是通过法院解决。如果由于涉及非常重要的原则使得法院不能解决某个纠纷，则法律会通过所谓的“法定程序”而变通。

根据长期的经验，英国认识到没有法律能适用所有的例外情况，因为没有法律能适用所有情形。“法定程序”正是一种让律师和公众都接受的处理例外情况的公平的方法。公众接受“法律也不是总管用”，因为它并不能包含所有情形。因此，“法定程序”使这些法律能够以一种透明的方式在遇到例外情况时变通。

当某事故或事件的发生引起民愤时，一个由专家组成的独立的皇家专门调查委员会为此成立，确定其原因并建议解决方法。委员会专家被认为能够独立对事件做出客观的、公开的报告。这也是其主席通常由一位资深的、以独立和诚信著称的法官担任的原因。

委员会的报告和建议被政府研究后，对法律的变更会提请立法机关审批。

普通法就像一个吸尘器，将小的财产纠纷解决掉，使得这些纠纷不会累积，进而酿成一些大的民众不满情绪。

一方面，普通法也像维基百科全书——是许多人的知识和经验的积累；另一方面，成文法通常是一小批精英制定的，但其中积累的智慧也许不如普通法那样广泛。

这就是盎格鲁——撒克逊普通法与大陆成文法的主要区别。盎格鲁——撒克逊普通法能完好地存在至今，是因为超过 1000 年来英美社会没有经历重大的入侵或整个社会体系的崩溃。大宪章一经订立，普通法和封建领主的力量限制了君主的独裁统治。普通法比大陆法拥有更广泛的群众基础，但它的历史确是完整的。

大陆成文法的不同正是由于随着朝代的更迭、社会提供的崩溃、战争或革命，旧的法律被摒弃，新的法律重建来改变旧的社会秩序。中国经历了许多朝代的更迭，许多法律因此而终结。然而中国人的基本哲学仍根据新朝代统治者的偏好被加入到新的法律中。

在中国历史上，在朝代变更中保留下来的不是法律，而是官僚体制。中国哲学认为没有永远的法律，管理或执行法律的是人。多数人把中国法律与西方法律的根本区别，简单地理解为人治与法治的区别。

这两个体系的主要区别仍是二元的——一种是主观的，另一种是客观的。如何在两种体系间运转，是所有政府面对的治理国家的关键问题，无论是在现代还是在古代。

现代版合纵与连横

> 欧洲今天面对的问题事关整合和分裂。这和2000多年前，中国的秦国和六个与之竞争的国家为争夺中国的主宰权而上演的合纵、连横有不少类似之处

希腊的财政问题是一出经济悲剧、政治喜剧。谁曾想到，在雷曼兄弟垮台、欧美银行危机爆发18个月后，美国居然还在争论是否要防止银行变得“太大而不能倒”，而欧洲居然在争论，是否要救助一个“花钱太多而不能倒”的国家？

欧洲争议最大的并非是否要救助希腊这个欧元区成员，而是是否应该让IMF参与救助，以及是否建立欧洲货币基金。为什么欧盟不要求希腊径直去找IMF？毕竟IMF肩负应对金融危机的责任。

这是一个必须回答的问题。俗话说家丑不可外扬，因此，希腊的问题将在欧洲大家庭内得到解决。但是，哪个欧洲国家将为救助希腊付出最多？德国最有可能，毕竟它是欧洲最大最强的经济体，而且财政状况最好。

迄今为止，德国纳税人仍非常不情愿救助大手大脚花钱的希腊政府。他们已经为东西德融合花了很多钱。不过，如果希腊问题难得欧盟救助，希腊选民会觉得加入欧盟没什么好处。正如法国总统萨科齐所说，如果欧洲不帮希腊，欧元的前景会受到影响。欧洲一定会施以援手，不过一定会有价码。

欧洲今天面对的问题事关整合和分裂。这和2000多年前，中国的秦国和六个与之竞争的国家为争夺中国的主宰权而上演的合纵、连横有不少类似之处。

问题发生在追求霸权控制的“强人”和为了共同反抗霸权而合作的弱者之间。苏秦提出“合纵”，张仪则倡导“连横”。秦国的“连横”是进攻性的，六国的“合纵”则是防守性的。

当前，全球正在讨论“货币霸权”问题。欧元是否有能力挑战美元？如果欧洲在经济、军事、政治等方面均强过美国，那么欧元就可以成为主导货币。欧元区经济规模为18万亿美元，比美国的14万亿美元略大。但是，欧洲的军事实力明显较弱。美国观察家一直认为，欧洲的政治实力也很弱，因为没有美国的支持，欧洲就不能解决巴尔干问题。欧洲并没有完全联合：英国是欧洲的一部分，却没有加入欧元区，瑞士也没有。

任一合纵连横战略的根本难处在于，参与联合的各方都希望收益能超过成本。对于更小的参与者而言，如果成本超过收益，它就会变节。不同参与者的合作也会因为“公地悲剧”的逻辑而受影响。互相竞争的个体利益如不能达成共识，将导致最坏的结果。

作为超级大国和国际货币的发行者，美国不像欧洲，不会有分裂的危险。但就在谁应该承担过度支出的损失方面，美国面临同样的问题。谁是未来受益较多者？这在美国是对未来正确战略的一场国内讨论。

美国“太大而不能倒”的争论，是在金融行业和非金融行业之间展开。一直以来，金融部门是实体经济存款和信贷的代理者。法学家理解这一点，代理人和委托人之间的关系并非君臣关系。作为代理者，银行得到了政府担保和“最后贷款人”的支持，因为银行体系的失败将损害公众。

不过，金融行业已变得如此之大，以至于它不再只是个代理机构。实际上，金融业已摇身一变成为委托人，和实体经济争夺资源。确实，金融机构有些反客为主。当个人投资者、公司乃至对冲基金和银行机构“对赌”时，怎么可能有自由市场和公平竞争呢？

关于沃尔克法则的讨论其实不是关于银行该有多大，而是关于市场参与者之间的对等。这其实是一个反托拉斯的问题。当代理人变成市场主要参与者或是垄断者时，代理人就可能对公众征税，甚至控制公众。问题的实质是不同的委托人之间是否能达成一致，减弱金融部门的影响力。毕竟，金融业能通过游说团体影响媒体和立法机构。

欧洲国家正在讨论它们应如何分享融合的利益并共担其成本。如果大国总是为小国的错误埋单，那么大国会以游戏的主导者出现么？这背后的政治经济学，则是关于霸权的争夺。所有争夺，不仅见于市场领域，同时还体现于经济权力。

我们现在看到的，是2000年前中国历史的重演，而希腊的悲剧只是开场。

好戏还在后面。

附录

全球金融挑战对策

记者　张翃

金融监管未来的发展方向将是，规则不可过于复杂；有关国际货币与金融体系的讨论才刚刚开始

全球金融危机带来了对当前国际金融与货币体系的普遍反思，有识之士亦纷纷就此提出建言。2009年8月31日，香港证监会前主席沈联涛接受记者专访，就国际金融监管的创立、金融体系改革、人民币国际化及国际货币体系改革等，回答了记者的有关问题。

记者：G20伦敦峰会将金融稳定论坛（Financial Stability Forum，FSF）升级为金融稳定理事会（Financial Stability Board，FSB），试图创造一个全球金融体系的监管者。6月26日至27日，FSB首次会议在巴塞尔召开。您如何看待FSB的意义？

沈联涛：从FSF到FSB的改革，使得一个仅具协商作用的论坛，转变为能够承担更多义务的组织。因为该组织可以要求20个成员国接受它所有的建议与决定。然而，我们必须明白，这个机构只是咨询性质的，成员国对它的承诺都是出于自愿，不受国际公约的约束。也就是说，这个机构不能强制执行其决议，也不能通过法律解决成员国之间的争端。这与WTO之类的组织是很不同的。WTO具备严格的规则，要求签订条约的成员国的行为都必须遵守相关条款的约束，WTO也具有相应的执行力。

FSB是否能改变G7的运作模式，使其将部分权力让予如“金砖四国”之类的新兴市场国家，这还有待观察。然而，如果你仔细观察其全新构成，

在G20中，欧洲的地位因西班牙和欧盟委员会的加入而加强了。要注意，欧洲央行已经是FSB的成员了；而在其中，亚洲、拉丁美洲和非洲地区都没有相应的央行机构。国际清算银行依然是一个被欧洲牢牢掌控的机构。因此，我们不应天真地认为，G20是对现状的一次重大让步。

最好的证明就是，在国际货币基金组织（IMF）中，份额或投票权的增加情况。在2010年的投票权调整计划中，调整后，五大发达国家（美国、英国、法国、日本和比利时）投票权的净减少量为-1.52%，而其总份额仍为33.40%。所以说，发达国家对投票权依然占有支配地位。五个新兴市场国家（"金砖四国"加上韩国）的净增加量为0.62%，如此，其投票权的新份额达到了11.62%。美国投票权的净减少量为-0.05%，而中国投票权的净增加量为0.15%。

据我所知，在IMF整个机构中，还没有高于部门主管级别的东亚地区（包括中国）职员。新兴市场国家在这些国际机构中的影响力，是否与那些发达国家平起平坐？我想你自己就可以得出结论。

记者：目前为止，在如何校正金融系统的顺周期性这方面，是否已达成了某种国际共识？我们能够如何推进这项改革？

沈联涛：我们必须承认，经济周期是自然的一部分——你不可能完全消除商业周期和动量交易。顺周期现象也存在于任何规则或标准被严格遵循的情况，因为人们越是遵守那些规则，动量交易和羊群效应就越明显。当然，FSB已经提出，应该减少会计和管理标准中的显著顺周期特性，这是有益的。

但是，西方国家的政策制定者们忘记了，订立规则只是纸上谈兵。正如法家思想指出的，重要的是法（法律）、术（技术）、势（执行力）。政策制定者以实际行动消除资产泡沫、反贸易周期的意愿才是真正重要的，而不是既定的规则。在哲学上，这就是规范与判断之间的区别。有时候，在实际中执行判断时必须忽略规则，尤其在环境已发生变化的时候。事实上，反周期的行为和政策可以用来消除资产泡沫；但是，自由市场的哲学成为了无所作为的借口。

我认为，导致此次危机的一个主要问题，就是西方国家的金融产业对管理层与政策面的俘获。要把“潘趣酒杯”（punch bowl）拿走，就会有太多利益要面临风险了（编者注：威廉·麦卡切斯尼·马丁在 1951 年至 1970 年间担任美联储主席。他认为，好的央行应该“在聚会真正开始前就把潘趣酒的酒杯拿走”，防止过度投机）。

记者：为防止监管套利，是否有必要创立一个国际金融监管部门？或至少在欧盟这样高度一体化的地区内，建立起这种机构？

沈联涛：如果你读过 IMF 前总干事德拉罗西埃（Jacques de Larosiere）3 月发布的那份坦承欧盟金融监管框架弱点的报告，你就会认识到，即使对于欧盟这样的政治联盟而言，政策在不同管理者间的协调与执行也并非易事。这就导致欧盟没能阻止美国的危机殃及自身，而面对冰岛银行破产对欧盟国家的储户和投资者造成的损害，它也无能为力。德拉罗西埃的报告呼吁建立一个更为强大的集中监管体系，并在各成员国与机构本身的监管部门之间，建立更为明晰的纠纷解决机制。

如果在已能通过法律手段（虽还不完备）来化解争端的欧盟，集中监管尚属难事，那么，要实现一个完全有效的国际金融监管部门，就非常困难了。现在的麻烦就在于，这个国际金融监管部门必须通过条约来发挥效用。也就是说，它的创建必须具备法律基础，这样才能拥有执行法规的利器，以保证对大小经济体一视同仁。而目前的布雷顿森林体系只是一个软约束，缺乏合法性与可信性，无法对那些发达国家执行不利于它们的法规。

比如说，对于 IMF 提出的金融部门评估规划（FSAPs），美国尚未遵从其中的任何一项。而且很显然，IMF 和 FSF 对美国及欧洲政策失误的监督，不足以阻止这场危机。你尽可以在新兴市场国家大力推行 FSAPs，但新兴国家的金融体系即便失败，其影响较之于当前这场危机，也是很小的。当前的（国际金融监管）结构并未致力于解决最重要的问题，而是去约束一些小成员国的发展。

记者：一些金融机构“过于庞大以至于不能倒闭”的问题现在似乎被搁置了。这个问题有多重要？我们是否应该防止今后再有这样的金融机构产生？

沈联涛：这是一场网络性的危机。它的程度之所以如此剧烈，而且蔓延得如此之广，是因为当一个像雷曼兄弟那样的网络中心破产了，它所有的业务伙伴都变得恐慌，并受到传染。这样一来，庞大而复杂的金融机构就变得“过于庞大以至于不能倒闭”了。这就是他们没有让AIG破产的原因。现已确定的28个（可能总共有30～50个）大型复杂金融机构（LCFI），其业务在主要市场的关键金融活动中占到将近一半。如果加上它们的主要合作伙伴，这一份额还要更多。由于这些金融机构加在一起的规模，甚至比许多中等国家还要庞大，所以它们很难管理。最大的LCFI，其规模大约是新加坡GDP的6倍至7倍。

你不能防止或阻止金融机构发展壮大，你只能限制它们的风险和活动范围，或者建立防范风险蔓延的防火墙。然而，这些跨国大型银行中的利益冲突也很成问题。我并不完全相信，监管机构就能解决这个问题。一个成员国的监管部门怎么能够告诉众多机构的监管者，他们国家有一个LCFI就要破产了呢？而如果有人想包庇这些行为，那么整个LCFI都会崩溃。关于如何通过合作来解决这样的跨国监管问题，我们需要考虑得更清楚。

记者：如果包括对冲基金在内的所有对金融系统重要的金融机构都将接受管理，我们是否会看到金融活动的活跃性大幅降低？

沈联涛：如果那些一度处于监管真空状态的离岸金融中心也会被纳入监管网络，对冲基金的活动也得到更多限制，那么金融活动的方式肯定会有所变化。这意味着“黑洞”或“影子银行”将减少。

我们必须面对现实。G7国家已经承诺，将对冲基金加以注册及发布报告。不过只有当那些对冲基金被认为会产生系统性作用或具有系统重要性时，才会被纳入管理。但关于什么是“系统的”以及什么时候着手进行管理这些问题，又该如何判断呢？有些东西，在纽约只能算是只小老鼠，而在一个新兴市场国家里，就可能成为一头大象。所以，在机构管理层与成员国管理者之间，对于“系统性”的判断可能存在巨大的分歧。而如果成员国的管理者拒绝合作，目前也没有争端解决机制，能够强迫其进行管理或执行相应的法规。我们必须看看 G20 的规则将会如何执行。我先保留自己的看法。

记者：我们如何看待信用评级机构将来的角色？

沈联涛：为什么这些信用评级机构要由私人所有？或者虽作为公开上市的公司，却仍由私人集团掌控？对此我始终不能理解。它们提供了一种公共物品，所以在我看来，就应归公众所有——我的意思不是将其国有化，而是它们应该由用户所有——就像国际银行和用户拥有的 SWIFT（环球银行金融电讯协会）系统；但同时，它们的运作应该是专业化的，并根据市场水平及此机构获得的可靠的社会评价，使其员工得到相应的报酬。

换句话说，世界上的银行、证券协会才应该拥有那些顶级的评级机构，而不是个人。目前由国际证监会组织（IOSCO）推荐的、各机构自愿遵守的行动守则，并不足以防止进一步的问题发生。公共机构必须具有公共的合法性和可信性。

记者：虽然在此次危机中，中国的金融体系几乎未遭受到影响，但你是否认为其中还存在潜在的缺陷，可能引发未来的危机？

沈联涛：引发这次全球经济危机的，有很多复杂的因素，包括隐藏在不良资产中的杠杆与风险，也有人们的贪婪、自负或因受诱惑造成的疏忽。中国具有相对简单的银行体系、更为严格的监管，以及资本账户的限制条件，因此受到的直接影响较为有限。然而，危机对中国的直接影响，也体现在了出口的下降上。随着中国的金融体系不断对外开放，它将变得更为复杂、成熟，也会面临更多的新风险。

你无法预知下一次危机，因为世上总会有一些未知因素。我个人估计，金融监管未来的发展方向将是，规则不可过于复杂，正如法家思想强调的那样，它们必须简单易懂，易于学习，以及便于使用和执行。不要像这次经济危机似的，将金融体系弄得太复杂，以至于没人明白究竟怎么回事。包括银行家、投资者、监管者和政策制定者在内，大家心里都没数，每个人都在和制度博弈，于是所谓的透明度也就变成了不透明的。结果呢，一些人一夜暴富，公众则不得不为其埋单。向前看，中国需要一个服务于社会和实体经济、并具有社会责任感的金融体系。这是中国的金融部门改革在将来面临的挑战。

记者：美国对其漏洞百出的监管体系进行着修复，盖特纳已经提出要建立兼顾系统性风险和消费者保护的"双峰"监管模式；而中国仍延续着分别监管的方式。这与中国的金融体系是相协调，还是已经过时了？

沈联涛：我个人认为，美国的错误在于当初废止了《格拉斯—斯蒂格尔法案》(Glass-Steagall Act)，从而使得资本市场中的风险蔓延到了银行体系之中。而鉴于中国的金融体系目前仍处于不断完善的过程中，选择一个更为简单的隔离的系统，也没有错。但是作为决策者，对系统内的风险必须具有纵观全局的眼光，而不能孤立地看问题，或将视野仅局限于本部门内。这就事关各部门间的合作与信息共享。

对于这些方面的问题，"金融稳定理事会"(Financial Stability Council)框架已经提供出解决之道。在其组织架构中，各成员国代表由本国的一位副总理担任，负责在各国央行、财政部与金融监管部门之间开展合作。

记者：中国将在上海及四个"珠三角"城市实行跨境贸易人民币结算试点。我们知道，这是中国在区域经济中重要性不断提升的必然结果。你是否认为，即便在人民币可自由兑换之前，这一变化也可作为其国际化的开端？

沈联涛：实现货币国际化有两种途径——或者通过在市场中实践，或者通过政策。如果中国的邻国们已经在区域贸易中使用人民币了，这就是市场实践的结果。而我将这次在五个城市实行人民币结算，看做一种政策选择。这是一个复杂的问题，没有简单的答案。

记者：考虑到这些试点地区中的贸易规模，这样的一个安排将如何影响中国的外汇管理？它是否有助于香港发展成为一个人民币离岸结算中心？

沈联涛：我没研究过这些地区贸易的规模，所以，对于这种试点是否会产生系统性的影响，不能做出评论。如果人民币在现实中已经被（他国）使用，那么将这种票据交换安排的形式固定下来，就可将管理纳入正规范畴，其规模可被测算，风险也可纳入考量。我相信进行这些试点的办法是正确的。而关于香港是否发展成为离岸结算中心，这也是一个市场需求的问题。不要忘记，新加坡和其他金融中心或许也希望扮演这个角色。

记者：或许中国在货币国际化方面可以借鉴日本的经验？我们从日本经验中能学到什么？

沈联涛：我相信日本和欧洲的经验都非常有用，我们确实应该认真研究相关的历史。但是，任何两个国家的情况都不可能完全相同。

记者：中国央行已签订了七份总额达6500亿元人民币的货币互换协议。你如何看待它对于人民币国际化的影响？你是否同意即使在危机结束后，仍进行更多这种货币安排？

沈联涛：我个人认为，这些互换安排是非常具有创新性的，互换国对此都非常欢迎。它们的基础，为亚洲金融危机后依据《清迈倡议》首次发展出的东盟“10 + 3”的货币互换安排。

在全球范围内，对于央行流动性的新需求规模十分庞大，G20对增加SDR的呼吁就证明了这点。鉴于人民币还不能自由兑换，这些互换安排仍将持续使用可自由兑换货币，这取决于互换伙伴国的央行希望使用哪种货币进行贸易，或满足其金融用途。

这样，互换安排可以在人民币资本账户完全开放的情况下进行。这种货币互换安排首先主要是一种应变措施，所以它对于人民币国际化没有直接的影响。

记者：中国在与其他新兴国家进行这种货币互换时，面临的风险如何?

沈联涛：所有的货币安排都有与之相应的风险，但考虑到中国面临政治风险的贸易与投资，其规模相当大，因而实现了自然避险。这样，来自交易对手的风险就是可控的。贸易伙伴越强大，贸易关系就会越牢固。

记者：央行行长周小川关于将IMF的特别提款权（SDR）转化为国际储备货币的提议，在国际上获得了广泛关注。您是否认为，这是“超主权（国际储备）货币”的一个理想目标，以及最终解决当前货币体系中“特里芬悖论”（Triffin Dilemma）的唯一途径?

沈联涛：我个人认为，美国和世界都还没能解决“特里芬悖论”。对于一个将本国货币作为国际储备货币的国家而言，在国家利益与国际需求之间，存在着一个基本的矛盾。对于一个可以发行国际货币、成为国际最后贷款人的国际央行，G7国家不会乐见其成。谁来控制如此强大的货币发行机构呢？而关于这个国际金融机构的合法性，作为央行也好，监管者也好，在建立与执行上都非常复杂。我们甚至连一个可以处理跨国破产的国际金融法庭都没有。因此，有关国际货币与金融体系的讨论，我们刚刚开了个头。没有简单的答案，只有复杂的问题。

有关SDR改进的建议，可以促进相关讨论的展开。但正如我的一个朋友说的，你不能用SDR去买麦当劳汉堡。SDR只是一个IMF成员国之间的记账单位。我们不能把它当做交易媒介，或是价值储备。所以还有很长的路要走。

记者：目前的SDR是由四种货币（美元、欧元、日元和英镑）定值的；如果要将其转化为“超主权（国际储备）货币”，还需做何改进？

沈联涛：正如我说过的，如果人们在IMF作为国际央行的角色，以及SDR只是一个记账单位这些方面尚未达成共识，那么关于SDR是不是一种超主权储备货币的讨论，就根本无从谈起。

必须记住，国际央行只有像美联储目前为应对本国危机所做的那样，愿意吸收来自各国的损失，并且最终由国际纳税人决定可以吸收多少、或损失是否应转化为税负，这个国际央行才能真正发挥效力。如果我们在国家层面对此都不能达成共识，那如何在国际层面解决这个问题呢？

记者：IMF宣称要成为“全球流动性的提供者”。但是，它真的能够充当“国际最后贷款人”的角色吗？

沈联涛：我们必须明确，SDR的基本运作模式是，成员国增持的SDR是以本国的货币换取的，而并非所有自由兑换货币。以SDR的形式代表的本国储备的增加，仅体现在相关成员国央行及IMF账面会计分录的项目上。如果A国的SDR增加10亿元，它就需要交给IMF等量的本国货币。这样，在其资产负债表上就能看到新获得了10亿元SDR，可供此国在储备不足时使用。当它取用SDR时，IMF便将其账下来自别国央行的、构成SDR的储备货币借出。这样，可用货币的发行者就是成员国央行而非IMF了。这就是SDR仅仅作为央行记账单位，而不是可以直接使用的国际货币的原因。

在IMF近期增加的2500亿美元之中，发达国家就占去了1700亿美元的份额，而它们并不需要这么多的流动性。这样一来，新兴市场仅增加了800亿美元。而WTO指出，在新兴市场获得的资本流入正在减少的同时，其贸易融资缺口也达到了大约1000亿～3000亿美元。

目前跨国银行的资产总额约为4.5万亿美元，而如果主要国家的银行“去杠杆化”进程导致国际信贷收缩，那么在新兴市场国家中，信贷业务的收缩幅度也将十分巨大。有预计认为，2009年私人部门的资本净流动项，将由2008年的4660亿美元降至1650亿美元。对2009年的这一估值显然相当低，比状况最佳的2007年（9290亿美元）下跌了82%。

因此，对于新兴市场国家而言，SDR的增量足够了吗？数字本身就说明了一切。

记者：中国建议IMF发行债券或票据形式的SDR，并暗示中国对此抱有投资意图，可视为中国为实现外汇储备投资的多样化而走出的一步。如果此建议得以实现，对于国际货币体系的影响将会如何？我们能看到哪些可促使其发生的机遇？

沈联涛：事实上，对于G20峰会没有将私人部门资本市场更多地纳入考量，我感到有点意外。他们可能部分考虑到，如果私人部门对非G7国家的国债投资规模更大的话，就会造成意想不到的负面后果。

我很支持IMF和世界银行向私人部门和各国央行发行更多票据，使其所持的基金运转起来。对于此次危机，应有一个市场化的解决途径，而不仅依赖于公共政策。

财新丛书
Caixin book series

财新丛书
Caixin book series
财新丛书
Caixin book series
财新丛书
Caixin book series
财新丛书
Caixin book series
财新丛书
Caixin book series
财新丛书
Caixin book series
财新丛书
Caixin book series

财新丛书
Caixin book series